HÉROS ET NAGEURS

HÉROS ET NAGEURS

Charles Sprawson

ISBN 978-2-87523-139-0
Dépôt légal : mai 2019
D/2019/9594/6

Titre original : *Haunts of the Black Masseur. The Swimmer as Hero*

L'édition originale de ce livre est parue chez Jonathan Cape, Londres, 1992

Éditions Nevicata
42, avenue du Général de Gaulle
B-1050 Bruxelles
info@editionsnevicata.be
www.editionsnevicata.be

Ce livre est également disponible en version numérique.

Charles Sprawson

HÉROS ET NAGEURS

Traduit de l'anglais par Guillaume Villeneuve

ÉDITIONS
NEVICATA

Pour Ann Fenton

« Quand je vois un nageur, je peins un noyé »

Jacques Prévert, *Quai des Brumes*

« Te voici marmonnant Baudelaire ou Donne,
Te voici imitant ce coucou,
Te voici servant une double faute pour le set,
Te voici plongeant nu depuis une pierre dalmate,
Te voici chahutant le soleil couchant,
Te voici montant avec Proust à bord de ta corvette condamnée… »

Louis MacNeice, *The Casualty* (In memoriam G. H. S.),
sur la mort d'un ami noyé dans l'océan Atlantique
pendant la guerre.

« Quand je vois un nageur, je peins un noyé »

Jacques Prévert, *Quai des Brumes*

« Te voici marmonnant Baudelaire ou Donne,
Te voici imitant ce coucou,
Te voici servant une double faute pour le set,
Te voici plongeant nu depuis une pierre dalmate,
Te voici chahutant le soleil couchant,
Te voici montant avec Proust à bord de ta corvette condamnée… »

Louis MacNeice, *The Casualty* (In memoriam G. H. S.),
sur la mort d'un ami noyé dans l'océan Atlantique
pendant la guerre.

Introduction

Les dieux qui nous ont abandonnés depuis
des siècles à Naples se trouvent encore en Inde,
j'ai donc l'impression de rentrer chez moi.
En Inde, je ressens ce qu'était l'Italie
il y a bien des années.

Francesco Clemente

J'ai appris à nager en Inde, dans un bassin offert au collège par le joueur de cricket édouardien Ranjitsinhji. J'étais le seul élève anglais de l'école. Mon père en était le principal et Sir K. S. Ranjitsinhji, le Jam Sahib[1] de Nawanagar, en fut le plus éminent ancien élève, bien qu'il fût un prince parmi plusieurs autres au collège. Parfois, son successeur nous permettait de nous baigner dans les caves inondées de son palais proche, entre des colonnes qui disparaissaient mystérieusement dans l'eau noire. Les murailles du palais, en surface, étaient encore ornées des tableaux de jeunes nageurs par Tuke, collectionnés par le Jam Sahib pendant ses années passées à jouer au cricket en Angleterre.

Dans cette région aride et reculée des plaines occidentales, aucun des autres Anglais ne semblait nager. On ne trouvait pas de bassins dans les jardins des administrateurs ni dans les cantonnements des soldats. Quand ils gagnaient les collines pour échapper à

1 « Prince propriétaire » de l'État de Nawanagar. (NdT)

la chaleur, c'était surtout pour naviguer ou ramer sur le lac de Naini Tal. J'écris ces lignes sous une aquarelle de Samuel Daniell, de jeunes Indiennes qui se baignent et se lavent les cheveux dans une clairière de la jungle, entre les cataractes et les mares d'une rivière du Sud de l'Inde. Les représentations anglaises de cet immense pays nous montrent des Indiens plongeant depuis les balcons des temples ou se prélassant sur les hauts-fonds lacustres. Pour les Anglais eux-mêmes, en revanche, il semblait bien que nager ne fût pas tout à fait convenable. Ils estimaient devoir garder les apparences, comme dans ces portraits qu'a donnés Arthur Devis des Anglais et de leurs épouses solennellement vêtus, à la manière des personnages exquis de son père dans leurs jardins anglais, avec rien qu'une allusion exotique dans la courbure d'un palmier ou la feuille échancrée d'un bananier, voire un domestique indien, déférent et debout à l'arrière-plan. Tout se passait comme si les Anglais avaient à cœur le précepte de George Borrow, qu'un « gentleman » doit éviter de nager « car pour nager, il faut se dénuder, et quelle mine auraient bien des gens distingués sans leurs habits ? »

Dans les souvenirs des soldats et des fonctionnaires, les mentions de la nage sont très rares. Pourtant, dans les récits de ces Anglais ayant voyagé en Inde pour des raisons personnelles, la nage, comme méthode de découverte de soi et d'accomplissement, de satisfaction de quelque inclination mystique de leur caractère, semble une expérience essentielle et enrichissante. Réveillé à l'aube par un rugissement de panthère dans la forêt, l'aventurier Eric Muspratt, qui arpentait le monde pour fuir la contamination de la civilisation, descend vers un « temple hindou solitaire, une simple arche de pierre munie d'un degré ouvert sur un petit lac d'eau douce comme le verre. Des palmiers l'effrangeaient, des nénuphars y flottaient. En me baignant là au lever du soleil, un sentiment d'adoration et de gratitude m'inonda. La quiétude reposait sur moi comme une bénédiction ». Dans sa tentative hardie d'escalader le K2, chargé d'innombrables volumes de poésie, Aleister Crowley fut confronté un matin, sur les piémonts de l'Himalaya, à un éclatant rideau blanc tendu à flanc de colline, constitué des dépôts cristallins issus d'une source chaude, telle celle de Pamukkale en Turquie, sommée d'un temple par les Romains, où je m'attardai jadis tout un jour, à lire les odes olympiques de Pindare sur une colonne submergée. Crowley grimpa jusqu'au sommet du rideau, jusqu'au bassin d'où il sortait la plus grande de semblables formations. « 10 mètres de diamètre, un cercle quasi parfait. C'est une baignoire digne de Vénus. J'ai dû convoquer ma conscience de la Divinité avant de me risquer à l'intérieur. L'eau est parcourue de délicates émanations soufrées, pourtant l'odeur est subtile et délicieuse. J'ai passé plus d'une heure à reposer dans sa chaleur de velours, dans l'air de la montagne, d'une sécheresse intoxicante. J'ai fait toute l'expérience de l'extase du pèlerin parvenu à la fin de ses tribulations. » Lors de ses ascensions de l'Everest, Mallory s'est baigné dans les cours d'eau du Cachemire. Pour lui, la nage, comme l'ascension, était une « nécessité émotionnelle et spirituelle ». Il était filmé par Odell, d'abord nageant convenablement en costume de bain, qu'il ôtait ensuite, « trouvant même une mare où plonger, et à répétition ».

Dans mon plus ancien souvenir de l'Inde, je regarde au petit matin, à travers la mousseline d'une moustiquaire, mon père en train de pratiquer le yoga sur une petite serviette au pied de son lit, de tordre son corps en des contorsions et des postures qui semblaient étranges chez un principal. Il avait été influencé par une lecture récente, *Les vies d'un lancier du Bengale* de Yeats Brown, qui s'achève sur l'auteur méditant dans l'Himalaya, dans l'attente de l'aube après une nuit d'entretiens prolongés sur les mystères de l'amour et de la dévotion. Fumer du charas dans un houka suscitait des hallucinations chez Yeats Brown – il croyait s'insinuer par des trous de serrure, enjamber l'Himalaya. Ce livre, dont l'adaptation hollywoodienne célèbre l'aura de l'Inde impériale, était en fait la description d'une quête spirituelle, une tentative de s'immerger dans les rituels sensuels et mystérieux de l'Orient qui n'intéressaient guère le colonial ordinaire.

Peu avant de m'envoyer dans un collège en Angleterre, mon père m'emmena faire un voyage de trois jours en train jusqu'à la côte méridionale de l'Inde. On nous prêta la voiture personnelle d'un maharadjah, nantie d'un balcon de métal à l'arrière, où nous restions tout le jour, aspirant à nager dans les rivières vertes peuplées de buffles et de garçons rieurs tandis que le train franchissait leurs ponts avec fracas. Une fois que nous sommes arrivés dans le Sud, tout notre temps s'est passé à nous baigner parmi les cours d'eau et les cascades dépeints dans les gravures de Daniell, sacrés pour les hindous et fréquentés par d'innombrables dévots, bien qu'ils soient rarement visités aujourd'hui car des barrages en ont réduit le cours à de frêles ruisselets qui dégoulinent sur la paroi nue de la roche.

C'est par ces rivières méridionales que Yeats Brown était attiré, où il trouvait « gloire et grâce » à s'abandonner, corporellement, à leur eau sacrée, d'ordinaire au clair de lune. La fenêtre de la chambre de notre petite villégiature du cap Cormorin ouvrait sur la mer. Mon père m'indiqua les rochers précis où Yeats Brown et le swami avaient jadis parlé et médité. « Une centaine de mètres au sud du temple de la Vierge, l'un des temples les plus antiques à l'extrémité du triangle indien, se trouve un plus petit sanctuaire voué au culte des ancêtres. C'est là que nous nous sommes dévêtus et avons gagné à la nage, à quelques mètres, deux rochers en forme de dômes contre lesquels les lames de l'océan Indien se jettent paresseusement, les parant de temps en temps d'une belle dentelle d'écume. C'est là, sur le plus éloigné des rochers, sans terre entre lui et l'Antarctique, que Vivekananda méditait en ce soir où il prit la grande décision de partir à la conquête de l'Ouest pour enseigner le védanta. » Yeats Brown d'ajouter une note : « Quand nous lisons le récit que nous fait Romain Rolland de la manière dont le pèlerin regagna l'Inde à la nage, comme s'il s'agissait de la Manche ou de l'Hellespont, et non d'un intervalle de cinq mètres, nous avons une illustration de la naissance des mythes. »

Quoique très jeune, j'avais commencé de me forger une conception vague du nageur comme d'un être éloigné et coupé de la vie quotidienne, voué à un type d'exercice où l'essentiel du corps reste submergé et absorbé en lui-même. Il me semblait qu'il séduisait l'introverti et l'excentrique, les individualistes virant au solipsisme. L'été dernier, j'allais quitter Portofino quand je me suis rappelé que s'y trouvait l'antique maison des Yeats Brown. Dans les années 1860, le père de l'auteur avait acquis, pour 40 livres sterling, un castello mauresque abandonné sur le promontoire. Yeats Brown y interrompait son voyage, retour des Indes, pour y séjourner. Je restai donc une nuit de plus et, tôt le lendemain, je descendis entre les cyprès et les pins parasols vers une petite crique sablonneuse sous la maison. Je gagnai à la nage un rocher blanc et lisse au bas du sentier raide qui dévale son jardin. C'est de là, à en croire un cousin, que Yeats Brown avait satisfait sa « passion de la nage – un merveilleux plongeur – il plongeait et s'agrippait à un rocher en profondeur et nous faisait une grimace à travers l'eau translucide, durant de si longues minutes qu'il faisait grand peur à ses jeunes cousins ».

Après l'Inde, mon père partit pour la rive opposée de la Méditerranée, en face de Portofino. Durant quelques années, nous vécûmes à Benghazi, non loin de l'antique cité grecque de Cyrène. Nous passions chaque Noël parmi ses ruines, seuls clients d'un hôtel fantomatique parmi les sapins. Le jour de Noël, nous observions un rite – nous baigner dans un bassin rocheux naturel, long et rectangulaire, aux parois incrustées de mollusques et d'anémones, où la légende voulait que Cléopâtre et les Romains eussent nagé. Les vagues se brisaient à un bout et en contrebas, sous la surface, reposaient la plupart des vestiges de la ville antique. La parution récente des livres de Hans Hass et Jacques Cousteau avait ouvert un monde neuf. Quand nous plongions nos visages masqués dans l'eau, émergeaient sur le sable rouillé les traces mystérieuses du contour des rues et des colonnades classiques, dont la sainteté était troublée par l'intrusion régulière de raies mantas qui battaient des ailes somnolentes parmi les colonnes brisées, quittant dans leur dérive l'obscurité ombreuse des profondeurs. Des fragments de sculpture, des piétements de fontaine s'éparpillaient dans notre appartement, sous forme de butoirs de porte et de serre-livres.

À l'été, une compétition avait lieu à Benghazi. Mon meilleur ami, dont je croyais qu'il ne savait pas nager puisqu'il ne se mettait jamais à l'eau et passait son temps à faire de la voile, quittait nonchalamment les rochers où il bronzait pour gagner chaque course avec plusieurs mètres d'avance. Il disait que rien n'était plus simple pourvu qu'on se servît du crawl japonais. Je me demandais ce qu'il voulait dire. Il y a peu, je lui ai écrit, après plus de trente ans, après m'être procuré son adresse auprès de son ancien collège, pour lui demander de m'expliquer au juste ce que la formule signifiait. Au contraire de moi, il était évidemment passé à autre chose car dans sa réponse, envoyée depuis sa ferme africaine, il développa chaque détail de sa carrière depuis que nous nous étions fréquentés, mais sans faire la moindre mention de la natation.

Dans l'antique bassin rocheux de Cyrène, mon imagination avait obscurément commencé d'associer la nage aux anciens Romains, mais les graines de ce livre furent semées durant les quatre ans où je travaillai à enseigner la « culture classique » dans une université arabe. J'y avais postulé après avoir remarqué une offre d'emploi en latin dans la rubrique des annonces personnelles du *Times* de Londres, alors que je faisais office de maître-nageur dans une vieille piscine victorienne de Paddington, si lugubre et si sale que personne n'y venait jamais. En Arabie, comme dans la piscine de Paddington, il n'y avait d'autre divertissement que la lecture, de sorte qu'au cours des longues après-midi, tandis que toute la ville dormait, je dévorais livre après livre parmi les ombres de la cour de notre maison de boue séchée du quartier arabe, puis à nouveau tard dans la nuit sous les étoiles, sur notre toit-terrasse crénelé. Puisqu'il n'y avait rien d'autre à faire, je prenais des notes approfondies de tout ce que je lisais. La chaleur, l'atmosphère torride, l'absence de piscines me rendaient hypersensible à la plus fugace présence de l'eau, à toute référence passagère à la nage. En feuilletant aujourd'hui ces notes en lambeaux, je vois qu'à la page 180 du *Soleil se lève aussi* de Hemingway, un personnage « nageait les yeux ouverts et c'était vert et sombre », que le Babbitt de Sinclair Lewis était « l'un des meilleurs nageurs de la classe », que quand il se baignait, « les ombres des bulles d'air fixées à ses cheveux reproduisaient d'étranges mousses de la jungle ». Je me rappelle encore l'effet hypnotique des vers de Coleridge décrivant une mare rocheuse sous une cascade, où l'eau se regroupait sans cesse dans une « résurrection obstinée » pour former une figure de rose. Dans l'étrange climat où je vivais, si peu naturel, la signification extraordinaire de tous ces détails me frappait. Des paragraphes étaient dévolus à l'importance des fontaines chez Nathaniel Hawthorne, aux profondeurs variées de la mer chez Melville, aux poissons de l'étang de Walden chez Thoreau, au requin dans la littérature nord-américaine. Romans et poèmes semblaient tourner autour de l'eau et de la nage, d'une manière hors de toute proportion avec les intentions de l'auteur. Je compatis aujourd'hui, en avouant la folle inadéquation de ces notes, avec certain chroniqueur des débuts de la natation, qui consacra toute sa vie, au XIXe siècle, à une histoire du sujet et qui, dans ses voyages en Angleterre et en France à la recherche d'ouvrages, avait toujours « honte de demander aux bibliothécaires, avec force hésitation, s'ils avaient quelque livre sur la natation ».

La bibliothèque universitaire comptait, parmi son étrange variété, une histoire française des Jeux olympiques. J'y tombai sur une relation passionnée des derniers mètres de la course entre Crabbe et Jean Taris qui décida du résultat de la finale du 400 mètres en 1932. Je me mis à faire des listes – tout comme Scott Fitzgerald l'avait fait de ses stratèges préférés et des maréchaux napoléoniens au cours des années perdues de sa « dépression » – des noms de nageurs de l'époque, les années soixante, comme Zac Zorn et Donna de Varona qui, tels les généraux du Sud pendant la guerre de Sécession, exhalaient panache et romanesque.

Mais c'est en 1956, en lisant par hasard un reportage du *Times* alors que j'étais tout jeune élève au collège, que je pris conscience de la dimension homérique de la nage. C'était l'année des Jeux de Melbourne. À l'époque, Australiens et Australiennes dominaient chaque battue et il n'y avait de jour où l'on n'annonce qu'ils avaient établi un nouveau record. Leur nageur le plus éminent s'appelait Murray Rose. Il avait déjà gagné le 400 mètres quand on s'aligna pour le départ de la plus longue course, laquelle réunissait, dans une féroce rivalité, des représentants des trois principales nations de nageurs du siècle, les États-Unis, l'Australie et le Japon.

« Ce soir, ce fut la finale du 1 500 mètres qui mobilisa l'attention sous les lampes à arc et qui s'avéra un triomphe incomparable pour tous les nageurs australiens. Il y a deux jours, Breen, des États-Unis, avait accablé les soutiens de l'Anglais de naissance Rose par la manière impressionnante dont il avait battu le record mondial de ce dernier de près de 7 secondes sous cette chaleur. À cette occasion, Breen avait pris la tête devant une opposition assez modeste au bout de 50 mètres, sans plus cesser de devancer le record chronométré. On redoutait ce soir qu'il ne pulvérise le mince Rose, apparemment moins fort, au cours des premiers 800 mètres, mais il s'est trouvé que Breen n'a jamais pu échapper aux attentions pressantes du jeune Australien ni à celles de Yamanaka.

L'atmosphère était encore plus tendue que d'habitude au départ, tandis que les huit finalistes se penchaient, bandant leurs muscles, sur les plots et que le pistolet, toujours aussi déstabilisant sous les échos de cette grande salle, les faisait piquer et plonger. Breen, le mieux parti, touchait pour la première fois avec

> une demi-longueur d'avance sur Yamanaka, Rose suivant à quelques centimètres pour la troisième place. Au bout de huit longueurs de bassin (400 mètres) tous trois s'étaient écartés les uns des autres et le chronomètre indiquait 4 minutes 36 secondes 6 centièmes, près de 4 secondes plus vite que le record mondial décroché par Breen mercredi. Juste après 800 mètres, alors que leur temps à présent retardait d'une seconde et demie sur le record mondial, Rose, qui était resté en à l'affût, a pris tranquillement la tête et dès ce moment sans être rattrapé. Breen n'a cessé de fouetter l'eau juste derrière, à sa manière inélégante, pendant encore six longueurs, puis Rose s'est écarté de lui d'une longueur. Aux 1 200 mètres, Yamanaka avait dépassé Breen pour prendre la deuxième place, puis, comme l'Américain commençait à céder du terrain, le Japonais s'est mis à rattraper Rose. Cent mètres avant la fin, Rose avait deux longueurs d'avance, mais Yamanaka remontait rapidement et les derniers 50 mètres se sont nagés dans de grands rugissements d'encouragements, ceux des spectateurs australiens, et sous les cris sauvages des soutiens et journalistes japonais surexcités, de l'autre côté. Cependant Rose avait couru la course la plus intelligente et c'est lui qui est arrivé à bon port assez tranquillement, mais on peut penser qu'une longueur de plus aurait donné un résultat différent. »

En fouillant les vieux numéros du *Times* trente-cinq ans plus tard pour relire ce reportage, je me suis demandé pourquoi il m'avait fait une telle impression à l'époque. De ma vie, je n'avais encore ne fût-ce que jeté un coup d'œil sur ce journal et c'était le seul qui décrivît la course par le menu. En fait, aucun autre quotidien n'en faisait la moindre mention. Je savais qu'aucun autre élève du collège n'aurait lu le reportage, ou si c'était le cas, qu'il ne lui accorderait aucun intérêt. Peut-être était-ce dû à la distinction revêtue par le *Times*, le fait qu'il ratifiait et reflétait une obsession si ésotérique chez moi qu'elle ne pouvait se communiquer, puisqu'elle était dans une grande mesure le fruit d'une enfance et d'expériences essentiellement différentes. À l'âge où l'on cherche des héros, j'étais attiré par l'exploit déterminé de Rose, souple et à l'affût, « mince, apparemment moins fort », encadré par deux rivaux éprouvés et brutaux, sorte de David parmi des Goliath. J'admirais aussi la douceur de son nom, sa froide intelligence, la calme maîtrise qu'il avait paru exercer d'emblée, son style gracieux, délié. J'apprendrais plus tard qu'il nageait de préférence la nuit, dans une piscine éclairée artificiellement.

À quatre ans de là, je me trouvais allumer la télévision tard un soir, pendant les Jeux olympiques de Rome, et voici qu'apparut sur l'écran moucheté la silhouette tout juste reconnaissable de Rose, agrippant l'échelle pour émerger avec modestie du bassin, après avoir remporté une nouvelle médaille d'or. Ce n'était pas le genre à lever le poing triomphalement. Blond, aux proportions classiques, il incarnait pour moi, adolescent maussade récemment revenu de sa première visite dans les musées grecs, tout ce que je n'étais pas. J'entends encore ma mère me dire, sans grande conviction : « Ne t'inquiète pas, tu as peut-être plus de cervelle. » La mère de Rose écrirait que ses objets les plus chers, enfant, étaient ses livres « très usagés » des auteurs grecs antiques. « Il les étudiait et y pensait constamment », tandis qu'elle l'élevait avec un régime d'algues, de graines de sésame et de tournesol pour le pénétrer de « la révérence grecque pour un esprit discipliné et un physique accompli ».

Lors d'une visite récente à Los Angeles, j'ai été sidéré d'apprendre de Richard Lamparski, chroniqueur apprécié des fortunes déclinantes des vedettes hollywoodiennes, que Rose habitait là, juste au bout de sa rue, en fait. Désormais marié à une ancienne première danseuse du Joffrey Ballet, il avait reçu une bourse d'études de l'Université de South California après ses triomphes olympiques, y avait joué Hamlet dans une mise en scène de l'université, puis quelques seconds rôles dans les « films de plage » du début des années soixante. Nous sommes convenus de nous retrouver pour une partie de squash et de natation dans le vénérable Los Angeles Athletic Club, au milieu des immeubles de bureaux et des gratte-ciel du centre-ville. Après une partie intense, je l'ai laissé pour nager une heure, puis ai proposé une course sur quatre longueurs. Il m'avait regardé nager et avait compris que je ne présentais aucun risque : il est resté tranquillement entre deux eaux et m'a fait signe de partir quand je voudrais. Il me suivrait. Arrivé à mi-chemin, j'aurais presque pu être en tête, mais alors il s'est contenté de glisser devant, dans son style gracieux, naturel, pour gagner facilement. Et c'était bien normal. Des entraîneurs nord-américains ont dit de lui que c'était le plus grand nageur qui ait jamais vécu, plus grand même que Weissmuller. Encore récemment, il avait amélioré ses temps par rapport aux Jeux olympiques. Il restait très semblable d'aspect à ce qu'il avait été à son apogée et j'avais noté qu'il avait les longs pieds et mains dont semblent dotés tous les meilleurs nageurs.

Nous sommes allés nous restaurer dans le jardin de Butterfields, qui fut jadis la maison d'Errol Flynn, à l'angle de Sunset et Olive. Rose ne s'en tenait plus aux algues, aux graines de sésame et de tournesol. Sous les orangers, il évoqua tranquillement ses premiers souvenirs d'enfance en Australie, quand il nageait dans le réservoir de Manly, dans le bassin naturel de Bondi Beach, où les vagues passaient par-dessus les parois et le propulsaient dans un sens, vers des temps extraordinairement rapides. Les expériences les plus intenses avaient été des bains très matinaux dans le port de Sydney, où l'eau était suave, sa texture soyeuse, quand nager ressemblait à « une aventure dans un autre monde », notamment à Noël quand les fortes marées « King » affluaient du Pacifique. C'était dans ces conditions qu'il jugeait avoir fait ses meilleurs temps, avec un sentiment d'euphorie qu'il n'avait jamais vraiment connu dans une piscine faite de main d'homme. Pour Rose, nager supposait une implication sensuelle intense, une suite rythmée de sons à mesure que les mains tranchent l'eau qui passe sous le corps et forme une vague contre le côté du visage. Le rythme réduit l'effort. Avant la course, il écoutait une musique particulière proche du rythme de sa battue. La chanson de Glenn Miller, *In the Mood*, lui correspondait parfaitement.

La principale qualité indispensable au nageur, continua-t-il, c'est le « sens de l'eau ». Il doit se servir des bras et des jambes comme un poisson de ses nageoires, être capable de ressentir la pression de l'eau sur les mains, de la retenir dans la paume tout en la retirant sans qu'elle puisse lui glisser entre les doigts. Rose croyait que ne réussissaient que ceux qui éprouvaient pour elle une affinité naturelle, comme les sourciers. L'eau peut parfois devenir une obsession, comme dans le cas de Rick de Mont, un superbe styliste de la natation, qui a remporté une médaille d'or en 1972, laquelle lui fut retirée quand on détecta dans son organisme des traces d'un médicament contre l'asthme prescrit par le médecin de l'équipe. Aujourd'hui il vit à Tucson, à la lisière du désert d'Arizona, et se voue à une « quête spirituelle de l'eau ». Tel un sourcier, il peut deviner où les oueds sont susceptibles de se former soudain après la pluie et il fixe à l'aquarelle leur présence éphémère. De grands tableaux à l'huile, nourris par ses rêves, révèlent les formes imprécises de poissons préhistoriques nageant dans les rivières de la jungle. Il goûte le bruit de l'eau, son contact sur ses mains et ses jambes. Pour de Mont, les cours d'eaux et les rêves « forcent » l'interprétation.

Pour intensifier ce sens de l'eau, les nageurs australiens des années cinquante commencèrent à s'épiler les jambes avant les courses importantes. La pratique se répandit en Amérique en 1960 quand Rose s'installa à Los Angeles. Les nageurs des États-Unis se mirent à s'épiler, outre les jambes, les bras, la poitrine et à se raser la tête. Des minutes entières s'effacèrent des records sur les plus grandes distances. Ce n'était pas tant l'élimination des centaines de minuscules bulles d'air qui s'attachent aux poils et ralentissent le mouvement qui comptait, que son effet psychologique. Rose a décrit la conscience sensuelle immédiate de l'eau au moment du plongeon, le sentiment d'être suspendu, uni à l'élément, le surgissement soudain de puissance comme celui éprouvé par les danseurs de ballet qui s'épilent pour activer les extrémités nerveuses. Quand un nageur réussit un bon temps, la première question qu'on pose toujours est « épilé, ou pas ? » Le problème est ensuite de savoir quelle est la fréquence possible de cette épilation. Si l'on peut la retarder jusqu'après les épreuves de sélection ou les éliminatoires préliminaires, elle donne un avantage psychologique sur les rivaux. L'épilation est devenue une science complexe. Le secret, c'est de ne pas l'exagérer sous peine de perdre l'excitation, d'espacer les épilations de manière à ôter davantage de poils quand il le faut. Avant la course, on remarque parfois des nageurs se frotter les mains sur le revêtement rugueux des plongeoirs, à la manière d'un cambrioleur de coffre enduisant de sable le bout de ses doigts pour en accroître la sensibilité. Les Allemandes de l'Est ont repoussé encore les limites de l'épilation en adoptant la « combinaison de peau », taillée dans une seule épaisseur de nylon extensible qui paraît collée au corps. Au début, les cameramen embarrassés ne consentaient à ne filmer que leur cou et leur tête, mais aujourd'hui on les accepte partout. Quant à l'Australienne Dawn Fraser, elle affirmait qu'elle aurait pu battre n'importe quel record si on lui avait permis de nager nue. La nudité remonte aux Jeux olympiques grecs, quand Orsippos se défit de son pagne, ce qui lui donna un avantage visible.

Les nageurs olympiques sont soumis à des conditions qui leur sont spécifiques. Ils restent seuls dans leurs couloirs. Ils ne convergent ni ne se touchent comme les coureurs. Le hasard joue un rôle considérable même au plus haut niveau. Un nageur peut être très loin en tête à la fin, et pourtant mal rythmer sa dernière battue, ou être placé dans un couloir où il lui faudra respirer de son « mauvais côté » jusqu'à la dernière longueur. Une photo de 1936 montre le Japonais Uto très en avance vers la fin de la course, qui va pourtant s'incliner devant l'Américain qui le remonte à l'extérieur. En restant à la hauteur de la hanche d'un adversaire, un nageur peut être porté par son aspiration, profiter de sa force d'inertie et aussi agir comme une ancre sur celui qui le devance. « Je me suis contenté de glisser sur son sillage », répondit Armstrong aux reporters qui se demandaient comment il avait pu battre Biondi.

Au reste, les physiques des nageurs ne ressemblent pas à ceux des autres athlètes. Les meilleurs nageurs excellent rarement dans d'autres sports car leurs corps sont trop subtilement accordés pour s'y adapter. Les muscles d'un nageur sont longs et souples. « On ne peut rien faire de violent ni de brusque dans l'eau, notait Bachrach, le grand entraîneur des années vingt à Chicago. Une pierre elle-même met du temps à couler. Les choses se font de manière relaxée, avec une ondulation semblable à celle du serpent. » Pour avoir observé la vitesse supérieure des longs poissons minces comme le sandre canadien et le brochet, il recherchait les nageurs « serpentesques » et jugeait avoir trouvé la silhouette parfaitement profilée dans l'élastique Weissmuller.

Bachrach affirmait qu'en nageant, on doit ignorer ses rivaux. « Dans la plupart des sports, ils ont un effet physique sur votre performance, à la nage elle est purement psychologique. Si vous vous inquiétez de ce que fait votre rival, vous détournez votre esprit de ce que vous faites et manquez donc de vous concentrer sur votre performance. » Une fois qu'il a touché l'eau, le nageur est seul, isolé des influences externes, mais avant la course on peut beaucoup nuire à son état d'esprit. Rien que la manière dont un nageur salue la foule et ôte son survêtement près des plots de départ peut être significative. « J'ai été effrayé, remarquait un camarade finaliste confronté à Gross, par ce type monstrueux jouant des mécaniques juste sous mon nez. J'ai tenté de ne pas le regarder avant la course, mais c'est un personnage si impressionnant. » Les vestiaires sont une zone particulièrement chargée en émotions. Telle Australienne avait coutume de s'y asseoir en face de sa principale rivale pour se contenter de la fixer droit dans les yeux. Schollander raconte comment, avant une demi-finale olympique, il cassa la résistance du

Français Gottvalles, détenteur du titre mondial, en se rapprochant peu à peu de lui sur le banc où ils se changeaient puis, quand Gottvallès, exaspéré, se précipita aux WC, Schollander le suivit et se tint derrière lui jusqu'au bout alors qu'il y avait cinq autres urinoirs libres.

Bachrach avait conscience de diverses « failles mentales et déséquilibres psychologiques » parmi ses principaux nageurs de Chicago, lesquels détenaient presque tous les records mondiaux des années vingt. Selon lui, plusieurs auraient pu être de vrais champions « si seulement ils avaient pu corriger ces déséquilibres ». L'entraînement isolé du nageur, les longues heures passées dans une semi-submersion engendrent un état d'esprit solitaire, méditatif. Une grande partie de l'entraînement du nageur se déroule dans sa tête, immergé qu'il est dans le rêve continu d'un monde sous-marin. Ses conditions de vie sont si intenses et concentrées qu'il devient la proie d'illusions et de névroses inconnues des autres athlètes. Ce sont la psychologie particulière du nageur et son « sens de l'eau » qui forment les thèmes fondamentaux de ce livre.

1

Le lignage anglais

Si je meurs, ils feront quelque
chose pour ma femme.

Le capitaine Webb,
près des chutes du Niagara

Au XIXe siècle, les Anglais étaient considérés comme les meilleurs nageurs du monde, à une époque où la passion de l'athlétisme et des jeux devint leur trait distinctif, en faisant un objet de fascination dans le reste de l'Europe. « Ils nous ont même appris à grimper sur nos propres montagnes, à nous autres Suisses, remarquait Jung, et en ont fait un sport. »

Londres était tenue pour la capitale de la natation mondiale. On y trouvait six piscines permanentes et l'on amarrait des bassins flottants aux ponts de Waterloo et Westminster en été. Des festivités annuelles de natation se déroulaient dans la plupart des villes côtières, où la forme des ports fournissait un amphithéâtre naturel accueillant des milliers de spectateurs. Des concours de nage se tenaient dans les rivières par tout le pays et des gens sautaient du haut des ponts pour tenir un pari. Il arrivait qu'ils meurent. Il y eut des sauts fatals depuis les ponts de Charing Cross et de la Tour de Londres. Le plus intrépide était Samuel Scott. Il avait coutume d'exécuter un certain nombre d'acrobaties avant de plonger dans l'eau et pour faire sensation, il avait l'habitude de mimer, sur un échafaud de Waterloo Bridge, une pendaison publique. Il y laissa la vie car, à l'été 1841, la corde glissa et l'étrangla.

Les Anglais n'ont jamais douté, fût-ce un instant, de leur prééminence. « Pas une personne noire que j'aie pu connaître n'approche d'un nageur anglais de première classe » affirmait Webb, le nageur de la Manche, et selon lui le monde n'avait pas connu de plus rapide nageur qu'E. T. Jones, de Leeds. Ainsi commence un traité victorien sur la nage : « Il n'y a pas d'exemple d'étranger, civilisé ou non, dont les réussites dans l'eau surpassent celles des Anglais. » Les champions d'Angleterre passaient l'océan vers l'Amérique et s'en retournaient invaincus. Le grand Beckwith battit « Patte de Daim », Indien sénéca, malgré un départ plus tardif de 25 secondes. Les femmes elles aussi étaient exceptionnelles, à leur façon. Le naturaliste Richard Jefferies observait un jour une jeune fille « libertine » au bord de la mer, étendue de tout son long à la lisière de l'écume, quand tout à coup une vague énorme s'arqua et s'abattit sur elle. « Elle était sous la lame quand elle s'abattit et se retira ; elle la transporta jusqu'aux marches de la voiture de bains et la ramena à sa position originale. Quand elle se fut calmée, la fille se contenta de secouer la tête, de se dresser sur un bras et de se remettre parallèle au rivage. Une demoiselle anglaise pouvait y résister, conclut Jefferies, mais quelque autre l'aurait-elle pu ? – sinon, assurément, une Américaine de lignage anglais. »

Presque toutes les vedettes venaient du Nord de l'Angleterre. Le dernier, Jarvis, le champion des Jeux olympiques de Paris de 1900, où les courses se déroulèrent dans la Seine, est dépeint comme « gras de partout, avec ici et là de vrais plis débordants. Ses seins pendent comme ceux d'une femme, mais il possède de puissantes épaules et de formidables cuisses ». Ils nageaient dans les lacs froids et les réservoirs, et dans des bassins sombres, minables, dont beaucoup subsistent encore. Le bassin de Salford était apparemment « l'un des meilleurs endroits imaginables pour qui voudrait se suicider. Quiconque y nagerait dans un moment mélancolique aurait vraiment envie de s'y noyer». C'est dans l'un de ces bassins morbides que Graham Greene allait tenter de se suicider, quand, à la fin de ses vacances, il avala vingt aspirines avant de nager dans la piscine déserte de l'école. «Je me rappelle encore l'étrange sensation de nager dans du coton.»

Robert Watson, journaliste spécialisé dans le crime et la natation, a fixé les héros de son temps, des noms aujourd'hui oubliés – E. B. Mather, Peter Johnson, Dave Meaken, J. Aspinall, George Poulton. Les bains de Leaf Street étaient le foyer de la fraternité des nageurs de Manchester. Il y prenait place au milieu des célébrités, «aussi proche d'elles que les circonstances le permettaient sans être jugé grossier, pour écouter avec un ravissement vorace tout ce qu'elles disaient. À mes yeux à cette époque, c'était plus que des hommes de grande importance: ils étaient colossalement grands. Je ne me sentais plus de fierté quand je recevais une réponse de l'un d'eux. De fait, c'était vu comme une grande marque de faveur de la part de ces êtres fameux, que je vénérais, de parler, et si gentiment, à un reporter étranger et curieux.»

Watson déplorait les nouvelles battues à l'indienne qui devenaient à la mode à la fin du siècle, sous l'influence des autochtones de l'Orénoque et des Mers du Sud. Il s'offusquait de la laideur de leurs gestes. Il qualifiait cette nage de «truquée». Son point de vue était d'abord esthétique. Il préférait les gracieux déplacements d'une «période à jamais inoubliable», des premiers nageurs, tel Pamplin, le «phoque volant», qui gardait toujours les deux bras sous l'eau et dont le style était une sorte de «danse, la poésie du mouvement». Poulton pouvait tourner à la surface de l'eau et rester immobile sur le flanc des heures durant. Et il y avait Charley Moore, le nageur unijambiste champion du monde. Durant de nombreuses années, il avait défié tout unijambiste de courir n'importe quelle distance, de 100 mètres à un mille, contre 15 livres sterling ou 25 livres respectivement. Mais c'est en tant que nageur

« ornemental » qu'il excellait particulièrement. Une photo illustre son exploit primé : flotter et nager en arquant sa seule jambe autour de la tête. Ce tour de force provoquait toujours des applaudissements assourdissants et prolongés, bien que la suite de sa carrière ait été misérable. « Quand vous quittez le Strand, à main droite de la rue menant au pont de Waterloo, vous pourrez voir un homme assis sur une chaise, qui ne mendie pas mais propose des allumettes à la vente. Son aspect a beaucoup changé mais en regardant de plus près, on reconnaîtra les traits, jadis célèbres, de Charley Moore. Les nageurs seront fort bien inspirés d'accorder leur pitié et leur assistance pécuniaire à celui dont le nom fut jadis vraiment légendaire et dont la misère élève une fervente prière vers leur charité. »

Durant des années, les nageurs avaient adopté pour modèle de style les gestes de la grenouille, laquelle avait remplacé le chien qui les avait inspirés jusqu'à l'époque élisabéthaine. Webb nagea la brasse sur toute la traversée de la Manche. La confiance en cette battue fut confirmée quand deux Indiens, « Mouette volante » et « Tabac », furent dépêchés par les Américains pour contester la suprématie anglaise et que, comme le malheureux pugiliste noir Molyneaux, ils s'inclinèrent facilement devant le champion anglais, bien que selon le *Times*, ils fouettassent l'eau violemment du bras, « comme les bras d'un moulin à vent ». Le culte de la brasse s'est prolongé jusqu'à la fin du XIXe siècle où nous trouvons le Nicholas Crabbe de Corvo énumérer les qualités qu'il juge séduisantes chez un nouvel ami rencontré près de la Serpentine[2] : « Ensuite, j'admire votre façon de nager. J'adore vraiment la brasse quand la tête est superbement équilibrée. » « Moi aussi. Je ne me sers d'aucune autre nage. Je suis certain que nos amis les Grecs devaient la pratiquer. » « À cause de leurs magnifiques et larges poitrines ? » « Exactement. Mais continuez la liste de mes charmes, je vous prie. »

[2] Le grand lac du parc londonien de Hyde Park. (NdT)

On conservait des grenouilles dans des tubes à côté des bassins aux fins d'instruction. On admirait les merveilleux mouvements d'étau de leurs pattes sous les genoux. Apprenant à nager, Richard Jefferies se procura une grenouille sur quelque lierre près d'un mur de jardin et la déposa dans une auge. En l'observant, il fut déçu de constater qu'elle se servait à peine des antérieurs, ce dont convint l'instructeur, mais en lui recommandant de suivre deux caractéristiques particulières de son style. « D'abord, sa façon de se propulser, et ensuite sa manière de poser la poitrine sur l'eau. » Benjamin Haydon, alors en vacances avec un autre peintre, David Wilkie, le trouva étalé par une chaude après-midi sur le tapis du salon de leur logis, tentant désespérément d'apprendre à nager. Sur quoi Haydon lui dégagea une table où Wilkie « s'installa sur le ventre, pour agiter les membres comme une grenouille, sans être très avancé ». Ce devait être un spectacle répandu dans les salons du XIXe siècle puisque le *Boys Own Paper* de 1879 recommande à l'apprenant de placer une bassine à moitié remplie d'eau par terre, d'y déposer une grenouille, de se mettre à plat ventre sur un tabouret et de tâcher d'en imiter les mouvements. Mais ce conseil n'avait rien de neuf. Dès le *Virtuoso* de Shadwell, en 1676, Lady Gimcrack décrit ainsi les efforts de son mari pour apprendre à nager. « Il a mis une grenouille dans une vasque d'eau, retenue par une laisse autour de la taille, laisse que Sir Nicholas tient dans les dents, couché sur le ventre et sur la table ; et quand la grenouille fait sa battue, il l'imite, et son maître-nageur est là qui lui dit s'il a le bon geste ou pas. » Quand on lui demande s'il a jamais tenté sa battue dans l'eau, Sir Nicholas répond : « Non Monsieur, mais je nage de la façon la plus exquise sur terre. Je me satisfais de la partie spéculative de la nage. Peu me chaut la pratique. Je me sers rarement des choses, ce n'est pas dans mes habitudes. »

Tout le monde nageait nu, jusqu'à ce que la nage devienne de plus en plus populaire à l'époque victorienne. Au milieu du XIXe siècle, les hommes nus n'avaient plus accès qu'à certaines parties des plages, à certaines heures. Quand la baignade mixte fut à la mode à Llandudno, elle s'attira une désapprobation générale. Des familles se rendaient sur le continent pour nager plus librement et Marie Lloyd allait chanter: «Belle, escortée de beau, est partie nager à tout-venant/Terrible manière, mais régulière, sur le vilain Continent.» On créa le caleçon de bain pour les hommes, descendant jusqu'aux genoux, tandis que les femmes étaient enveloppées dans des costumes corsetés, bouffants, juponnés. Ces costumes, avant l'introduction de la laine après la Grande Guerre, étaient faits en coton tissé qui tendait à devenir transparent une fois mouillé et, moulant le corps, révélait bien plus qu'il ne cachait. Les cabines de bains mobiles, qui convoyaient les nageuses en eau plus profonde par un câble, étaient à présent pourvues de «capotes de modestie», inventées par un Quaker pour éviter trouble et embarras à qui verrait des femmes sortir de l'eau en costumes ruisselants.

Mais quelles que fussent les précautions, elles n'empêchaient pas que les femmes devinssent l'objet de la plus grande curiosité. Dans les villégiatures victoriennes de bord de mer, où la mer était normalement «noire de baigneurs», les femmes ne se risquaient pas au-delà de la barre mais restaient allongées sur le dos, dans l'attente des vagues, leurs costumes de bain étant «dans un style très *dégagée** (sic)». «Quand les vagues arrivaient, commente un témoin, non seulement elles recouvraient les baigneuses, mais elles leur remontaient littéralement la robe jusqu'au cou, de sorte que, du point de vue de la décence, elles auraient aussi bien fait de ne pas avoir de robes.» Tout cela se déroulait en présence de milliers de spectateurs. Les messieurs venaient depuis des kilomètres à la ronde pour voir les femmes se baigner. On braquait les télescopes sur les femmes entrant dans la mer et dans certaines stations, on interdisait aux hommes de rôder autour des cabines de bain mobiles. Il fallut attendre 1901, dans les piscines, pour que les femmes eussent la permission de nager en présence des hommes.

* En français dans le texte.

On avait résisté avec énergie à l'obligation du moindre costume. Quand, en 1860, le port de caleçons « d'un ample format » fut instauré aux bains de Pimlico, il causa force gêne et irritation. Les gens se sentaient comme le Jerry Milford de Smollett qui aimait pratiquer la nage comme un exercice « dépourvu de la formalité d'un appareil », et du même Smollett on sait qu'il se baignait nu au large de Nice, dès le mois de mai, ce qui suscitait beaucoup d'intérêt local et même d'imitation. Curé à la fois réservé et curieux dans le Wiltshire, Francis Kilvert a décrit dans son journal comment les gens nageaient nus sur le rivage de la villégiature de Weston-super-Mare, ce qui le poussa à en faire autant le lendemain matin avant le petit-déjeuner. « Il y avait un sentiment délicieux de liberté à se dépouiller en plein air puis à courir nu vers la mer où les vagues s'arquaient blanches d'écume, où le soleil rouge du matin rutilait sur les membres nus des baigneurs. » Deux ans plus tard, cependant, dans la Shanklin plutôt plus respectable de l'île de Wight, il se rendit compte qu'il devait adopter la « détestable habitude de se baigner en caleçon. Si les dames n'aiment pas voir les hommes dénudés, pourquoi n'évitent-elles pas ce spectacle ? » Il fut encore plus contrarié quand quelques vagues brutales lui arrachèrent son caleçon, le « laissant déchiré et entortillé autour de ses chevilles ». « Ainsi entravé, j'ai été emporté et ballotté par une mer puissante qui, se retirant soudain, m'a laissé nu sur les galets coupants d'où je me suis relevé tout sanguinolent. Après ça, j'ai enlevé ce misérable et dangereux haillon et bien entendu il a fallu qu'il y ait quelques dames occupées à me regarder quand je suis sorti de l'eau. »

Depuis que Georges III avait donné le ton en nageant au large de Weymouth accompagné par un orchestre de chambre, un cordeau de cités balnéaires avait fleuri le long des rivages anglais, ornées de places et de jetées élégantes, car les bains de mer étaient devenus à la mode pour raisons de santé. Ils étaient spécifiques à l'Angleterre. L'eau salée offrait un substitut inédit aux villes d'eaux, et une quasi-panacée. On en buvait plusieurs gobelets ou l'on s'y trempait avant le petit-déjeuner. Ramsgate, Margate, Brighton, Southend et Scarborough étaient déjà lancées quand Jane Austen entama son dernier roman, *Sanditon*. Elle se proposait d'y décrire le développement d'une nouvelle station, mais elle ne l'acheva jamais. Le roman s'ouvre sur une discussion entre un propriétaire bien installé, un gentleman-farmer acquis à l'antique mode de vie rural, et un spéculateur pour lequel « le succès de Sanditon comme petite villégiature balnéaire à la mode semblait constituer toute la raison de vivre ». « Tous les cinq ans, déplore le gentleman, on entend parler de quelque nouveau lieu s'édifiant au bord de la mer et qui donne le ton. C'est mauvais pour une campagne, ça ne peut qu'augmenter le prix des vivres et faire des pauvres des bons à rien. » Le spéculateur, qui a acheté, agrandi et fait connaître ce qui n'était qu'une bourgade sans prétentions, n'est naturellement pas de cet avis. Il évoque les brises d'air marin et les excellentes baignades du site. Il loue son beau sable ferme, l'eau profonde à dix mètres du rivage, l'absence de vase, d'algues, de rochers glissants. La mer, affirme-t-il, guérit les rhumes, ouvre l'appétit, dynamise, revigore. Nul ne peut être vraiment en bonne santé, se récrie-t-il, sans passer au moins six semaines par an au bord de la mer. Bien qu'elle ridiculise les goûts et les prétentions du spéculateur, Jane Austen n'est pas sans révéler une certaine sympathie pour ses idées. Tout au long de ce fragment de roman, on ressent un désir de la mer, « dansante, étincelante au soleil et dans la fraîcheur ». Car elle goûtait fort les bains de mer elle-même et écrivait en 1804, depuis Lyme, que « la baignade était si délicieuse ce matin et Molly me pressait tant d'en profiter que je crois y être restée un peu trop longtemps ».

À la fin du siècle, des centaines de villes s'étaient développées en bord de mer. Des bâtisses pourvues de balcons et de baies vitrées ouvertes sur l'horizon remplaçaient les vieilles cabines de pêcheurs. La recherche de la santé était devenue une recherche du plaisir. Les chemins de fer et les vapeurs donnaient une nouvelle facilité de mouvement aux masses. Là, sur le rivage, elles pouvaient oublier leur existence morne et monotone pour une semaine ou deux et lui substituer un monde imaginaire. L'atmosphère aristocratique de la Régence, les *Assembly Rooms*[3] et les salles de bal étaient désormais passées de mode. Au lieu de cordeaux Regency, les Victoriens se passionnaient pour les châteaux médiévaux, les palais vénitiens, les demeures tudors. Un goût de l'exotique, inspiré par le pavillon de Brighton, teintait le nouveau style architectural. Au milieu des fougères et palmiers de forêt vierge des jardins d'hiver, des salons et des kiosques « indiens », des kiosques à musique pointus comme des pavillons orientaux, les touristes pouvaient se croire brièvement transportés dans quelque paradis tropical. Des orchestres de *Nigger Minstrels*[4] jouaient sur remblais et jetées, décorés comme des ponts de bateaux, avec leurs bittes d'amarrage aux allures de cabestans, leurs lampes ornées d'ancres, de serpents de mer, de sirènes.

Les sirènes exerçaient une fascination constante. L'une d'elles, prétendument capturée par un pêcheur chinois et achetée 500 dollars par le capitaine Eades à Java, séduisait des centaines de spectateurs quotidiens. L'excentrique Robert Hawker, futur vicaire de Morwenstrow, attirait des foules de vacanciers crédules sur le rivage de Bude, « assis sur un rocher à quelque distance de la côte, affublé d'une perruque tressée de longues algues grêles qui lui pendaient à mi-dos. Il s'enveloppait les jambes dans une toile cirée et pour le reste était assis sur le rocher, à réfléchir les rayons de lune avec un miroir portatif, à chanter et crier pour attirer l'attention ».

Tous ceux qui visitaient ces villes balnéaires pouvaient, pour un bref moment, adopter le rôle qui leur plaisait, quel qu'il fût. « La période des vacances était le domaine des faux-semblants, a écrit Macqueen-Pope, en repensant à son enfance victorienne. Tous revendiquaient un statut social qu'ils ne possédaient pas et nul ne croyait qui que ce fût, mais ça faisait partie du jeu. Les hommes

[3] Salons où se réunissait la bonne société, à Bath par exemple, au XVIIIe siècle. (NdT)
[4] Musiciens blancs aux visages et mains artificiellement noircis… (NdT)

étaient tous des notables (ecclésiastiques, avocats ou médecins), ou c'étaient des officiers de la marine ou de l'armée en permission. S'ils étaient glabres à une époque de moustaches, ils déclaraient être acteurs. Les filles, elles, étaient toutes de grande richesse et de grande famille. » Dans les cabarets sur les jetées, on chantait de louches *Swells of the Sea* et *Seaside Sultans*, les flirts de bord de mer et les indiscrétions maritales (« Tous sont célibataires au bord de la mer »). Ces chansons reflétaient le sentiment fugace de libération ressenti par qui vivait une existence fade et misérable en ville. On satisfaisait ses fantasmes : « Au bord de la mer, on peut faire bien des choses impossibles en ville ». On formait même un vœu : « Pourquoi n'a-t-on pas la mer à Londres ? » Ces mélodies, presque les dernières à célébrer les plaisirs de la vie côtière avant celles des Beach Boys dans les années 1960, chantaient la grande période des vacances à la mer. Quand, en 1931, Noël Coward adopte dans *Cavalcade* le refrain « J'aime vraiment le bord de mer », il s'agit d'évoquer un passé révolu, la période magique de sa propre enfance avant la Grande Guerre, devant un auditoire qui préférait désormais les baies et les palmiers de la Méditerranée aux grèves de Broadstairs.

En fait, certains jugeaient que la vie de bord de mer avait connu son apogée bien avant. Edmund Gosse décrit tristement dans *Père et Fils* l'impact produit par les livres de son père, pétris d'enthousiasme, sur les coquillages et les anémones, nantis d'exquises illustrations, lesquels induisirent force personnes à envahir le littoral dans les années 1850, décidées à déranger l'antiquité des mares rocheuses dans une recherche frénétique de matériaux pour leurs aquariums, lesquels étaient à présent l'ornement à la mode. Ces visiteurs grouillaient en tel nombre qu'au bout de la décennie le « paradis enchanté avait été violé, le produit exquis de la sélection naturelle piétiné sous la patte grossière d'une curiosité aussi bien intentionnée qu'inconsciente. Que mon père, si respectueux, si conservateur, fût directement responsable, par le succès de ses livres, d'une calamité qu'il n'avait jamais imaginée, lui apparut assez nettement avant un petit nombre d'années, ce qui lui causa un grand chagrin. Nul ne verra plus sur le rivage d'Angleterre ce que je vis dans ma prime enfance, la vision sous-marine des rochers sombres, tachetés et étoilés d'une infinie variété de couleurs, striés de drapeaux soyeux de carmin royal et de mauve. »

Si les publications de Gosse l'aîné avaient attiré des milliers de curieux sur les grèves, l'enthousiasme pour la natation qui prit un essor si remarquable au long du siècle pourrait bien avoir résulté de l'énorme influence exercée par Ruskin. L'attention qu'il prodigue à la forme de la mer dans la peinture de Turner, les visions de Venise comme un récif de coraux dans les mers indiennes, ses descriptions des cascades européennes et de nos cours d'eaux insulaires, si pénétrées de la diversité de leurs sons, cours, couleurs et structures géologiques, eurent peut-être l'effet de sa passion pour les rochers et les montagnes qui suscitèrent un engouement inédit pour l'escalade des montagnes. L'impact en fut si grand que l'Alpine Club fut fondé l'année de la publication de ses *Modern Painters*.

L'océan exprimait l'essence romantique de l'époque. Charlotte Brontë s'évanouit en lui étant confrontée. L'eau restait un élément mystérieux, une substance inconnue. Les exemples de noyades étaient si répandus, leurs conséquences si destructrices ! Il fallut cinq ans à Elizabeth Browning pour se remettre de la mort de son frère aîné, après qu'il se fut noyé au large de Torquay dans un incident de navigation. Quand John Wordsworth se noya avec trois cents autres en naviguant vers l'Inde, la santé de son frère et de sa sœur en fut irrémédiablement altérée et la nouvelle causa la « plus triste journée » de Coleridge, alors à Malte. Byron perdit son meilleur ami, Matthews, dans la Cam, Swinburne le sien, Luke, dans l'Isis, Hopkins Digby Dolben dans la Nene. Les moments les plus émouvants, dans les mémoires, sont souvent ceux qui ont trait à la noyade : le marin de Borrow, au large de l'Espagne, le regard d'agonie qu'il lance au vapeur filant à sa hauteur, la vue de son corps s'enfonçant de plus en plus, les bras tendus vers la surface ; les parents de Ruskin, figés « comme des statues » en apprenant la mort de son cousin Charles au large de l'île de Wight – « ils ont attrapé sa casquette, mais n'ont pas réussi à le sauver » ; la belle Miss Bathurst glissant de son cheval dans le Tibre dans le livre de la comtesse de Blessington, *Idler in Italy*[5], puis remontant à la surface, avant de disparaître à jamais dans ses profondeurs agitées, « en présence de ses amis épouvantés ». Les moniales allemandes qui se noyèrent dans l'épave du *Deutschland* ont fait de Hopkins un poète tandis que celle du *Birkenhead*, au large de l'Afrique du Sud, en emportant des centaines de soldats, est devenue l'un des grands mythes impériaux d'exemple suprême de sacrifice, d'une telle importance que le *Kaiser* ordonna d'en faire la citation à la tête de tous ses régiments, selon Borrow.

Ceux-ci étaient morts par accident. D'autres semblaient souffrir d'un désir de mort par noyade. La première femme de Shelley s'était noyée dans la Serpentine, sa belle-mère Mary Wollstonecraft tenta bravement d'en faire autant une nuit dans la Tamise et Shelley lui-même ne fit aucun effort pour échapper à la mort au large de Viareggio. Quand Charles Kingsley fut informé que son frère s'était noyé dans l'étang de Looe après avoir volé une cuiller d'argent au collège, son cri d'angoisse laissa un souvenir impérissable à beaucoup. En pleine lune de miel à Venise, le mari de George Eliot se jeta dans un canal, comprenant trop tard l'erreur de cette union. « Je suis éprise de l'humide » déclare la Maggie de George Eliot, dans *Le Moulin sur la Floss*, avant de se noyer dans une crue.

Cette histoire d'amour avec « l'humide » était caractéristique de l'époque. Tout ce qui avait trait à l'eau semblait opérer une fascination extraordinaire. « J'associe ma 'jeunesse folle' à tout ce qui repose sur les berges de la Stour, a écrit Constable. Ces scènes ont fait de moi un peintre. » Comme Ruskin, Walter Pater était

[5] (1839). La comtesse de Blessington (1789-1849), maîtresse de l'élégantissime Alfred Guillaume Gabriel d'Orsay (1801-1852), a voyagé sur le continent et laissé *Un journal de conversations avec Lord Byron* (1832) dont elle fut intime. (NdT)

anormalement sensible à la plus légère trace d'eau dans une peinture, les étangs de Botticelli avec leurs roseaux fleuris, le paysage de Giorgione « plein des effets de l'eau, d'une pluie fraîche tout juste passée par l'air et rassemblée dans les chenaux herbeux », et à ses yeux, la Joconde, assise au milieu de ce cercle de rochers oniriques comme dans quelque grotte sous-marine, avait été une plongeuse en mer profonde. Le jour où se noie son pauvre cousin, Ruskin ne peut s'empêcher de noter qu'un vent frais a soufflé, « juste le genre de brise qui chasse les nuages et blanchit les vagues dans le *Gosport* de Turner ».

Les qualités de l'eau stupéfiaient les poètes. Ils étaient poussés à en analyser les effets, la musicalité, l'influence des rochers sur les couleurs de sa surface. Coleridge avait examiné cinq types de cascades – une source « au minuscule cône de sable friable montant et redescendant sans cesse au fond, mais dont la surface n'avait pas une ride », une mare « où le courant s'élançait dans un creux évidé ou festonné du Rocher sur son Canal – cette Forme, une rose blanche parfaite, était sans cesse submergée par le courant s'élançant sur elle, et toujours obstinée à ressusciter, elle s'évasait dans la Coquille, par à-coups, pour s'épanouir en un instant, telle une fleur entière ». G. M. Hopkins, nageur de la trempe de Coleridge, a analysé les vagues comme s'il s'y inscrivait.

L'Allemand Lichtenberg fut sidéré par la scène de Sadlers Well[6], dont toute la structure inférieure était remplie d'eau, telle l'arène romaine, ce qui la rendait très propre à la représentation de tableaux aquatiques ou de ballets sous-marins. Les nageurs connus de l'époque nageaient durant des jours entiers, seuls ou en compétitions, dans des réservoirs érigés dans les mairies, sous le regard de foules nombreuses, dont des membres de la famille royale. On installait des réservoirs sur les scènes des salles de spectacles pour des

6 « Puits de Sadler », salle de spectacle londonienne fondée en 1683 à côté d'une source médicinale. (NdT)

représentations sous-marines. Lurlyne, apparemment, était la meilleure de tous les interprètes de réservoirs, des « crystal aquaria » selon la formule consacrée. C'était une « artiste » dès la minute où elle entrait en scène jusqu'à son salut. Son numéro était une révélation. En 1881, elle resta sous l'eau, dans la salle de spectacles d'Oxford, durant 2 minutes 45 secondes 1/4. Elise Wallenda, minuscule personnage dont le tour de poitrine était de 68,58 centimètres et la taille bien inférieure à 1,52 mètre, pouvait tour à tour se déshabiller, écrire, coudre, manger et boire sous l'eau, mais son plus grand exploit fut de rester immergée durant 4 minutes 45 secondes en 1898, battant le record détenu par James Finney à la salle de spectacles de Canterbury devant des centaines de spectateurs. Les deux « nageuses » furent tirées de l'eau inconscientes, mais elles se remirent rapidement.

Un journal de l'époque décrit Miss Wallenda qui prend une aspiration profonde avant de s'immerger, puis qui s'installe sur le fond, s'étend sur le côté gauche, « la tête appuyée sur la main gauche, corps et jambes parfaitement droites, pieds croisés. Le temps passant, la tension se faisait palpable, tandis que les officiels proclamaient les durées successives devant un auditoire captivé. Juste avant la proclamation des 3 minutes, une petite bulle d'air s'éleva doucement à la surface, puis, à 3 minutes et demie, celles-ci se firent plus fréquentes ; à 4 minutes un cours soutenu de bulles s'éleva. À 4 minutes 15 secondes, elle parut pour la première fois montrer des signes de fatigue. À 4 minutes et demie, elle fit un mouvement comme pour tenter de se lever, et à 4 minutes 36 secondes, une grosse bulle s'échappa de sa bouche. Quelques secondes plus tard, elle tenta de se lever, sans y parvenir : sa main tremblante, qu'elle avait ôtée du visage et posée à plat sur le fond du réservoir, se mit à glisser. Aussitôt qu'on s'en aperçut, on la ramena à la surface. » Après cette catastrophe évitée de justesse, on interdit définitivement ce type de représentations.

Tous ces numéros assez statiques, désespérés, furent éclipsés par ceux d'Annette Kellermann, qui brilla dans les salles de spectacles anglaises au tournant du siècle où elle plongeait dans des réservoirs vitrés sur scène pour exécuter divers ballets complexes, en restant sous la surface durant 3 minutes et demie. Le duc et la duchesse de Connaught, et d'autres dignitaires du Bath Club, l'engagèrent aussi pour différentes représentations privées. Son principal atout était un costume de bain inédit d'une pièce et un corps athlétique plus tard décrit comme le plus parfait physiquement parmi « dix mille femmes scientifiquement évaluées » par un professeur de Harvard. Élevée en Australie et paralysée par la poliomyélite enfant, elle avait appris la valeur thérapeutique de la natation et découvert, comme Byron, que les membres qui la servaient si mal sur la terre ferme « trouvaient un élément vraiment approprié dans l'eau ». Très tôt, elle devint la championne australienne de nage et de plongeons, en parcourant dix milles sur le fleuve Yarra, puis en plongeant depuis 15 mètres dans des aquariums remplis de poissons au début de sa carrière professionnelle. Son père, tel un mentor et impresario sagace – comme celui de Suzanne Lenglen – l'avait amenée en Angleterre à l'âge de quatorze ans. Ils prospérèrent grâce à une autopromotion habile. Des foules immenses l'admiraient nageant seule dans la Tamise, de Putney à Blackwall à travers Londres. À Paris, un demi-million de spectateurs se réunirent pour la voir remonter la Seine. À Vienne, elle défia et battit la championne autrichienne, la baronne Isa Cescu, dans une course de 22 milles sur le Danube, avant de passer la mer et de poursuivre sa carrière sensationnelle en Amérique. Sous tout cet exhibitionnisme impénitent, elle conserva sa vie durant une approche vraiment romantique de la natation. « J'apprends beaucoup des gens à leur manière d'affronter l'inconnu et l'eau est un excellent test. Je suis certaine qu'il n'y a jamais eu d'aventurier ou d'explorateur incapables de nager. La nage stimule l'imagination, celui qui en est le mieux doté peut parcourir sa course solitaire de jour ou de nuit et oublier une terre noire remplie de gens jouant des coudes. Cet amour de l'inconnu est la plus grande de toutes les joies que me dispense la nage. Je recherche toujours mon coffre d'or dans une grotte marine fraîche et suintante, ou une sirène démêlant ses longs cheveux verts. »

Pendant plusieurs mois, elle nagea de ville en ville le long du littoral anglais pour se préparer à une traversée de la Manche, accompagnée de Burgess qui, en 1911, devint la deuxième personne à la franchir, trente-six ans après le capitaine Webb. Webb et Kellermann restent les deux figures décisives de l'histoire de la natation. C'est à leur exemple que cette discipline se répandit et fut à la mode par toute l'Europe et l'Amérique.

Matthew Webb, l'un des douze enfants d'un médecin, avait appris à nager dans la Severn sous Ironbridge. À douze ans, il s'enrôla sur le bateau école de la marine marchande, le *Conway*, où le « Compagnon secret » de Conrad, qui émerge mystérieusement des eaux noires du golfe de Siam, avait jadis remporté le prix de natation. Un autre élève officier disait de Webb : « Nous faisions très peu de cas de lui comme nageur, mais nous admirions son endurance. Il pouvait nager une heure d'affilée sans poser le pied par terre, bien qu'il fût inexistant en compétition. » Son premier adversaire fut un chien de Terre-Neuve, dont le maître vantait l'extraordinaire résilience dans l'eau. Webb s'était proposé contre lui. Après plus d'une heure, il continuait de flotter tranquillement dans une mer agitée. Le chien, lui, manqua se noyer. Il regagna épuisé le bateau de son maître, s'efforça de grimper à bord et dut enfin y être halé.

Webb passa directement du bateau école à la marine marchande où il laissa sa marque et afficha son mépris du danger avec quelques nages solitaires et courageuses dans diverses parties du monde. Il fut aussi employé comme second par le grand-père de William Butler Yeats[7], qui possédait une flotte importante et semble, à lire

[7] Le grand poète irlandais, prix Nobel 1923. (NdT)

le portrait qu'en donne son petit-fils dans l'autobiographie, avoir été taillé dans le même bois. Exaspéré par un équipage timoré, il avait un jour plongé au fond d'un port pour examiner un gouvernail et il était célèbre pour avoir sauvé les vies de naufragés. Yeats, honteux de son manque de courage durant l'enfance, voulut toujours ressembler à son aïeul « qui se souciait si peu du danger qu'il avait sauté par-dessus bord dans le golfe de Gascogne pour récupérer un vieux chapeau ». Lui et Webb étaient devenus proches quand Webb eut montré sa valeur en s'immergeant dans le canal de Suez pour dégager quelques aussières, puis en plongeant dans d'énormes vagues de l'Atlantique dans une vaine tentative de sauver un passager, enfin en récupérant, au large du Natal, un chargement tombé dans de violentes houles. À ce stade, il avait acquis une charpente herculéenne, un corps de lutteur particulièrement puissant « dans les reins et les jambes ».

Après avoir appris par le journal une tentative trans-Manche avortée, Webb quitta la marine afin de se préparer à cette traversée. Il s'entraîna sérieusement en parcourant diverses distances le long du rivage méridional, de 10 à 20 milles. Le journaliste Watson, qui l'accompagnait dans une barque, se lassait d'observer « sa brasse lente, méthodique mais parfaite, et la magnifique trajectoire de ses lourdes jambes ». C'est le 12 août 1875 qu'il fit sa première tentative. La cote était élevée en faveur d'un échec de sa traversée, mais personne ne paria. Il partit dans une mer très agitée et abandonna à minuit, alors qu'il était à mi-chemin, par considération de ses accompagnateurs plus que pour lui-même, car les vagues déferlaient dans leur barque. Il aurait voulu remettre la tentative, mais la publicité déjà faite était si importante qu'il s'y sentit obligé.

Douze jours plus tard, il refit une tentative. Il plongea depuis la jetée de l'Amirauté, à Douvres, vêtu d'un costume rouge, taillé dans une soie analogue à celle des chemises de Ranjitsinhji. Il conserva un rythme lent et régulier dans l'obscurité et fut bientôt dépassé par un vapeur français en route pour Dunkerque. L'équipage, stupéfait, se massa sur le pont pour le regarder. Il continuait à se propulser entre les vagues phosphorescentes, parmi les algues errantes, les marsouins et les méduses urticantes. Quand le *Maid of Kent* passa à sa hauteur, ses passagers l'encouragèrent tandis qu'une lampe rouge était hissée en poupe pour leur permettre de voir le nageur. Il remarquerait plus tard : « Je n'oublierai jamais le moment où les hommes de la malle ont entonné l'air de *Rule Britannia*, qu'ils chantaient, ou plutôt criaient, dans un rugissement rauque. J'ai senti une déglutition soudaine comme le vieil air, que j'avais entendu dans toutes les régions du monde, me frappait les oreilles dans des circonstances aussi extraordinaires. J'ai senti alors que je devais y arriver et j'y suis arrivé. » À sept milles du rivage français, la marée changea et il donna l'impression d'être repoussé, mais il finit par atterrir après quelque vingt-deux heures dans l'eau. Il récupéra rapidement, n'éprouvant qu'une sensation étrange dans les membres, « semblable à celle qu'on a au terme du premier jour de la saison, au cricket ». Il lui fallut attendre une semaine avant de porter un faux-col, à cause de la profonde blessure à vif sur sa nuque, pour avoir dû renverser la tête durant si longtemps.

À son retour en triomphe à Douvres, il fut fêté dans le mess du 24e, les South Wales Borderers, temporairement basé là avant d'être quasi éradiqué quatre ans plus tard par les Zoulous à Isandhlwana. Sa présence à Londres, à la Bourse, provoqua sa fermeture. On lui érigea un arc de triomphe dans sa ville natale du Shropshire. Des lampions festonnaient les arbres, des feux de joie illuminaient la vallée. On proposa de lui attribuer un titre de chevalier au Parlement, le promoteur le plus ardent de l'initiative étant le député R. H. Horne, qui avait lui-même traversé à la nage le détroit de Menai, depuis le château de Caernarfon jusqu'à l'île d'Anglesey. Le *New York Times* rapporta : « Le capitaine Webb a accompli un vaste océan de bonté en donnant une impulsion à la nage dans tout le pays. Les bains de Londres sont bondés, chaque mare de village, chaque cours d'eau accueillent de jeunes adorateurs de l'autel de

Webb, et même le long des rives du fleuve, insouciantes des terreurs de la police fluviale, des bandes de polissons nus exercent leur musculature, dont chacun a probablement décidé qu'il sera un jour un autre capitaine Webb. » Pour Richard Jefferies, la nage trans-Manche de Webb surpassait les exploits d'Ajax et d'Hercule. Il ne voyait rien dans la mythologie qui l'égalât. Et Swinburne comme Jowett pas davantage à Oxford.

Webb entama alors une tournée de conférences tout autour du pays. Il détenait un certain génie inventif, voire artistique. Il breveta un nouveau type de bicyclette, une machine à nager et une hélice basée sur le principe de la vis sans fin. Dans sa jeunesse, il avait peint quelques belles aquarelles d'oiseaux et de natures mortes, dont certaines nous restent. Mais il ne gagna jamais beaucoup d'argent et avait la réputation d'être d'une générosité irréprochable.

Le manque de fonds l'obligea à se remettre à l'eau. Il prit part à certaines courses d'endurance, en nageant durant six jours dans un bassin, quatorze heures par jour, un exploit pour l'époque. Puis il s'embarqua pour l'Amérique pour défier l'Américain Boynton, garde-côte qui avait traversé la Manche avant lui, mais dans une combinaison en caoutchouc et muni d'un aviron. Bien qu'il se servît encore de cet équipement, Webb réussit à le vaincre. Il regagna l'Angleterre pour flotter durant soixante heures devant des milliers de spectateurs faisant la queue dans le bassin des baleines de l'Aquarium royal de Westminster. Fearne, remarquable nageur de l'époque, le défia ensuite pour une course de six jours dans les bains de Lambeth. Pour le spectateur, ils ressemblaient à « deux grands phoques blancs nageant suavement, constamment, sans raison, d'un bout à l'autre du bassin à moitié vide. Le rythme est tranquille, les deux rivaux semblent à peine se regarder. Il n'y a rien qui varie la régularité des opérations, sinon par intervalles la voix automatique du marqueur criant 'Webb, dix longueurs' ou 'Fearne, quatre longueurs' selon le cas. » Peu après, une course contre un Dr Jennings dans les eaux glacées d'un lac du Lancashire marqua le tournant de sa carrière. Elle laissa Webb si épuisé qu'il put à peine être tiré de l'eau. Selon Watson, cette course « eut de très sérieuses conséquences sur la constitution de Webb qui ne redevint jamais le Webb d'antan. Dès lors, sa carrière suivit une courbe descendante. Il avait presque joué sa dernière carte. » Malgré tout, il repartit en Amérique pour reprendre ses démonstrations et ses courses au large de la côte est, et regagna l'Angleterre pour nager sa dernière course, dont il se retira en crachant du sang.

À ce stade, Webb manquait sérieusement d'argent. Il devait subvenir à sa jeune famille. Pour remplir ses caisses, il décida de mettre un terme à sa carrière par un ultime exploit extraordinaire. Blondin avait récemment subjugué l'imagination mondiale en traversant les chutes du Niagara sur une corde raide. Watson rend compte de sa dernière conversation avec Webb tandis qu'ils supputaient ses chances de nager en contrebas. « Nous avons parlé du Niagara. 'N'y allez pas, lui ai-je dit ; d'après ce que je sais, vous n'en sortirez jamais vivant.' 'Peu m'importe, a-t-il répondu : j'ai besoin d'argent et dois en trouver.' Comme nous étions l'un en face de l'autre, j'ai comparé le beau marin superbe, qui m'avait le premier parlé de nage, à l'aspect terriblement altéré, effondré, de cet homme courtisant la mort au milieu des rapides. Son but n'était pas le suicide, mais l'argent et une célébrité impérissable. » Ses amis comme ses médecins avaient prévenu Webb de la dégradation de son physique, mais c'était à l'évidence un sujet qu'il préférait éviter. Plus que tout, il redoutait une vie tranquille.

Trois milles en contrebas des chutes du Niagara, le fleuve s'incurve vers la frontière canadienne, se rétrécit sur une largeur de 60 mètres et se précipite violemment dans une profonde dépression au flanc de la falaise. En émergeant à angle droit, il crée un tourbillon. Son entrée est gardée par quelques rapides féroces, dont les caractéristiques les plus terribles sont les rochers déchiquetés et les vagues terrifiantes rejetées par le fleuve plongeant dans une gorge étroite sur une pente considérable. Ce sont les souvenirs qu'Edgar Allan Poe conservait de ce tourbillon qui lui ont inspiré le *Maelstrom*. Le peintre de fleurs anglais Marianne North a loué une maison au-dessus des rapides durant quelques mois. Elle était terrifiée par le spectacle perpétuel de « l'eau bouillonnante, sauvage et verte, qui semblait s'y accumuler au centre comme un glacier ». Cette longueur de fleuve sous les chutes avait attiré une succession de nageurs anglais. L'ami de Byron, Trelawny, le traversa dans les deux sens et en donna une description mémorable. L'athlétique Lord Desborough, père de Julian Grenfell, poète de guerre, le traversa lors de son premier voyage américain. Aucun Américain ne s'y risquait et, découvrant lors de sa deuxième visite que personne ne croyait qu'il y fût parvenu, il réédita sa traversée. Après quoi il écrivit à sa femme Ettie : « C'était une journée horrible et il y avait une demi-tempête, ce qui compliquait d'autant la nage, mais je devais m'exécuter… J'espère que tu ne me jugeras pas odieux de l'avoir fait, mais ce n'est pas ce que j'appelle risqué, en réalité. »

Un autre nageur, Rupert Brooke, visita le Niagara quelques années plus tard. Bien qu'il n'y nage pas, il envisagea le cadre avec l'œil du nageur. « Au-delà de la chute des cataractes, le fleuve ressemble à une surface glissante de marbre, verte veinée d'un blanc sale, résultant des vestiges d'écume. Il glisse très tranquillement et lentement sur un ou deux milles, morne et épuisé. Puis il passe à un vert sauge, terne, et se presse plus vite, suave et menaçant. À mesure que les murailles du ravin s'approchent, les ennuis se précisent, les eaux bouillonnent et tournoient. Ce sont les rapides inférieurs, un spectacle plus terrifiant que les chutes, car moins compréhensible. À l'étroit dans ses nasses de rochers, le fleuve s'élance tumultueusement en avant, se tord et saute comme sous la proie d'un démon. Il est contraint par le goulet à prendre une forme évidemment convexe. De grands plans d'eau glissent devant nous. Parfois il est rejeté sous forme d'un pinacle d'eau plus haut qu'une maison, ou il bondit à une allure incroyable depuis la crête d'une grande vague à l'autre, le long de la courbe brillante intermédiaire, tel le bond d'une bête sauvage. Son mouvement ne cesse pas d'évoquer l'action musculaire. La puissance déployée par ces rapides pénètre d'un autre effroi et d'une autre terreur que les chutes. Ici la vie et la force inhumaines sont spontanées, actives, presque décidées ; une vigueur masculine comparée à la puissance passive gigantesque, féminine, involontaire et écrasante des chutes. Un endroit de peur. »

Webb partit pour l'Amérique avec sa femme, son fils et sa fille de sept mois et passa quelques jours à s'entraîner au large de la plage de Nantucket. Puis, laissant sa famille sur la côte – elle ignorait son projet –, il gagna les chutes et en fit un examen critique. Il convoqua ensuite une conférence de presse pour expliquer calmement ce qu'il se proposait de faire. Il monterait dans une petite barque sur la rive, sauterait et flotterait vers l'aval par les rapides. Il lui faudrait de deux à trois heures pour s'extirper du tourbillon, dont le diamètre était d'un quart de mille[8] puis, une fois qu'il aurait quitté sa circonférence, il nagerait vers le rivage. Il sauterait dans une eau profonde de 30 mètres qui augmenterait rapidement jusqu'à 75 mètres. Il ne redoutait que deux terribles hauts-fonds rocheux et pointus, qui débordent du rivage vers le tourbillon. Il nagerait de toutes ses forces et tâcherait d'éviter l'aspiration du centre. Il commencerait à la brasse puis passerait au crawl pour accélérer.

Webb estimait que 10 000 dollars étaient en jeu. Dans les dernières vingt-trois années, 80 personnes avaient péri accidentellement dans les rapides. Nul n'avait jamais tenté de traverser le tourbillon à la nage. La date de la tentative était fixée au 21 juillet. Elle fut repoussée de plusieurs jours pour amplifier les dispositifs spéciaux prévus par les compagnies de chemins de fer. On attendait dix mille spectateurs.

À 4 heures de l'après-midi le 24 juillet, Webb fut amené au milieu du courant, vêtu du même costume de soie rouge qu'il avait porté dans la Manche. Il plongea dans l'eau et fut aussitôt happé

[8] Environ 400 mètres. (NdT)

par la force du courant. Les spectateurs l'aperçurent suivant une trajectoire au milieu du fleuve, en direction du tourbillon où on le vit pénétrer. Au début, il continua à nager, puis, d'un coup, il leva les bras et fut aspiré. Ses derniers mots au batelier avaient été : « Si je meurs, ils feront quelque chose pour ma femme. »

Quelques jours plus tard, des pêcheurs retrouvèrent son corps, à quatre milles en aval des rapides. La force du tourbillon l'avait retardé. Son costume de bain de soie rouge était en lambeaux et la boîte crânienne à nu. Sans doute avait-il heurté les rochers sous-marins qu'il redoutait au bord du tourbillon. Il gît dans le cimetière d'Oakwood, au bord des chutes, dans une concession cordiforme baptisée « Le repos des étrangers ».

2

Les eaux classiques

Acqua Felice...

Le monde est vide depuis les Romains;
et leur mémoire le remplit (...)

L. A. de Saint-Just

Cet extraordinaire enthousiasme pour la nage régnant chez les Anglais, unique en Europe à l'époque, a été attribué au mixte de traits nordiques et romains de leur caractère. Les sagas nordiques révèlent une société où nager était un art partagé, apprécié des hommes et des femmes, qui nageaient par plaisir dans les fjords et les rivières, tandis que les héros plongeaient derrière les chutes d'eau à la poursuite des monstres, ou au fond de lacs obscurs. Dans la société romaine, on nourrissait un goût analogue pour ces qualités martiales et héroïques, sous l'inspiration d'Horatius Coclès qui avait gagné le rivage à la nage après avoir défendu le pont. Dans cette même guerre, Clélia, matrone romaine gardée en otage par les Étrusques, n'avait-elle pas échappé à leurs griffes en descendant le Tibre à la nage? Par la suite, les soldats plongeaient dans le fleuve après les manœuvres quotidiennes du Champ de Mars. Presque toutes les villes de garnison étaient équipées de grandes piscines de plein air. L'armée romaine possédait un régiment d'Allemands nageurs, ainsi qu'une compagnie spéciale de plongeurs dans ses forces, les *urinatores*, qu'on appelait ainsi parce qu'ils laissaient échapper de l'huile de leur bouche pour mieux voir, chargés de débarrasser de leurs pierres les épaves coulées encombrant les ports, ou de porter des messages gravés sur du plomb à partir de cités assiégées.

Mais c'est leur attitude en temps de paix qui était remarquable, leur recours à l'eau pour la santé et le plaisir, dans des bains attachés aux villes, casernes et villas, les derniers qu'on édifia avant la Révolution industrielle en Angleterre. À côté des 8 piscines ouvertes à Londres au plus fort de l'été, Rome en comptait plus de 800 à la disposition des citoyens, certaines de dimensions spectaculaires et pouvant accueillir plus d'un millier de gens. Gibbon note que le « plus modeste Romain pouvait acheter, avec une petite pièce de cuivre, la jouissance quotidienne d'un cadre plein d'une pompe et d'un luxe qui faisaient l'envie des rois d'Asie ». Charles Kingsley, qui haïssait la tyrannie imposée par les Romains, ne lui voyait qu'un atout favorable : ils fournissaient des « bains gratuits à leurs victimes ». En Grèce, le bain faisait partie du gymnase alors qu'en Italie, c'était le gymnase qui faisait partie des bains. Avec le déclin de l'empire, les bains ou thermes se firent toujours plus luxueux. Plus l'empereur était décadent, plus ils tendaient à la somptuosité.

Presque tous les empereurs ont édifié des thermes. Ceux de Dioclétien ont été faits par des chrétiens en sept ans. Les ouvriers encore chrétiens à leur achèvement ont été mis à mort. Titus a lancé les siens pour faire oublier les désastres du Vésuve et de l'incendie de Rome. Ceux de Néron étaient les plus beaux et ruineux, ceux de Caracalla les plus magnifiques. Les entouraient des colonnades, des bibliothèques et des palestres où s'entraînaient les athlètes. Raphaël a copié les plafonds peints des bains de Titus pour ses motifs du Vatican, puis a donné l'ordre de les recouvrir, selon la légende. Quant aux mosaïques entourant les thermes de Caracalla, de boxeurs musculeux silhouettés sur des fonds abstraits, elles devaient influencer le travail de Fernand Léger. L'une des salles, le *tepidarium*, serait le modèle de la gare de Pennsylvanie à New York (détruite en 1963) dont l'architecte avait été hypnotisé dans sa jeunesse par l'audace de la structure de la bâtisse, les complexités des lumières et des ombres. La grande salle centrale des bains de Dioclétien, elle, a été convertie en église par Michel-Ange et les superbes colonnes de granit, dont chacune avait été taillée dans un bloc unique de 13 mètres de haut, restent comme elles l'étaient aux beaux jours de l'empire. Récemment médusé par le spectacle de ces étonnantes colonnes et celui de la poitrine nue d'une bohémienne allaitant le nourrisson qui y était pendu, j'ai perdu à travers ses doigts liquides tout l'argent en ma possession.

Bien au-dessus des baigneurs de ces bassins s'élevait une statuaire colossale, dont le Laocoon et l'Hercule Farnèse. Ces personnages qui semblent aujourd'hui, à la lumière du jour, si exagérés, ne peuvent qu'avoir produit un effet mystérieux et dramatique, parmi les ombres et les lueurs des torches où ils ont d'abord trôné. L'atmosphère tamisée et les alcôves secrètes feraient de ces thermes, comme de la villégiature de Baïes plus loin sur le rivage, de notoires repaires de vice et de corruption. Les empereurs étaient régulièrement obligés de publier des édits pour les réprimer, mais n'étaient-ils pas les premiers à succomber à leurs tentations en temps normal ? La natation semblait de fait nourrir les vices impériaux. Domitien nageait avec des prostitués, Héliogabale dans des bassins jonchés de roses parmi des jeunes garçons, tout comme Tibère dans les eaux bordant Capri, où, d'après Suétone, il leur apprenait à le pourchasser, à s'insinuer entre ses jambes pour le lécher et le mordiller. Caligula ne sachant pas nager, il était privé de telles formes de divertissement. Les bains devinrent les repaires des homosexuels et des voyeurs. Ceux qui étaient particulièrement bien dotés suscitaient paraît-il des applaudissements dans les bains et furent appelés à de grands honneurs sous le règne d'Héliogabale.

Dans l'imagination de Michel Leiris, la Rome impériale devait prendre la forme d'un grand bain de marbre et, analysant les fantasmes émotionnels de son enfance, il attribuerait l'excitation voluptueuse, érotique, tirée de son Antiquité à sa cruauté, à l'aspect de salle de bains de son architecture, au marbre glacé et à son évocation des pièces destinées à la transpiration, la peau où perlent des gouttes minuscules, les volutes de vapeur, les corps nus. Aujourd'hui, l'équivalent le plus proche de l'atmosphère des thermes antiques, après la disparition des vieux bains de New York, on le trouve peut-être dans certains hôtels de Hambourg, où sur des sofas de velours, à côté de bassins de marbre vert, des sirènes nues proposent leurs charmes entre des palmiers en pots et des piliers de carton-pâte.

À Pompéï, les fouilles d'innombrables bains publics et privés, aux murs luxueusement décorés de naïades et de tritons, ont révélé que la baignade était presque une passion pour les Romains. N'avaient-ils pas coutume de dire de l'ignorant « il ne sait ni lire ni nager » ? Quand les Anglais vont souvent chercher des métaphores dans le cricket ou la boxe pour illustrer l'attitude dans la vie, les Romains tendaient à les prendre dans la natation. On faisait flotter les jeunes Romains apprenant à nager avec une ceinture de liège et le père d'Horace, pour prévenir son fils qu'il lui faudra tôt ou tard se débrouiller seul, l'avertit que désormais « tu nageras sans liège » – *nabis sine cortice.* Une fois qu'ils avaient passé ce stade, ils ne nageaient pas que dans des piscines. Le Tibre était particulièrement apprécié. Aux insomniaques, Horace recommande de traverser le fleuve trois fois à la nage. Il raconte comment les jeunes aristocrates du temps aimaient y évoluer. Nul ne peut égaler Énipée pour nager dans le courant ; Hébrus, aimé de Néobulé, « baigne ses épaules enduites d'huile dans les eaux du fleuve » après quelques exercices ; on critique Lydia parce que, sous son influence, Sybaris redoute désormais ne fût-ce que mettre le pied dans le fleuve. Cicéron accusait la Clodia de Catulle de s'être à dessein procurée une villa près du Tibre d'où elle pouvait faire signe aux jeunes gens qui venaient se baigner. Exilé sur la mer Noire, Ovide imaginait « tristement au printemps » la jeunesse de Rome baignant des membres las dans les eaux de l'aqueduc de la Vierge.

Tout autour du littoral méditerranéen, on trouve des bassins naturels jadis fréquentés par les Romains, où les eaux se pressent dans les évidements de rochers. Si l'on en juge par la description de la vie de plage faite par Pline dans la colonie romaine d'Hippone en Afrique du Nord, l'atmosphère de ces villégiatures semble avoir peu changé depuis l'époque impériale. « Des gens de tous âges aiment y pêcher, canoter et nager, surtout les garçons, qui ont le temps de telles délices. Ils rivalisent pour pouvoir se vanter d'avoir parcouru la plus grande distance vers la haute mer ; le vainqueur est celui qui a mis la plus grande distance entre lui et le rivage et ses camarades. » Et les instincts prédateurs de l'Italien ne semblent guère avoir changé au long des siècles. Séparé de sa Cynthia, Properce se demande ce qu'elle fait, là-bas sur les plages de Baïes ; il espère qu'elle est toute à sa baignade plutôt qu'allongée sur le sable, à succomber aux chuchotements séducteurs d'un rival. « Puissent les eaux de la mer calme de Teuthras, cédant volontiers à tes mains plongées l'une après l'autre, te retenir prisonnière. »

Nager était si répandu que l'incapacité de l'empereur Caligula à le faire nourrit bien des commentaires. Il faut même que la nage sous-marine ait été un spectacle familier si l'ironique Martial peut imputer à qui se vante de ses amours le visage de qui « nage sous l'eau ». Dans l'une de ses lettres, Pline décrit ainsi le fleuve Clitumnus, baignade fréquentée : « claire comme le verre, où l'on peut compter les pièces qui y ont été jetées et les galets brillant sur le fond ». Dans une autre, il parle de sa propre piscine chauffée à côté de sa villa de bord de mer, « d'un artisanat extraordinaire, où l'on peut nager tout en voyant la mer ».

Ce sont les ruines de ces bassins, éparpillées tout autour de la Méditerranée et du monde nordique, qui demeurent, plus que tout autre chose, les reliques émouvantes de cette influence civilisatrice.

Via les tableaux d'Alma-Tadema, elles ont fourni le modèle des bassins majestueux des clubs édouardiens : le RAC où dès la première réplique de l'*Histoire du juge* de Charles Morgan, Severidge « nageait quatre longueurs et mangeait quatre sandwiches », le Corinthian Club de *La Bibliothèque de la piscine* de Hollinghurst, dont « les piliers d'angle évoquaient la Rome antique, où l'on s'attendait à moitié à voir les silhouettes de Charlton Heston et Tony Curtis drapées d'une serviette, absorbées par une conspiration sénatoriale ».

Mais plus puissant que cet enthousiasme pour la natation, il y a ce sens de l'eau qui court à travers la vie et la poésie latines, la conscience de son charme et de son caractère divin qu'elles tiennent des Grecs, ces fleuves, lacs et bassins dont les eaux enchantèrent Hylas, Hermaphrodite, Narcisse. Pour Homère, l'eau était très féconde, « claire, légère, de grande valeur, désirable ». Ses héros sont obsédés par la propreté physique et, à leurs yeux, les ablutions rituelles, accomplies avec de l'eau lustrale, rendaient l'homme semblable aux dieux. Les Grecs estimaient que son influence – sa vue et son bruit – pouvait ramener à la santé et à la vitalité. Ils aimaient voir et entendre l'eau partout, couler des fontaines dans leurs cours, dans des chenaux sculptés à travers les salles des hôpitaux, le long des pistes de courses et des gymnases, le long des rues. Ils étaient fascinés par leurs sources, sourdant, pétillantes, des fissures et des creux de la roche, célèbres les unes pour leur fraîcheur et leur abondance, les autres pour leur pureté et leur douceur : Castalie, Pirène, Aganippe, Hippocrène, Aréthuse – les légendes foisonnaient touchant leurs origines. Ces lieux étaient liés au divin.

Leurs eaux furent consacrées comme sanctuaires, certains simples, d'autres plus élaborés comme ceux de Castalie à Delphes et Pirène à Corinthe, celle-ci étant tenue pour les larmes d'une mère pleurant son fils assassiné, dont les eaux parcourent une suite de salles voûtées de marbre blanc pour déboucher dans un vaste bassin de plein air. Au Moyen Âge, elle faisait partie des jardins privés du bey turc et, bien que les ornements et la plupart des chéneaux de marbre transportant l'eau scintillante aux quatre coins du sanctuaire aient disparu, la structure en survit. Laïs, Sicilienne vendue à Corinthe où elle était révérée comme la plus belle prostituée de sa génération, est décrite comme « encore plus éblouissante que l'eau claire jaillissant de Pirène ». On décernait chaque année un prix dans une compétition de plongeons près du sanctuaire voisin de Dionysos. Sauter dans la mer depuis une falaise faisait partie des rites du festival d'Apollon sur l'île de Leukas, en signe d'épreuve, de sacrifice, de consolation pour un amour malheureux. C'est de là que Sappho avait sauté, désespérée, dans la mort. À l'époque de Cicéron, on attachait des oiseaux vivants à la victime ou exécutant et des bateaux de sauvetage l'attendaient en contrebas.

Près de l'oracle de Delphes, l'eau s'écoulait dans la fontaine de Castalie par sept têtes de lions sur des degrés menant à un bassin de marbre. L'eau était indispensable à la vénération d'Apollon comme à la fonction de l'oracle. Les hommes nageaient dans la rivière avant de s'y rendre. Quant à la Pythie, elle précédait ses prophéties d'une série d'actes rituels dont le premier consistait à se baigner dans la source de Castalie et à en boire les eaux. Les sanctuaires étaient desservis par des prêtres et des prêtresses tenus de préserver une pureté parfaite tout au long de leurs vies. Ils devaient se baigner régulièrement dans leurs eaux et vivre à l'écart des autres, sans jamais pénétrer sous un toit privé. On faisait des sacrifices là où sources et cours d'eaux jaillissaient du sol. Il était illicite de se baigner ou d'uriner à la source des rivières comme dans les estuaires de fleuves. Quand le sanctuaire d'Artémis en Achaïe eut été souillé par un rapport sexuel, on sacrifia chaque année un garçon et une vierge, « dotés des corps les plus beaux », au fleuve implacable – « jusqu'alors il n'avait pas de nom ». C'est après avoir regardé se baigner des déesses qu'Actéon fut dévoré par ses chiens, que Sipriote fut changé en femme, que Tirésias fut frappé de cécité.

Pour les Grecs, l'eau recelait des propriétés magiques, mystérieuses, souvent sinistres. Il y avait une source qui rendait fou, une autre qui pouvait rendre l'alcool odieux pour toujours si l'on y goûtait. Dans une autre, Héra renouvelait sa virginité chaque année. Pour rendre Achille invulnérable, sa mère trempa le trempa nourrisson dans un fleuve. L'eau incitait les hommes à s'éprendre de leurs reflets, les réduisait à des hermaphrodites, ces personnages indécis à la beauté androgyne qui hantaient leur imagination. Le Styx d'Arcadie infligeait la mort aux hommes et aux animaux, dissolvait le verre, le cristal, la pierre, altérait le métal, y compris l'or. Qu'un homme ou une femme rencontrent une nymphe et ils pouvaient être possédés, frappés de frénésie, ravis (*nympholeptos*), rendus fous de désir (*nymphomanes*). Dans l'Arcadie des hommes-loups, après que Lycaon eut insulté Zeus et fut transformé en loup pour ce crime, on choisissait chaque année, lors d'un sacrifice, une victime pour qu'elle soit changée en loup durant neuf ans. « Le rite commence à un bassin précis, où il doit abandonner tous ses habits sur un chêne et s'éloigner nu à la nage – *atque abire in deserta transfigurarique in lupum*[9] – puis disparaître dans la solitude et être transformé en loup. » Au bout de neuf ans, il retraverse ce même bassin et reprend sa vie passée.

Ils analysaient les couleurs de leurs sources, la plus bleue des eaux aux Thermopyles, la noirceur de celles d'Astyra en Asie Mineure, causée par la disgrâce de se les être vues accordées par les Perses en échange d'un Perse qui demandait solennellement qu'on lui fasse grâce. Les eaux blanches de l'Italie grecque, dont l'effet immédiat, si on y entrait, était froid et l'on frissonnait, mais si l'on s'y attardait, elles réchauffaient comme la drogue la plus enfiévrée. Il y avait des sources « délicieuses », des sources plus douces à boire que le lait, des sources si acides qu'elles rongeaient les tuyaux qu'elles parcouraient. Ils remarquaient que les arbres et les herbes poussant autour des fleuves différaient selon la qualité de l'eau – les berges du Méandre produisaient d'immenses tamaris, celles du Nil l'avocatier, des

[9] Pline l'Ancien. (NdT)

peupliers blancs poussaient le long de l'Achéron, des oliviers sauvages sur l'Alphée.

Ils étaient fascinés par les étranges contradictions de l'eau, que le puits de l'Érechtéion sur l'Acropole contienne de l'eau de mer, et qu'en sorte le bruit des vagues quand soufflait le vent du sud. L'eau fraîche avait quelque chose de dramatique, d'un visiteur fugace, souvent souterrain dans ses entrées et ses sorties, voire sous-marin. L'extraordinaire source d'eau fraîche subsistant en bord de mer dans le port de Syracuse, dont Cicéron nous dit qu'elle est *incredibili magnitudine, plenissimus piscium* – d'une grandeur incroyable et grouillante de poissons – était née, d'après la légende, de la fuite d'Aréthuse voulant échapper aux griffes d'Alphée, qui l'avait poursuivie depuis la Grèce à travers l'Adriatique pour finir par unir ses eaux aux siennes en Sicile. Dans un passage des *Métamorphoses* embaumant l'amour latin de la nage, le sens grec du charme de l'eau, Ovide a redit comment cette belle nymphe, épuisée par les fatigues de la chasse, a d'abord succombé aux eaux du dieu fluvial: «Je trouve un fleuve aux eaux coulant sans remous, sans murmure, transparentes jusqu'à leur lit, au travers desquelles on pouvait, jusqu'au fond, compter tous les cailloux et dont on aurait eu peine à croire qu'elles coulaient. Des saules au blanc feuillage, des peupliers nourris par l'onde dispensaient aux pentes de ses rives un ombrage dû aux seuls soins de la nature; je m'approchai et commençai par y baigner la plante de mes pieds, puis ma jambe jusqu'au jarret. Cela ne me suffit pas: je dénoue ma ceinture, je dépose mes souples voiles sur la branche courbée d'un saule et, nue, je me plonge dans l'eau. Tandis que je la bats, la ramène sur moi, la fendant de mille manières, que, les bras hors de l'onde, je les agite en tous sens, il me sembla entendre je ne sais quel murmure venu du milieu du gouffre. Effrayée, je prends pied sur le bord de la rive la plus proche (…) »[10].

[10] *Métamorphoses*, V, 587-598, d'après la traduction de Joseph Chamonard, Paris, 1966. (NdT)

Les Grecs étaient attirés par ces sources d'eau pure qui sourdaient des profondeurs et dont le surgissement bombait la surface de la mer. Ils y ramaient pour se baigner dans leurs eaux cristallines. Certains insulaires puisaient la plus grande partie de leur eau potable dans la mer et posaient un conduit de plomb sur la source d'où l'eau montait, par un tuyau de cuir, jusqu'à la surface.

La civilisation grecque semblait avoir l'eau pour centre. Les grandes batailles contre les Perses eurent lieu non loin de sources célèbres. Quand Lysandre, le général spartiate, est tué sous les murailles de Haliartos, l'historien ne peut s'empêcher d'interrompre son récit pour préciser qu'il se trouvait « près d'une source du nom de Kissoussa où Dionysos nourrisson fut selon la légende lavé par ses nourrices après sa naissance ; quoi qu'il en soit l'eau y avait quelque chose de la couleur et du pétillement du vin ; elle est pure et très douce au palais ». Les événements significatifs de leur vie, comme ceux de l'histoire, étaient liés à l'eau. Comme les oracles, les mystères d'Éleusis prenaient place dans une région riche en sources naturelles. On enterrait la plupart du temps les champions olympiques près des fleuves frontaliers, tel Korœbos, l'Éléate qui remporta la première course aux premiers Jeux olympiques. Les Jeux eux-mêmes se déroulaient à proximité de sources ou de fleuves célèbres, dont les eaux s'écoulaient autour des stades et parmi les spectateurs. Pour le poète lyrique Pindare, la grâce du mouvement athlétique évoquait l'eau pure déferlant sur le sable. Au milieu de l'été, quand les rivières grecques se réduisent à un filet d'eau, l'Alphée continue à dévaler tel un torrent de montagne la plaine d'Olympie en offrant la plus merveilleuse des baignades. L'entourent des platanes, comme la plupart des eaux de source en Grèce, et c'est sous quelques platanes « larges et feuillus » que Socrate conduisit son dialogue sur la nature de l'amour et de la beauté dans le *Phèdre*, près d'une source « très belle » qui s'écoulait en contrebas, dont l'eau était « très fraîche, à en juger par mes pieds, et les figurines et les offrandes semblaient la consacrer à certaines nymphes et à Acheloüs ». Ce cours d'eau jadis sacré, l'Illissos, coule désormais sous terre à travers les égouts d'Athènes pour se jeter épuisé dans le Céphise avant de se mêler à la mer par un marais où Byron tira la bécasse de son déjeuner. Il y a deux cents ans, quatorze fontaines publiques, alimentées par les aqueducs antiques, désaltéraient encore Athènes. L'archéologie moderne n'a mis à jour que quelques filets d'eau sur les sites des sources publiques de l'Antiquité.

Quand, sous le coup de la désolation, les Romantiques du XIXe siècle déploreraient que l'homme moderne eût perdu la conception mytho-poétique du monde, laquelle permettait d'humaniser le cadre naturel et de se sentir chez soi dans l'univers, c'est vers les divinités des eaux qu'ils se tourneraient, désespérés. C'était leur absence qu'ils ressentaient le plus fort, c'était à travers elles qu'ils exprimaient leur dégoût de la vie contemporaine. Dans semblable climat, Wordsworth ne pouvait espérer entendre « le vieux Triton souffler dans sa conque enguirlandée », ni Matthew Arnold « l'effusion divine de l'eau dorienne ». Edgar Allan Poe déplorait que la Science eût « arraché la Naïade à son flot », et ce furent « les mines de naïade d'Hélène » qui lui firent comprendre « la Gloire qu'était la Grèce, et la Grandeur qu'était Rome ». Léopardi songeait avec nostalgie aux temps où « les cours d'eau étaient les gîtes des nymphes blanches, leur abri et leur verre les sources liquides ». Dans *La Bièvre*, Huysmans s'attarde sur la contamination de la petite rivière polluée par l'industrie et décrit la torture de sa nymphe fluviale. Les *Fragments du Narcisse* exprimaient l'ardent désir de Valéry pour la beauté sertie dans la « paix vertigineuse » des eaux –

« sans vous, belles fontaines,
Ma beauté, ma douleur, me seraient incertaines... »

Lors de son séjour en France, Hölderlin, qui aspirait à rendre les dieux de la Grèce à un monde stérile, fut aperçu par une jeune fille :

chaque jour, il traversait la propriété de son père, enthousiasmé par les lacs artificiels ornés de vingt-quatre statues de divinités antiques. À chacune tour à tour il adressait d'humbles hommages. On l'entendait murmurer: «L'eau devrait être aussi propre que celle du Céphise ou celle de la source d'Érechtée sur l'Acropole». La contemplation d'une mer calme et le goût de l'eau la plus pure, telles sont les deux images par lesquelles Winckelmann avait tenté d'exprimer l'idée de beauté qu'il appelait grecque. Richard Jefferies décrit quelque part une source isolée vers laquelle il marchait souvent afin de boire «l'eau pure, en la levant dans le creux de la main. À boire l'eau translucide, claire comme la lumière elle-même en solution, j'en absorbais la beauté et la pureté. Je buvais la pensée de l'élément. L'eau limpide recelait quelque chose de presque sacré pour moi. De même, les jeunes filles de la Grèce antique chantaient à l'adresse du courant quand elles remplissaient leurs hydries. Le très sage Socrate lui-même s'asseyait pour méditer, plein de révérence, près du courant.»

Des Grecs, les Romains ont hérité leur passion pour l'eau. Les poètes latins ont continué d'exprimer ce que les Grecs avaient ressenti. «Les Romains l'appelaient *acqua felice*» chuchote une fille dans l'un des films de Fellini tout en écoutant l'eau murmurer dans quelque grotte païenne, et dans telle autre, une réincarnation d'Aphrodite ou Vénus apparaît pour flatter les eaux antiques de l'aqueduc de la Vierge qui sourdent de la Fontaine de Trévi. Le bonheur des adjectifs qu'ils accolaient à l'eau s'attarde dans l'imagination, les *lymphae loquaces*, «les courants bavards», de la source horatienne de Bandusie, ces *aquae amatrices*, «eaux amoureuses», qui ont hanté la littérature anglaise depuis le *Léandre* de Marlowe, enguirlandé par Neptune sous une forme liquide au cours de sa nage, jusqu'à la *Mare de roche* de Cyril Connolly qui décrit le rapt d'un «jeune homme fuyant les Hercules de la civilisation moderne, penché sur la mare vitreuse des hamadryades et attiré au fond». Le Palinure de Connolly s'est noyé dans les eaux

« sombres » et « oublieuses » de Virgile. Il n'y a pas d'autre littérature qui célèbre avec un plaisir aussi évident la magie de l'eau fraîche à midi dans un paysage aride. Quand Walter Pater, dans son essai sur Giorgione, attire l'attention sur la présence de l'eau dans sa peinture – « le puits, ou le bassin à margelle de marbre, l'eau qu'on puise ou qu'on verse, comme la femme la verse d'une aiguière d'une main parée de joyaux, en écoutant peut-être le bruit frais de sa chute, mêlé à la musique des flûtes » – il songe, comme faisait le peintre, à la tradition pastorale classique exprimée dans les *Géorgiques*, aux pâtres de Virgile parmi leurs troupeaux jouant de leur flûte, près des *liquidi fontes et stagna virentia musco, et tenuis fugiens per gramina rivus*, « les sources claires, les mares vertes et moussues, le courant peu profond qui se dérobe par les prés ».

Cet élément qui avait paru si mystérieux et élusif aux Grecs, les Romains tentaient de le réguler et de le contrôler. Ils perfectionnèrent le parapluie. Leurs heures étaient égrenées par les gouttes de la clepsydre, *horologia ex aqua*, qui devint avec le temps un symbole de statut social, si ingénieuse et complexe que des flotteurs automatiques sonnaient l'heure en envoyant des œufs ou des cailloux en l'air. Byron fait allusion à l'eau romaine « emprisonnée » dans le marbre : ils enchâssaient l'eau dans les fontaines et les piscines faites de marbre glaciaire et d'autres types de pierres taillées dans tous les coins de l'empire, le phrygien veiné de mauve, le libyen jaune, le laconien moucheté de vert, et, depuis Gythion, des pierres en formes de galets de rivière. Les Grecs n'avaient construit qu'une seule piscine, à Olympie, et leur nage, à l'exception de celles des Spartiates dans l'Eurotas, était essentiellement mythique ou rituelle. « Trois choses révèlent la magnificence de Rome, rappelle un historien d'Halicarnasse, les aqueducs, les routes et les égouts. » De longs ouvrages en arcades transportaient plus de 900 millions de litres d'eau par jour dans la ville de Rome. Leur excès se déchargeait dans les égouts, canaux souterrains dans lesquels on avait détourné le cours de sept rivières, si vastes que des péniches pouvaient y naviguer sous les rues et les immeubles. Les toilettes publiques elles-mêmes, où l'on conversait et l'on échangeait des invitations à dîner selon Carcopino, étaient remplies d'eau coulant sans arrêt dans des petites rigoles autour des sièges de marbre sertis dans des renfoncements sculptés comme des dauphins. Ces salles étaient emplies du bruit des fontaines et de l'eau gargouillant hors des murs.

Dans le *De Aquis*, Sextus Julius Frontinus, Frontin, a décrit avec fierté comment, durant 441 ans à partir de la fondation de la Ville, les Romains s'étaient contentés des eaux tirées du Tibre. À présent, cependant, neuf aqueducs apportaient l'eau depuis des régions éloignées des Monts Albains, dont plusieurs étaient des lieux de baignades appréciés. Le traité abonde en détails intéressants : les longueurs des aqueducs, la qualité des divers approvisionnements, un compte rendu d'un détournement malhonnête de l'aqueduc julien au moyen de tuyaux dérivés, et la manière dont ces derniers avaient été repérés et détruits. Avec un sens concret peut-être excessif, il nous abreuve d'informations sur le coût de l'entretien, les constructeurs, les dates, les sources, les longueurs et les élévations des aqueducs, la taille de la réserve, le nombre de réservoirs. Une attention particulière est consacrée aux ajutages favorisant le calcul des livraisons. Il mentionne des ajutages mal ajustés et d'autres dépourvus de tampon officiel. Il admet la difficulté d'un calcul précis, mais ajoute sèchement : « quand on trouve moins dans les ajutages de débit et plus dans ceux qui reçoivent, alors il est évident qu'il n'y a pas erreur mais fraude ». Son exposé se conclut sur une bouffée d'arrogance romaine typique. « À semblable éventail de structures indispensables apportant si grand volume d'eau, vous comparerez, si vous le voulez, les pyramides oisives ou les ouvrages, aussi inutiles que célèbres, des Grecs. »

L'un des amis les plus proches de Frontin était Pline le Jeune, dont le jardin, nanti d'une piscine raffinée, offrait à son extrémité une banquette de marbre arrondie, ombragée d'une treille. C'est là qu'il recevait par les soirées d'été, tandis que sous la banquette « l'eau s'écoule par les siphons, comme comprimée par le poids de ceux qui y sont étendus, puis est recueillie dans un bassin de marbre dépoli, régulé par un dispositif caché de manière à rester pleine sans déborder. Les plats de résistance du dîner sont placés au bord du bassin, tandis que les plus légers voguent dans des vases ayant la forme d'oiseaux ou de petits bateaux. Ici et là se trouvent des sièges de marbre. Près de chacun se trouve une minuscule fontaine et dans tout le domaine s'entendent des cours d'eaux dont le flot peut être contrôlé à la main pour arroser telle ou telle partie du jardin. »[11]

Comme son ami Frontin, Pline fut toujours fasciné par les problèmes pratiques d'adduction d'eau et de drainage. Administrateur en Bithynie, il avait noté que Pruse souffrait d'un grave manque de bains publics, que Nicomédie avait gaspillé de l'argent dans deux tentatives avortées pour construire un aqueduc. Il créa des adductions d'eau, couvrit des égouts à ciel ouvert, améliora les communications en perçant des canaux à partir de lacs vers la mer. À Rome, il fut nommé responsable de l'entretien des égouts et des berges du Tibre. Pline, comme bien de ses contemporains à Rome, semblait fasciné par tout ce qui avait trait à l'eau. Tels les Grecs, les bizarreries l'en intriguaient. Il visita le lac Vadimon, le lac de Bassano, « d'une forme parfaitement circulaire et régulière, telle une roue posée sur le flanc », dépourvu de bateaux puisque ses eaux soufrées, « bleu pâle teinté de vert », étaient sacrées, mais rempli d'îles flottantes qui semblaient se pourchasser l'une l'autre par vent fort. Il est médusé par la source variable de son lieu de naissance à Côme, dont la profondeur varie à intervalles réguliers tout au long du jour. Il essaie d'en analyser la cause. Cela résulte-t-il de quelque valve cachée, quelque courant d'air ouvrant et fermant les issues de la source ? Est-ce un flux et un reflux, comme la mer, soumis à l'influence mystérieuse de quelque marée ?[12]

11 Citations éparses de la lettre V, 6. (NdT)
12 Voir lettre IV, 30. (NdT)

Plus merveilleuse que tout, il y avait la source du Clitumnus, qui émerge tel un miracle de la plaine étale proche d'Assise pour former une chaîne d'étangs transparents, dont la surface est brisée, par intermittence, par des bulles expirantes sorties du lit de gravier et de sable. Sur ses rives s'élevait jadis un temple au dieu fluvial et les sanctuaires d'autres divinités, et « des frênes et des peupliers dont les reflets verts peuvent se dénombrer dans le courant clair comme s'ils y étaient plantés ».[13] Aujourd'hui, le temple et les sanctuaires, peints par divers aquarellistes du siècle dernier[14], ne sont plus. La plupart des arbres ont été arrachés et l'herbe sauvage soigneusement peignée. Le site est la propriété du café adjacent et, comme la source de Bandusie horatienne, enclos dans du fil de fer. Des allées bétonnées vous guident vers la source, entourée de bancs. À l'époque de Pline, un pont traversait le cours d'eau à l'endroit où, issu des étangs, il devenait un fleuve. La baignade était permise en aval du pont mais pas avant car l'eau y était jugée sacrée. Bien que le pont ait disparu, c'est à peu près là que j'ai risqué des poursuites en nageant quelques pauvres mètres dans quelques décimètres d'eau, après m'être furtivement changé sous un saule pleureur. Avant le petit-déjeuner le lendemain matin, comme le soleil se levait sur les Alpes au nord-est, j'ai nagé depuis la terrasse de l'hôtel sur les eaux noires de Côme vers le site supposé d'une autre des villas de Pline qui se dressait jadis au bord du lac, là où se brisent les vagues et « l'on peut pêcher, non seulement depuis la fenêtre de sa chambre mais même de son lit, si l'on veut, comme si l'on était dans un bateau ».[15]

L'usage inventif et ingénieux de l'eau par les Romains, si évident dans le jardin de Pline, était une caractéristique remarquable de leurs arènes et de leurs aquariums. Les amphithéâtres étaient conçus de telle manière que l'arène pouvait être vidée et inondée pour former un lac où des gladiateurs ou des condamnés à mort rejouaient

13 Voir la lettre VIII, 8. (NdT)

14 L'auteur écrit au XXe siècle. (NdT)

15 Lettre IX, 7. (NdT)

des batailles navales. Les Romains assistaient à des chasses où des ours polaires poursuivaient des phoques, où des Égyptiens nageaient au milieu de crocodiles et les halaient dans des filets sur des estrades. Néron avait rempli l'arène de poissons étranges et monstrueux. Les viviers et les aquariums devinrent à la mode dans la société romaine. On consacra des traités à leur mise en œuvre. Les bassins devinrent aussi décoratifs que des piscines et le mot latin *piscina* désignait un vivier aussi bien qu'une piscine. L'un des aqueducs fournissait de l'eau fraîche aux marchés à poissons de Rome. Quant à l'eau destinée aux poissons de mer, elle était acheminée par des canalisations depuis Ostie. On prenait soin des poissons et on les chérissait, souvent plus que les êtres humains. On nous parle de Romains pleurant la mort de leur poisson préféré, d'esclaves casseurs de plats jetés aux lamproies dans les viviers. Ils devinrent un article de luxe. Certains poissons coûtaient davantage qu'une vache. Les brochets pêchés dans le Tibre à l'endroit où la *cloaca maxima*, l'égout principal, se déversait dans le fleuve étaient particulièrement recherchés, de même que les lamproies engraissées à la chair humaine. On apprivoisait la dangereuse murène, qui doit son nom à Lucius Murena, le fameux ichtyologue épicurien. Certaines répondaient à l'appel de leur maître et portaient des anneaux d'or décoratifs dans leurs branchies. Les investisseurs engloutissaient des capitaux considérables dans l'excavation et la construction de bassins compliqués près de la mer, dont certains disposaient d'un fond rocheux, d'autres sableux, lesquels nécessitaient un nouvel apport d'eau de mer à chaque marée. Dans le lac Lucrin près de Naples, des bancs d'huîtres étaient élevés avec succès par le riche C. Sergius Orata, l'inventeur de la douche. Près de sa villa de bord de mer à Sperlonga, Tibère transforma une grotte à flanc de colline en une série savante de bassins alimentés par des sources d'eau douce, sertis de sièges de marbre où les spectateurs passionnés pouvaient regarder les poissons tout leur content, en calculant la croissance de leur investissement.

Comme avec le pain et les jeux, la plupart des empereurs se sentaient tenus de satisfaire cette folie pour l'eau, notamment les deux empereurs les plus entichés de choses grecques. Par ordre de Néron, on construisit des adductions d'eau pour les maisons privées, de nombreuses fontaines publiques et, près de sa Maison dorée, un lac immense dont Suétone nous dit qu'il tenait davantage d'une mer que d'un lac, site où l'on édifierait le Colisée après son suicide. Hadrien relia l'empire par une toile de canaux dont le centre spirituel était le sanctuaire aquatique dédié à son favori Antinoüs, noyé dans le Nil dans des circonstances mystérieuses. Là, parmi les collines de Tivoli, la présence électrique de l'eau se sentait et s'entendait partout, à mesure qu'elle passait dans les conduits, les cascades et les bassins puis jaillissait par des fontaines dans des cours et dégoulinait sur les parois des grottes. Le Tivoli d'Hadrien serait l'inspiration des grands jardins d'eau de la Renaissance. Au-delà de la longue piscine à colonnade, de son île ronde isolée et des multiples bains, Hadrien bâtit le sanctuaire dédié au souvenir de « l'inscrutable Bithynien », dont les murs arrondis étaient obscurcis par un voile d'eau répandu sur l'emmarchement de marbre, allant s'estompant de bassin en fontaine jusqu'à choir dans une piscine rectangulaire et bleue, ceinte de portiques et de statues d'athlètes et de guerriers.

Cette voluptueuse jouissance de l'eau, le goût pour la baignade et les bains luxueusement décorés, certains Romains finirent par y voir une contamination hellénistique. On critiquait le caractère grec des bains de Néron. Les Romains estimaient avoir été infectés par l'esprit plus que par l'exemple grec, car les fontaines grecques étaient modestes et beaucoup à l'époque avaient vu un signe de mollesse dans leur unique piscine d'Olympie. Auparavant, les athlètes lavaient sueur et saleté dans le fleuve. Pour Platon, une piscine n'était adaptée qu'aux vieux et aux malades et Aristophane déplore que les jeunes gens délaissent pour elle les pistes de course. De même, en des temps plus anciens, simples et meilleurs, les Romains s'étaient satisfaits de se baigner rarement. Les bains, alors, étaient petits, sordides, sombres et sans jour. Les moralistes se mirent à associer la propreté à la décadence.

Aux yeux d'un Tacite, les bains, les fêtes et les dîners raffinés incarnaient la corruption de la vie romaine. Que les officiers d'une unité dépêchée en Gaule fussent tous aux bains à midi révélait son indiscipline. Les moralistes déversaient leur mépris sur les impératrices dans leur bain de lait comme sur les baigneurs excessifs, tel l'empereur Gordien Ier, qui prenait de quatre à cinq bains quotidiens en été et deux en hiver. Sénèque a condamné les aristocrates de son temps qui rivalisaient par la complexité de leurs bains et se sentaient humiliés si leurs piscines n'étaient tapissées de marbre de Thasos. Pour lui, d'un autre côté, il se qualifie « d'enthousiaste de l'eau froide » qui nageait dans le Tibre ou dans un réservoir « que seul le soleil réchauffait » et célébrait le commencement de l'année nouvelle par un plongeon dans l'aqueduc de la Vierge.

Les moralistes jugeaient vulgaires et affectées les grottes artificielles des jardins des riches, qui imitaient l'atmosphère des vieilles sources grecques, où l'eau dégouttait de murs moussus, sertis de coquilles, afin de constituer une sorte d'ermitage, voire un site d'inspiration poétique. Au lieu des simples pavillons des Grecs, les Romains édifiaient de complexes installations hydrauliques, des fontaines publiques monumentales à façades et portiques, dont la plus majestueuse était l'Aqua Julia, arc-de-triomphe orné de statues et de fontaines tombant en cascades dans des bassins et des canaux pour distribuer son eau dans les quartiers éloignés de la ville. En Grèce même, un millionnaire romain embellit Corinthe de tout un dispositif magnifique de piscines, un autre édifia un ensemble orné de fontaines à Olympie, à côté du gymnase, bien que celui-ci eût toujours été desservi par un système élaboré d'égouts et de canaux.

Juvénal évalue le déclin de Rome à l'état d'une de ses fontaines. Dans l'une des *Satires*, un vieil homme, réduit à la pauvreté, accablé par les mœurs urbaines, décide de quitter Rome pour passer ses dernières années à la campagne. Le poète l'accompagne jusqu'aux portes pour un ultime adieu. Une fois passées les murailles de la ville, les deux amis quittent la via Appia pour pénétrer dans un petit champ – le vallon d'Égérie – et parler tranquillement. C'était jadis un lieu sacré, charmant et enchanté, où Numa le prêtre-roi ancestral, retrouvait son amie, la déesse Égérie. À présent, raconte Juvénal, le petit hallier est concédé à un campement de Bohémiens[16] et la grotte de la nymphe, profond gouffre romantique à l'ombre d'un cèdre, est défigurée par un décor surchargé. L'herbe et la pierre nue sont recouvertes de marbre, les eaux de la source contenues dans une vasque de marbre. Le décoratif a asphyxié les qualités originelles et immanentes du lieu. L'esprit divin l'a quitté et, en décrivant le factice et le gaspillage de ce qui l'a remplacé, la concession des eaux sacrées à de cupides étrangers, Juvénal pointe quelques-unes des raisons du déclin de Rome.

Après la chute de Rome, l'eau perdit peu à peu sa séduction. Au lieu de quelque chose de « clair, de léger, de grande valeur, de désirable », ses effets en vinrent à être jugés nuisibles à la santé, son influence diabolique plus que divine. On commença à y voir un foyer de rats, la source de la peste et des maladies. On privilégiait la brasse, qui gardait le corps à plat à la surface, dont les amples balayages de mains empêchaient que quelque chose de néfaste pénètre dans la bouche. Quelques siècles après l'occupation romaine, un poète anglo-saxon déplore la désolation de la ville de Bath, abandonnée, et songe avec nostalgie aux palais majestueux, aux bains splendides où « se dressaient les cours pavées, les sources d'eau bouillante jaillissant dans les flots accumulés, où la muraille enfermait dans une étreinte scintillante le lieu où les bains chauds éclataient à l'air libre ». Avec l'arrivée du christianisme, l'Occident se détourna de la mer et de la tradition qui s'était peu à peu diffusée depuis la Grèce et l'Égée. Tout autour de la Méditerranée, les villages qui avaient jadis regardé la mer reportèrent leur énergie sur

16 Petite erreur de l'auteur : le vers exact de Juvénal (III, 13-14) est : *nunc sacri fontis nemus et delubra locantur Iudæis*. Il n'est pas question de Bohémiens. (NdT)

l'arrière-pays. Le laboureur de Breughel ignore Icare qui se noie. La civilisation maritime se transforma en une civilisation vouée à la terre et l'islam s'empara de la Méditerranée. Des 400 bains de vapeur édifiés par les Maures entre les fontaines de Grenade, un seul survécut aux premiers siècles de christianisme.

L'Église a peuplé la mer de monstres effrayants et imaginaires. Pour Pline, la sirène avait été une preuve excitante de la merveilleuse diversité de la nature et deux d'entre elles, capturées par Alexandre – « blanches comme neige, leurs cheveux descendaient jusqu'aux pieds en entourant leur corps, elles étaient plus grandes que les humains ont coutume de l'être » – moururent malheureusement une fois ramenées à la surface. Mais à présent, la sirène dont le chant avait été, selon Platon, une harmonie céleste irrésistible, la musique des sphères, en venait à incarner pour l'église médiévale l'attrait des plaisirs sensuels que devaient craindre et éviter les aspirants à la piété, si bien qu'aujourd'hui encore on peut voir les baigneurs napolitains se signer avant d'entrer dans l'eau, afin de « paralyser ces mauvais génies de l'abysse ».

Le statut du nageur déclina peu à peu. Ce n'était plus un héros, capable tel le Beowulf du Nord d'exploits surhumains. À présent, il lui fallait une intervention surnaturelle pour survivre. Divers miracles dépeignaient les hommes à la merci de la mer ou des fleuves, inaptes à se sauver à moins d'en appeler à l'aide du Christ. Dans les fables religieuses, le sort des « impies » était assimilé à celui du nageur, dérivant dans la vaste mer, privé des moyens d'atteindre la salvation et finalement vaincu par le désespoir.

Le conflit opposant l'Église à la natation naquit très tôt, quand un culte religieux syrien du nom de « Maiouma » (d'après le mot sémitique désignant « l'eau », *mai*) se diffusa dans presque tout le monde romain lors de son déclin. Il impliquait des évolutions de femmes nues dans des bassins ronds à l'air libre, devant de nombreux spectateurs installés sur des gradins de marbre s'élevant tout autour à la manière d'un théâtre grec. Leurs étranges tableaux érotiques furent condamnés par les clercs, tout comme les spectateurs « noyés dans un abîme de péché ». La nage, comme le plaisir sexuel, en vint peu ou prou à être associée au diable et fut quasi censurée pendant la prévalence du christianisme sur l'Europe. Il fallut attendre le début du XIXe siècle pour qu'elle revienne à la mode.

3

Le style d'Eton

Appassionato per l'acqua…

S'il y avait le bruit de l'eau seul
Pas la cigale
Et le chant de l'herbe sèche
Mais le bruit de l'eau sur une roche…

T. S. Eliot, *The Waste Land*

Durant des siècles, les exemples de nage en Angleterre sont rares et sporadiques. Presque personne ne nageait dans la mer. Quelques-uns dans les rivières. Les exceptions étaient en général le fait d'aristocrates. Seuls ceux qui étaient en mesure de surmonter les superstitions populaires étaient libres d'entrer dans l'eau. Qui le faisait était tenu pour excentrique.

On jugeait typique du comportement extravagant et dandy d'Édouard II qu'il batifole dans l'eau. Un hiver, il partit en villégiature dans les Fens « pour se rafraîchir dans la consolation d'eaux nombreuses » et manqua se noyer en canotant sur les lacs. Puis il « partit à bride abattue, lui et sa sotte bande de nageurs, rejoindre le Parlement qu'il avait, chose grotesque, convoqué à Lincoln ». Divers courtisans élisabéthains étaient de « puissants nageurs », tel Sir Philip Sidney, ou réputés posséder la « perfection dans ce domaine ».

Deux prétendus « gentlemen » passèrent à travers l'Armada à la nage, une nuit, et percèrent des trous dans les flancs des bateaux espagnols.

Un goût excessif de la nage causa la mort du prince de Galles en 1612. « Il se retira dans sa maison de Richmond, plaisamment sise au bord de la Tamise, qui l'invitait à apprendre à nager le soir sur un estomac plein. » En 1689, on mentionne pour la première fois Parson's Pleasure[17], le site de baignade naturiste sur la rivière Cherwell à Oxford, et le premier traité de natation fut écrit, en latin comme il convient, par l'érudit élisabéthain Everard Digby, car depuis de nombreuses années des jeunes gens « de bonne naissance » s'étaient noyés dans les eaux de la Cam. Les badauds s'amusèrent de voir l'Américain Benjamin Franklin se dévêtir pour plonger dans la Tamise en 1726. Il nagea depuis Chelsea jusqu'à Blackfriars, « en accomplissant en chemin bien des tours tant sur que sous l'eau ». Il apprit à nager à plusieurs aristocrates anglais, dont les fils de Sir William Wyndham avant qu'ils partent en voyage en Europe, et se heurta à tant d'ignorance sur le sujet qu'il songea à s'établir en Angleterre pour y ouvrir une école de natation et faire fortune.

Le voyage en Europe et l'intérêt pour le monde classique avaient été ravivés par la redécouverte de Pompéï au milieu du XVIIIe siècle. Les jeunes aristocrates s'embarquaient pour leurs *tours* et la Société des Dilettanti encourageait les archéologues à écumer le littoral méditerranéen en quête de vestiges. On nous parle d'une noyade « classique » au large du cap Mycale. Les fouilles de Pompéï révélèrent à un monde asséché les ruines de piscines et de fontaines considérables, et les traces des vieux canaux de marbre qui parcouraient tous les jardins. Comme la source d'Aréthuse, les eaux antiques retrouvaient la surface après une submersion prolongée. Une fois de plus, on pouvait percevoir leur influence. « Il n'est pas

17 « Le plaisir du pasteur ». (NdT)

d'homme méritant le nom de voyageur, affirmait la *Quarterly Review*, qui ne se soit baigné dans l'Eurotas. »

Guidés par les auteurs classiques, les enthousiastes prirent l'habitude de retracer les cours des rivières et des sources antiques. Dépêché par la Société des Dilettanti dans les années 1760 pour explorer la Grèce et l'Asie Mineure classique, Richard Chandler s'intéressa au cours de l'Ilissus, à ses eaux sacrées où Socrate et son disciple Phèdre avaient trempé leurs pieds nus tout en parlant. Aujourd'hui, il découvrirait que ce n'est plus qu'un égout, mais même à l'époque, il fut déçu de voir que c'était à peine plus qu'un filet d'eau serpentant dans un terrain vague privé des fameux platanes. Le parement de marbres et les statues qui avaient jadis préservé la sainteté de la source n'étaient plus. L'autel des muses était désormais une église. L'eau était si impure que le « bétail acceptait à peine de la boire ». Au cours de son séjour à Athènes, il retourna plusieurs fois au bord de l'Ilissus, après une averse de neige ou de fortes pluies, dans l'espoir de le voir presque en crue et « déferlant avec une violence majestueuse ; mais je ne le vis jamais ne fût-ce qu'occupant son lit, son eau remplissait des cavités rocheuses qui suintaient de l'une à l'autre ». Les descriptions de Chandler exhalent un sens profondément élégiaque de la distinction entre présent et passé. Il suivit le cours d'un fleuve d'Ionie décrit par Pausanias qui se comportait comme l'Alphée, en ce qu'il prenait naissance sur le mont Mycale, traversait la mer et ressortait près d'un port appelé Panormos. Il découvrit que ce port était « envahi de buissons de myrte, de lentisques et de persistants », mais de plus en plus excité, il repéra l'itinéraire de la source au golfe, « qu'elle pénètre à sa tête, après un cours très bref, lent et nourri ».

La sensibilité à l'eau, sous n'importe quelle forme, exprimée par Pausanias dans ses descriptions de l'histoire et de la géographie du continent grec, au cours du bref âge d'or de l'empire romain sous Hadrien, allait encore inspirer une succession de voyageurs au cours du XIXe siècle. Sir James Frazer, dont le *Rameau d'or* commence par l'évocation du lac de Nemi, entouré de bois sur les Monts Albains – les rites sauvages qui s'y pratiquèrent forment le cœur de ses théories – a réalisé une précieuse édition de cet auteur grec. Après lui, Frazer alla écouter une source de Lilaia qui faisait, « d'ordinaire vers midi », un bruit « semblable à celui d'un bœuf meuglant » en sortant du sol. Frazer ne décela qu'un doux murmure : « il est exact que j'entendis un rugissement précipité, mais ce n'était que le frémissement du vent dans les saules ». Il longe la berge du Ladon, où Pausanias voyait les plus belles eaux de rivière de toute la Grèce. Quant à la beauté, « il n'y a pas de rivière étrangère ni grecque qui l'égale » dit Frazer. Il ne réussit pas à trouver le sanctuaire de Déméter, mais songe en marchant au vers de Milton : « par les rives pleines de lys du Ladon sableux ». S'il vit beaucoup de sable, il ne vit pas de lys. Ces sources classiques recelaient un message mystérieux pour Frazer. Le travail de toute sa vie consista à éclairer les origines de sentiments « dont les sources étaient jusqu'ici inconnues et donc incontrôlables ».

Le ruisselet de l'Ilissus attriste aussi Morritt, le châtelain, et *dilettanto*, de Rokeby Hall, qui hanta la Méditerranée orientale pendant les guerres napoléoniennes. Tout aussi décevantes sont les « vagues ambrées » du Méandre, désormais « plus boueuses qu'une mare à chevaux ». Mais les sources chaudes des Thermopyles « bouillonnent sous chaque pas » et l'Alphée continue de courir dans « un lit étroit et profond, bordé de deux rochers romantiques ». Voyageant à Troie, il repère les cours des grands fleuves d'Homère, trouve un Simoïs marécageux, empli de roseaux et d'osiers, mais le Scamandre, qui surgit d'un hallier de beaux arbres, reste « partout clair, qualité mille fois notée par Homère ». Non loin, sur l'Hellespont, il tombe sur des bains antiques qui, « aperçus à travers les arbres, évoquaient la ruine la plus pittoresque imaginable. Presque tous les sarcophages de marbre avaient depuis longtemps été pillés pour orner des fontaines turques ou servir de boulets aux Dardanelles ».

En Italie, Byron a rendu hommage aux eaux du Clitumnus miraculeux de Pline comme « à l'eau la plus douce du cristal le plus vif qui fût jamais hanté par la naïade ». Arrivant à Rome, il fut profondément impressionné par la source d'Égérie, dont l'ornementation avait tant accablé son poète classique préféré. Il fut rassuré de découvrir que la décoration excessive avait disparu, que les eaux délicates ne « dormaient plus, prisonnières du marbre », mais qu'elles bouillonnaient « depuis la base de la statue fendue ». Henry Matthews, étonien et frère du meilleur ami de Byron qui s'était noyé dans la Cam, alors qu'il rendait hommage au site à peu près au même moment – valétudinaire, il était à la recherche de la santé – fut aussi réconforté de constater que « le Temps avait enfin réalisé le vœu de Juvénal » dans cette fontaine rendue à sa simplicité originelle, à nouveau sertie d'herbe folle, d'une *viridi margine.* Le seul marbre trouvé qui profanât encore la première pierre était une statue sans tête, pas d'Égérie mais d'une divinité masculine, le dieu fluvial qui sourdait de la source. Elle est toujours dans sa niche, bien que la source soit aujourd'hui négligée, non loin d'une fabrique de sodas Egeria, et qu'en l'absence de panneaux, le seul guide indiquant sa situation, quand on descend vers la rivière par les champs de coquelicots, soit le bruit lointain de ses eaux glacées tourbillonnant dans l'unique lit qui subsiste.

Tout en descendant de Rome à Naples, une autre des amies de Byron, la belle comtesse de Blessington, fit halte près de l'antique villa de Cicéron près de la mer, là même où il fut assassiné alors qu'il tentait de quitter sa litière. Au bas d'une orangeraie, elle trouva « quelques ruines, baignées par la mer, qu'on disait appartenir à sa villa : c'était probablement les bains et il n'y en eut jamais de plus limpides, comme je puis l'attester ; car, tentée par leur isolement et la pureté de l'eau, je m'y suis baignée tôt ce matin et me suis sentie revigorée par l'élément salé. »

Ce sont les spectaculaires Bains de Caracalla qui enflammèrent l'imagination de Shelley. C'est là qu'il décida d'écrire son *Prométhée délivré*, pour célébrer la libération de l'esprit grec, « perché sur ses ruines montagneuses, au milieu des clairières fleuries, des bosquets d'arbres bourgeonnants et parfumés qui se prolongent en labyrinthes toujours plus sinueux sur ses immenses plateformes et ses arches vertigineuses figées en l'air ». Bien que l'intérieur fût quasi ruiné à l'époque de Shelley, les Bains restaient pourvus de murailles extérieures massives, d'arcatures et de voûtes. Celles-ci étaient à présent couvertes de plantes et d'arbres, lesquels adoucissaient le spectacle piranésien avec leurs jardins suspendus. « Il n'y eut jamais de désolation plus sublime et ravissante. Le mur perpendiculaire de la ruine est parcouru de ravins profonds remplis de buissons en averse, aux racines épaisses et tortueuses serties dans les fentes des pierres. À chaque halte, les pinacles aériens de pierres brisées se regroupent en une nouvelle combinaison d'effet en dominant les murailles altières mais horizontales, comme les montagnes éloignées changent d'aspect pour qui parcourt rapidement la plaine. »

Dans son excitation, Shelley gravit un antique escalier en colimaçon pour émerger au sommet des murailles où il découvrit, répandu devant lui, un magnifique paysage pastoral. « Là croissent de toutes parts d'épaisses solitudes mêlées de myrtes, et le laurier et le laurier-tin fleuri dont les fleurs blanches viennent à peine d'éclore, le figuier sauvage et mille plantes anonymes semées par les vents vagabonds. Les bois sont partout parcourus de sentiers, tels des sentes de moutons à travers les taillis de montagnes raides, qui serpentent en tous lieux d'immenses labyrinthes… »

Quand Shelley se noya au large de Viareggio, en serrant un volume de Sophocle dans la main, ce fut l'apogée d'une liaison amoureuse avec l'eau qui l'incita à couler plutôt qu'à nager. « Les bras le long du corps, il tomba, soumis, dans les vagues. » On eût dit que l'acte de nager gênait en quelque manière, voire diluait, sa *fornication avec l'onde**. Tout au long de sa vie, il plongeait la tête plusieurs fois par jour dans une bassine d'eau froide. Il ne buvait jamais de vin, dont il jugeait qu'il lui montait au cerveau, mais rien que de l'eau, pour ainsi dire. Une fois, il prolongea son séjour à Pise à cause de la pureté de son eau, laquelle provenait de collines éloignées grâce à un vieil aqueduc romain. À Côme, il loua la villa dont la cour voyait encore couler la source intermittente ayant fasciné Pline.

Comme Shelley n'apprit jamais à nager, le plaisir qu'il prenait dans l'eau tendait à se limiter à sa surface, du moins dans les premières années. À Eton, il avait godillé sur de longues distances, sur la Tamise qu'il ne cessa jamais d'apprécier. Même adulte, il resta entiché d'un « divertissement classique », faire des ricochets sur l'eau. Les Romains s'étaient servis de tuiles. Shelley, lui, fendait des pierres d'ardoise, donnant à celles qui étaient plates et minces une forme ronde. Lorsqu'il en avait suffisamment, il « faisait des ricochets d'un air sérieux, en comptant avec la plus grande joie le nombre de leurs rebonds tandis qu'elles filaient en ridant la surface de l'étang ». Il ne perdit jamais sa passion de lancer des flottilles de bateaux en papier, alourdis de piécettes et construits à partir de toute correspondance qu'il avait en poche, ou des pages de garde des livres, voire d'un billet de 10 livres. « Tant que le papier flottait, il restait cloué sur place, fasciné par cet amusement particulier. »

Son ami Hogg l'a décrit comme un « adorateur dévoué des naïades ; sitôt qu'il trouvait un étang, voire une simple mare, il s'attardait dans les parages et il n'était pas facile d'obtenir qu'il la quitte ». Une de ses promenades favorites le faisait passer près d'un « étang où l'eau occupait une vieille carrière : sitôt qu'on lui permettait de suivre le chemin souhaité, il se rendait au bord, bien que le cadre n'eût d'autre charme qu'une certaine sauvagerie et nudité. Là, il s'attardait jusqu'à la brune, fixant l'eau en silence, récitant des vers ou discutant avec vigueur de sujets sans liens avec ce qui l'entourait. Parfois, il soulevait la plus grosse pierre possible et la jetait vigoureusement dans l'eau aussi loin que ses forces le lui permettaient ; puis il s'enchantait avec bruit de l'éclaboussure, écoutait dans le calme l'agitation décroissante jusqu'à ce que le dernier anneau pâle, l'ondulation quasi imperceptible disparaisse à la surface étale. » À Londres, il évoqua un jour « avec extase » les chutes d'eau du Pays de Galles, en arpentant la pièce avec force gesticulations tout en les décrivant, avec l'intensité de Keats « martelant » un carreau de fenêtre sur le récit d'un fameux match de boxe. Hogg avait le sentiment que les chutes du Pays de Galles et du Cumberland, les lacs anglais et irlandais, impressionnaient beaucoup plus Shelley que tout autre spectateur – ils « pénétraient au plus intime de son âme et devenaient des parties intégrales de son être et de son existence ».

En Italie, son attraction pour l'eau s'intensifia. « Tels les palmiers indiens, écrivit Trelawny, Shelley ne s'épanouissait jamais loin de l'eau. Obligé de prendre ses quartiers dans une ville, il s'enfuyait au matin vers les lac, rivière ou rivage les plus proches, avec l'instinct qui guide les oiseaux aquatiques, pour ne revenir au bercail qu'à la nuit. » Alors qu'il se rendait en Italie pour la première fois, il persuada le cocher de s'arrêter et se baigna dans un ruisseau clair et peu profond qui l'avait charmé. Il se comportait « tout juste comme s'il était Adam au Paradis avant la chute ». Sa femme refusa de le rejoindre, bien qu'il l'en suppliât, car ce serait « tout à fait indécent » et parce qu'elle n'avait pas de serviette avec laquelle se sécher. Mais la voluptueuse Claire Claremont se dévêtit sur-le-champ et se baigna et l'on perçoit dans son attitude une affection croissante pour Claire aux dépens de sa femme, guindée et rangée, bien qu'à la fin de sa vie celle-ci dût se baigner chaque jour devant Sandgate. Plus tard, à la villa Magni près de Lerici, à chaque fois que Shelley s'associait avec enthousiasme aux baignades rituelles de la population, au crépuscule, quand tous les hommes, femmes et enfants se transportaient dans l'eau « pour s'y ébaudir durant des heures comme des canards sauvages », Mary observait d'un air sérieux que ce n'était « pas convenable ».

Durant l'été à Bagni di Lucca, Shelley traduisait le *Banquet* de Platon dans la matinée, puis se baignait au milieu du jour « dans une mare ou une fontaine créée par un torrent au milieu des bois.

De toutes parts, elle est entourée par des rochers à pic et la cascade du cours d'eau qui la forme s'y précipite d'un côté avec un élan perpétuel. Tout près, au sommet des rochers, il y a des sureaux, au-dessus encore de grands châtaigniers dont les longues feuilles aiguës percent le bleu profond du ciel avec un vif relief. Les eaux de la mare qui, si l'on ose une description arithmétique, fait 'seize pieds de long sur dix de large', sont claires comme l'air, si bien que les pierres et le sable du fond paraissent vibrer à la lumière de midi. Elle est en outre extrêmement fraîche. J'ai l'habitude de me déshabiller et de m'asseoir sur les rochers pour lire Hérodote, jusqu'à ce que la transpiration se soit évaporée, puis de bondir du bord du rocher dans cette fontaine, pratique merveilleusement rafraîchissante par temps chaud. Ce torrent se compose, en quelque sorte, d'une suite de mares et de cascades, que je m'amuse parfois à escalader durant la baignade pour en recevoir l'écume sur tout le corps tandis que j'agrippe non sans peine les rocs humides. »

C'est dans cet étang précis que Robert Browning allait nager tous les matins à 6 heures 30 en 1857, pratique qu'il jugeait si tonique qu'il décida de la poursuivre partout où il le pourrait pour le restant de sa vie, ce qu'il fit en effet, surtout en France et au bord du littoral atlantique. On peut encore voir les à-plats rocheux pâles où Shelley lisait, étendu, Hérodote, ainsi que la cataracte qu'il grimpa, mais le torrent d'impétueux est devenu léthargique à cause d'un barrage et les eaux en sont méchamment verdies par les rejets d'une papeterie en amont et les tuyaux d'égout des villages locaux. La natation n'y est plus recommandée.

En Italie, Shelley devint enivré par la mer. Pour Trelawny, l'océan paraissait emporter chez lui tout sentiment des convenances : « il se comportait comme un triton ou un poisson ». Un jour, il choqua sa femme en pénétrant dans la salle à manger, au milieu du déjeuner, « nu comme un ver, ruisselant d'eau salée, avec des fragments d'algues pris dans les cheveux ». Une autre fois, penché sur le côté du bateau dans la baie de Baïes, il regardait envoûté le lit de la mer à travers l'eau translucide, où il pouvait voir « des grottes vides revêtues d'une mousse glauque, et les feuilles et les branches de ces algues délicates qui tapissent le fond inégal de l'eau » – probablement la première description réaliste d'une scène sous-marine. Les images de ce type se mirent à inonder ses poèmes : « de vieux palais et tours/vibrants au sein du jour plus intense de la vague » – en même temps que les requins et les serpents de mer. À Rome, les ruines du Colisée semblaient submergées sous la mer, ses cavernes sombres être les tanières des « plus puissants monstres de l'abysse ».

Un contemporain a noté que l'eau était l'élément « fatal » de Shelley. Tout au long de sa vie, il tenta le sort sur l'eau. En Angleterre, n'avait-il pas ramé sur une rivière dans un tub jusqu'à ce que le fond lâche, n'avait-il pas un jour descendu le Rhin sur un radeau disjoint ? Assailli avec Byron par une tempête sur le lac Léman, alors que leur bateau était plein d'eau, il se récria très froidement qu'il ne songeait pas à être sauvé, en priant le grand nageur de ne pas l'ennuyer. Au large de La Spezia, il proposa soudain à ses compagnons de navigation qu'ils « résolvent la grande énigme » en laissant leur esquif sombrer au-dessous d'eux. Puis il y a cet épisode bien connu où il regardait Trelawny se baigner un jour dans une mare profonde de l'Arno. Ce dernier avait stupéfié Shelley en exécutant une série de mouvements aquatiques appris des indigènes des Mers du Sud. Alors qu'il ressortait et se rhabillait, Shelley lança tristement : « Pourquoi ne puis-je nager ? Cela paraît si facile. » À quoi son ami répondit : « C'est que vous croyez ne pas pouvoir. Si vous vous décidez, vous y arriverez ; plongez depuis cette berge et en remontant, mettez-vous sur le dos, vous flotterez comme un canard ; mais vous devez inverser la courbure de votre échine car elle est incurvée dans le mauvais sens, à présent. » Sur quoi, Shelley « rejeta veste et culotte, ôta d'un coup souliers et bas, et plongea ; et le voilà qui restait étendu sur le lit de la mare comme une anguille de roche, sans faire le moindre effort pour se sauver. Il se serait noyé si je ne l'avais repêché aussitôt. »

Une nuit, peu avant de mourir, Shelley rêva que ses amis s'étaient noyés et que leurs corps, lacérés et pourrissants, venaient l'avertir d'un raz-de-marée imminent. Un enfant nu surgit du ressac de Lerici, au clair de lune. Au cours de son ultime voyage dans le golfe de La Spezia, alors que son bateau était pris dans une forte mer, on dit qu'un capitaine italien avait compris qu'ils ne pourraient tenir longtemps contre des vagues aussi terribles et qu'il fit route vers eux pour leur proposer de les recueillir. Une voix aiguë, celle de Shelley, probablement, s'écria clairement « Non ! ». Les vagues étaient hautes comme des montagnes, un ressac terrifiant se ruait sur le bateau qui, à sa stupéfaction, portait encore toutes ses voiles. « Si vous refusez de monter à bord, au nom du Ciel serrez les ris ou vous êtes perdus ! » s'écria un marin à travers un porte-voix. On vit un des messieurs faire un effort pour amener les voiles – et son compagnon lui prit le bras, comme irrité. Le bateau sombra à dix milles environ du rivage, toutes voiles dehors.

Quelques années plus tard, Matthew Arnold devait suivre Shelley jusqu'à « la baie bleu clair de La Spezia ». Après avoir loué une barque qui l'amena à un demi-mille du rivage, il se dévêtit et plongea dans l'eau. Il devait lui aussi ressentir son charme fatal. Il se rendit compte qu'il n'avait pas envie de remonter à la surface, que la mer était si captivante qu'il était « difficile ne fût-ce que d'en sortir la tête ». Il avait montré des signes précoces d'une telle sensibilité quand, enfant, il étonna son père en passant toutes les vacances à s'imaginer cadavre reposant sur le lit du lac Windermere.

On comprend avec Shelley que l'inspiration habitant sa nage était essentiellement classique – l'adoration de l'eau, la lecture de textes grecs au bord de rivières et cascades italiennes, sa passion pour les mythes de Narcisse et Hermaphrodite qui suggèrent les effets énervants comme attirants de l'eau… Cette pulsion classique allait devenir le trait le plus caractéristique de la nage anglaise romantique.

La première *Swimming Society* (Cercle de natation) d'Angleterre, créée par un groupe d'anciens élèves d'Eton en 1828, fut inspirée par l'Antiquité. Elle comprenait deux sections : les « philolutes » (amoureux du bain) et les « psychrolutes » (baigneurs en eau froide). Ils adoptèrent pour devise l'incipit des odes olympiques de Pindare, ἄριστον μὲν ὕδωρ – « l'eau est la meilleure des choses » – et leurs registres conservés à la bibliothèque du Collège recensent les rivières, lacs et cours d'eaux d'Europe où se baignèrent les divers membres, avec leurs commentaires, souvent classiques : la Cam « passable à Grantchester, affreuse ailleurs » ; le Rhin « kathara rei » – coule suavement ; le loch Achray, « achraees » – inutile. Un calendrier évoque les anniversaires des nageurs de l'Antiquité et à l'époque moderne – Ulysse, Léandre, Clélia, Byron, « premier poète et nageur de son temps, unissant les qualités d'Arion et celles du dauphin qui le portait », et Nicolas Persée, « un célèbre plongeur sicilien, qui plongea dans la Charybde homérique à la demande du roi de Naples, en remonta sain et sauf, mais disparut à tout jamais quand il répéta l'expérience », épisode célébré par Schiller dans son *Plongeur*.

Les étoniens semblent avoir été des nageurs systématiques. Sir George Winthrop Young, qui parcourut les montagnes galloises au milieu du XIXe siècle, a souligné les itinéraires en bleu sur ses cartes et les baignades en pointillé rouge. Âgé de 90 ans, il plongeait encore dans la Tamise par tous les temps avant le petit-déjeuner, depuis sa pelouse sur l'île de Formose[18], et conservait des notes, d'une main minuscule, de toutes les baignades de sa jeunesse, dans les lacs, rivières et mers, nationaux ou étrangers.

Avant la construction de leur piscine, au lendemain de la Seconde Guerre mondiale, les élèves d'Eton nageaient dans le fleuve. Une partie des terrains de sport longent la Tamise et Macnaghten, l'historien du collège, note que ces portions du fleuve sont « aussi sacrées pour l'étonien que le Tibre, le Père Tibre, l'étaient pour le Romain

[18] À ne pas confondre avec Taïwan ! Il s'agit d'une grande île située à Cookham, dans le Berkshire, au milieu de la Tamise. (NdT)

d'un autre siècle». On appelait «Athènes» l'endroit d'où il était possible de sauter dans la Tamise. Sur les planches du ponton se lisait l'inscription: «À la mémoire de qui a passé ici bien des heures les plus heureuses de son enfance». Dans son poème *Vue éloignée du collège d'Eton*, l'ancien élève Thomas Gray décrit les garçons dans la Tamise qui «s'enchantent de fendre/De leurs bras agiles, ton miroitant méandre», spectacle d'innocence nue que William Blake a illustrée, lui dont les nageurs semblent toujours lyriquement affranchis de tout ce qui est mondain et contraignant. Le collège possédait cinq lieux de baignade sur le bras principal du fleuve, tous légendaires, tel Boveney Weir avec sa cascade, constamment cité dans les souvenirs liés à Eton, où les élèves nageaient nus jusqu'à la fin du XIXe siècle. Les berges en furent hantées durant quelques années par le louche et brillant helléniste et latiniste Oscar Browning qui, après avoir été banni pour comportement déplacé par un brave proviseur, transféra ses affections sur les nageurs de la Serpentine. «Sur les berges du fleuve mon amour est né» écrit Digby Dolben d'une passion vécue à Eton, qui lui instilla aussi son enthousiasme pour la baignade de plein air, goût qui fascinait son ami Gerard Manley Hopkins, avant qu'il finisse par se noyer.

Toute cette tradition étonienne, associant la nage à la littérature classique, à la société civilisée, à l'innocence et l'amitié, un passage du journal d'avant-guerre de Cyril Connolly la résume bien. Il l'a écrit à Berlin, là même où Rupert Brooke s'était rappelé la mare de Grantchester, comme Connolly resongeait au troisième trimestre d'Eton, quand il traversait les prés vers le fleuve et tâchait de se rappeler une épigramme de Rhianos à cause de son titre, *Sur le sentier du pré*[19], dans l'édition de Mackail de l'*Anthologie grecque*: «Il n'y a pas de plus grande expression de simplicité, de sécurité, de sentiment d'être chez soi dans l'univers que lorsque deux amis descendent se baigner. Par suite, ce moment est un mixte de ma vieille

19 XII, 121. (NdT)

trinité, grâce, verdeur, sécurité, et donc issu de la vénération de l'Éden, le premier endroit où deux êtres humains, main dans la main, allèrent leur chemin solitaire. Ajoutons l'élément spécifiquement grec instillé dans la baignade et l'été étonien par l'*Anthologie*, le *Phèdre*, et le risque de s'éprendre de garçons sur le chemin d'Athènes, seul lieu où nous pouvions les fréquenter, et les rêveries de leur compagnie qu'on avait si l'on parcourait le chemin sans eux, et tout cela fait un mélange idéal de paganisme hellénique chaleureux, d'éphébie ranimée, d'innocence originelle… » Cette promenade à travers champs vers les baignades figure sur la liste de Connolly parmi les expériences intenses d'Eton qui allaient le hanter plus tard et l'enraciner dans une adolescence permanente.

Dans les premiers temps, les non-nageurs ou « *non-nants*[20] » étaient présentés à la rivière en les emmenant dans une barque d'où on les jetait par-dessus bord. On nous rapporte qu'il y avait une sorte de responsable permanent à Cuckoo Weir, « mais je n'ai jamais entendu dire qu'il ait appris à nager à quiconque. Je ne l'ai même jamais vu quitter la berge. Il nous disait de battre des bras et des jambes en même temps et c'était tout – en mimant les deux gestes de son mieux, à l'air libre ». Une croyance superstitieuse voulait qu'un élève se noie tous les trois ans, ce qui se vérifiait en général. Après un décès particulièrement tragique, on institua des cours de natation, bien avant tout autre endroit d'Angleterre, sous la houlette du professeur de dessin, l'aquarelliste réputé William Evans, et celle du futur évêque George Augustus Selwyn, plus tard ecclésiastique de choc en Nouvelle-Zélande, célèbre pour traverser de larges rivières dans ses tentatives de soumettre les Maoris.

La nage devint en fait si organisée qu'un livre fut publié, *L'art de nager dans le style d'Eton*, par le moniteur de natation Leahy, ancien champion en mer Rouge. Ce style d'Eton était particulièrement détendu : « les mains sont inutiles pour propulser le corps, cette

20 « Ils ne nagent pas » en latin, pourvu d'un s abusif ! (NdT)

tâche est dévolue aux seuls pieds». Il prétendait malgré tout que c'était le mouvement le plus parfait du monde: «il n'y a qu'au collège d'Eton qu'on en ait fait une science». Il existait aussi un plongeon d'Eton, marqué par deux caractéristiques: «le plongeur doit pénétrer dans l'eau en créant aussi peu de perturbations qu'une loutre quittant sa tanière et il doit faire émerger la tête dès que les pieds ont disparu». Une des premières épreuves du personnage de Meredith, Richard Feverel, est d'être exposé à la rivalité de Ralph, «élève d'Eton, musclé et donc nageur et joueur de cricket». Le pauvre Feverel réussit à peine à récupérer plus de trois œufs sous l'eau, comparés à la demi-douzaine de Ralph, et il est humilié dans une course au fil de la rivière sous les yeux de l'éblouissante Lady Blandish, toujours ravie de regarder les garçons se déshabiller pour nager.

Ce style de natation détendu d'Eton allait être porté à un summum d'oisiveté par Robert Byron. James Lees-Milne le revoit un été, au large du Pausilippe, passant toute la journée «étendu sur le dos, et son gros ventre exposé au soleil était d'un rose atroce car il avait la peau blanche. Toutes les cinq minutes, il opérait un mouvement de recul dans l'eau. Il avait loué les services d'un jeune rameur dans une barque qui l'escortait. À sa demande, le garçon lui fournissait du vin blanc au moyen d'un tube et diverses autres confiseries.» Dans son jeune âge, sa façon de nager avait été plus impulsive. Descendant vers Athènes dans une grosse Sunbeam de voyage peu après la Grande Guerre avec deux autres étoniens, lui et ses compagnons n'avaient d'autre joie, au milieu des contrariétés et retards répétés causés par des gardes-frontières vétilleux et des pneus éclatés, que s'immerger dans l'Égée, souvent sous la lune, qui transformait l'eau noire et morne en «une mer d'argent et d'opale». Les Grecs de passage comme un couple de *Wandervogel* allemands faisant de l'auto-stop étaient sidérés, comme l'avaient jadis été tous les continentaux devant les nageurs anglais: «la folie anglaise était-elle sans limites? Nous nous ruions dans la mer, en adressant des saluts à la lune et en prétendant être les filles du Rhin. Les Allemands n'y voyaient rien de drôle. »

À peu près à la même période, juste avant-guerre, le grand alpiniste Geoffrey Winthrop Young, qui enseignait à Eton, passait ses vacances à cheval en Asie Mineure. Il allait perdre une jambe à la guerre et son frère, qui avait été un excellent plongeur, un bras. C'étaient les fils du « méthodique » Sir George que nous avons vu souligner ses baignades en rouge sur la carte et plonger depuis sa maison insulaire de Formose à plus de quatre-vingt-dix ans. L'expédition de Geoffrey avait pour but de saluer les grandes rivières d'Homère. Près de Troie, il faillit passer dans une éclaboussure le pauvre Simoïs sans s'en rendre compte, « mais je ramenai mon gris et réussis à lui faire mettre les quatre pieds dans les eaux, à marquer un arrêt respectueux ». Au clair de lune, il descendit des prés fleuris, sous des chênes, vers le Scamandre, « au large cours rapide sous la lune tropicale. Les grands platanes s'inclinaient sur l'eau claire et vive, dont la surface réfléchissait la mosaïque verte et dorée de leur feuillage. C'était tout juste la manière dont les platanes orientaux de notre île natale de Formose, sur la Tamise, projetaient leurs reflets sur les pelouses vertes de nos baignades et le fleuve. Irrésistibles, ils m'appelaient à me baigner. Je parvins à faire un plongeon, rapide et hasardeux, dans les remous glacés par la neige. Ce fut un numéro apprécié, tel un nouveau tour de voyageurs divertissant pour les Turcs, que je dus répéter plusieurs fois. » Puis il remonta à pied jusqu'à la source du Scamandre où il jouit d'un « long bain olympien », à l'endroit où le fleuve naît dans un hallier de chênes.

Nager en dehors de l'Angleterre n'avait jamais séduit Swinburne. Repensant à son étrange carrière à Eton, il mentionne dans une lettre que « son seul souvenir vraiment et parfaitement délicieux du lieu et de l'époque fut celui des leçons de natation et des jeux dans la Tamise ». Dans son roman *Lesbia Brandon*, une mère de famille déplore que son fils dissolu n'ait rien appris d'autre qu'à nager, à Eton, et que « cela ait été le début de la fin ». Swinburne n'arrivait pas à s'expliquer que Shelley y eût négligé la nage, alors que son seul poème traitant des plaisirs du collège est un poème lié à la rivière. Il aurait parié que Shelley, « de tous les auteurs de vers et des élèves d'Eton », aurait été celui qui, à tout le moins, « l'aurait égalé dans sa passion pour cette occupation. Je suppose, ajoute-t-il, qu'il la reporta sur la navigation, alors que je ne puis jamais être *sur* l'eau sans souhaiter être *dedans* ». Swinburne avait l'impression d'être une reproduction de Shelley. Tous deux étaient imaginatifs, fragiles, sensibles, rebelles, volontaires, changeants. C'étaient aussi d'ardents hellénistes, qui arboraient le souci mélancolique et antique de la difficulté d'être, un désir de mort lié à la mer et au « baiser de l'eau », « aux membres humides » d'Hermaphrodite qui « se fondirent en Salmacis ». Dans les eaux froides, sombres, insondables du lac de Gaube[21], Swinburne est tenté de plonger plus loin et de prolonger « le plongeon extatique qui fouette le sang et le souffle ».

Nul, pas même Byron, n'a exprimé l'enthousiasme de la baignade plus vivement que Swinburne. L'un de ses premiers et plus heureux souvenirs était d'avoir été serré tout nu dans les bras de son père et « brandi entre ses mains, puis projeté comme pierre de fronde à travers l'air, criant et riant de joie, tête la première dans la vague déferlante ». Dans *Triomphe de Gloriana*, il a comparé le monde de son enfance sur l'île de Wight à la beauté primordiale de la Grèce antique. Et dans sa biographie, Donald Thomas nous peint Swinburne enfant nageant et flottant durant des heures au-delà des pelouses et de la plage de sa maison de bord de mer, « léché par les eaux bleues et les marées languides d'été, comme s'il était dans l'Égée de son monde hellénique idéal ».

Bientôt, il perdit le goût des eaux placides en faisant la découverte des froides mers nordiques, au large du Northumberland, près de Capheaton Hall, la maison ancestrale des Swinburne. C'est là qu'il commença d'exulter dans les mers houleuses. Il partageait

[21] Lac des Pyrénées. (NdT)

cet amour des mers froides avec un cousin qui, à l'âge de soixante-dix ans, se baignait dans l'Arctique sur le littoral irlandais. Quand on l'envoya à Eton, il comprit que l'idylle marine de son enfance était terminée. Il se sentait comme une mouette piégée dans une volière. Désormais, il était confiné dans les « parages léthargiques des douces eaux de la Tamise ». Quand Herbert, le héros autobiographique de *Lesbia Brandon*, jette pour la première fois les yeux sur la mer, au large du Northumberland, son visage « tremble et s'altère, ses paupières le picotent, ses membres sont pénétrés d'une profonde tendresse : les couleurs et les saveurs de la mer semblent se transmettre à ses yeux et sa bouche, tous ses nerfs en désirent le contact divin, toute son âme la salue par les sens ». Le père du personnage redoute son obsession et, sur son lit de mort, « prie qu'on tienne Herbert éloigné de l'eau ».

Peu de gens ont éprouvé plus douloureusement le désir de se jeter à corps perdu dans l'eau agitée. « J'en meurs d'envie – il n'est pas de désir ni d'appétit qu'on puisse y comparer » ; « mon aspiration (ultra-saphique et *plusquam*[22] sadique) désire langoureusement la mer ». Il décrit ainsi dans l'une de ses lettres un groupe saphique en marbre sculpté par Pradier, de deux filles en pleine action : « l'une met la langue *où vous savez**, la tête et sa chevelure massive plongeante et enfouie entre les cuisses de l'autre ». L'*Antigone* de Sophocle l'avait emporté « comme une vague », tandis qu'un tableau de Hook – un bateau propulsé par de jeunes rameurs dans une mer de tempête – lui donne « soif d'être entre les vagues ». Depuis la fenêtre de son dortoir, à Eton, il regardait les éclairs et prenait des « bains » d'orage avant d'être ramené à l'intérieur par le préfet de sa maison. Admirant les hirondelles rasant un lac sous des trombes de pluie, il observe n'avoir jamais remarqué qu'elles aimassent tant « se baigner dans de l'eau tout droit déversée du ciel ».

[22] « plus que » en latin. (NdT)

Quand Matthew Webb se battait contre la houle dans sa traversée de la Manche, Swinburne en fut transporté : il souhaita célébrer l'exploit par une ode pindarique. « Quelle chose glorieuse que ce triomphe du capitaine Webb et quel péan Pindare en aurait-il écrit ! Si seulement je pouvais demander, emprunter ou voler la lyre thébaine durant une demi-heure, j'essaierais une ode moi-même. Il n'y eut jamais sujet de ce type, même en Grèce : il est par-dessus tout digne de célébrité olympique, pythique, isthmique ou néméenne. Je tiens l'événement pour la plus grande gloire qui soit échue à l'Angleterre depuis la publication du plus grand poème de Shelley, quel qu'il soit. Son héros est le seul homme, parmi ceux qui me sont inconnus en Angleterre, pour lequel je ferais un grand détour, tenant comme un honneur de lui serrer la main et si cela m'était refusé, juste pour l'apercevoir. Jowett[23] lui-même poussa un léger hourrah quand la nouvelle lui parvint (c'est moi qui eus le plaisir de l'annoncer), observant qu'il eût fait un grand homme suprême en Grèce. Un homme en vérité – il aurait été et devrait être divinisé sur-le-champ. » Par temps de tempête, Swinburne lui-même « supplia et tança » durant vingt minutes quelques « gardiens du rivage » jusqu'à ce qu'il finisse par « les contraindre à lui donner accès à la mer qu'ils avaient jugée trop déchaînée pour y entrer et qu'il y nage ».

Le respect mystique d'un Swinburne pour les « espaces sacrés » de la mer, suggéré par des expressions comme « gardiens du rivage » et « accès à la mer », et son désir urgent, compulsif de nager, fût-ce les soirs d'hiver, sont manifestes dans une lettre à sa sœur depuis la côte sud, datée du 11 novembre. « Hier, après une longue promenade qui a mobilisé toute la matinée, j'ai bien sûr dû faire mon plongeon à 4 heures environ de l'après-midi, juste avant que le soleil fasse le sien derrière une grande muraille bleu noir de nuages. J'ai vu que je ne n'en avais que le temps – et j'ai couru comme un adolescent, ai arraché mes habits et me suis jeté à l'eau. Et cela n'a

[23] Le fameux et élitiste Master de Balliol College à Oxford (1817-93). (NdT)

duré que quelques minutes, mais j'étais au Ciel! Toute la mer était littéralement dorée aussi bien que verte, c'était la lumière du soleil, liquide et vive, dans laquelle vivre, se mouvoir, épanouir son être. Et ressentir cela en eau profonde, c'est se sentir – tant qu'on nage vers le large, fût-ce pour une ou deux minutes – comme dans un autre monde de vie, un monde bien plus glorieux que celui dont Dante lui-même a rêvé dans son paradis. (Pauvre grand homme, il ne connaissait que la Méditerranée. Et je suppose qu'il ne savait pas nager). » Seuls les rivages dangereux attiraient Swinburne. La Méditerranée l'ennuyait.

Il est significatif qu'il faille « nager vers le large » pour vivre cette extase. Un jour, en vacances à Étretat avec un autre étonien, nageur et réprouvé, du nom de Powell, dans le but de se remettre d'un évanouissement au British Museum, Swinburne descendit seul toute la plage, ôta ses habits et se laissa emporter par la marée descendante. Il disparut par l'arche rocheuse derrière la pointe et dériva sur quelque trois milles vers la haute mer : il eut la chance d'être secouru par quelques pêcheurs. Un promeneur avait remarqué sa silhouette en perdition depuis le sentier des douaniers, emportée par le courant sous-marin, et donna l'alarme. Swinburne fut traité en héros par les pêcheurs : sur le chemin du retour, il leur récita des pans des *Travailleurs de la mer* de Victor Hugo, ce roman rempli de scènes sous-marines extraordinaires entre Guernesey et le rivage normand. Le plus vieux des pêcheurs déclara qu'il était tout à fait persuadé qu'il existait des pieuvres capables d'attirer un homme robuste pour en sucer le contenu. Afin de tester cette théorie, le rescapé appliqua « son petit doigt à l'extrémité ronde, en forme de coupe, du tentacule d'une toute petite pieuvre, évidemment mourante : quand je le retirai, cela me fit si mal que je regardai mon doigt en m'attendant à le voir à vif et sanguinolent ».

Après l'une de ses bastonnades habituelles, à Eton, Swinburne avait été fort embarrassé quand son anatomie « à vif et sanguinolente » avait été exposée au ridicule de ses camarades lors d'une séance de natation dans la Tamise. Il avoue quelque part que la douleur et l'excitation intense causées par la flagellation soulageaient une excessive tension nerveuse. Tout au long de sa vie, il souffrit d'un excès de vitalité électrique. Les spasmes permanents, le pas dansant caractéristique, la tignasse de cheveux roux qui fusait à angle droit sur sa tête, tout indique une nature instable et excitable. Le fait de nager au milieu de vagues glacées et violentes, comme les punitions corporelles, réduisaient sa fatigue et contribuaient à lui redonner du calme. À l'âge de 17 ans, inspiré par la charge de la Brigade légère à Balaclava, il escalada la face périlleuse de la falaise de Culver sur l'île de Wight, réputée inaccessible : frappé d'effroi après s'être un peu élevé, il fut obligé de rebrousser chemin. Il se dévêtit alors et se baigna au pied de la falaise, « pour fortifier et affermir (ses) nerfs, car (il) savait que le froid vif aurait cet effet, puis (il) repartit à l'assaut ».

Bastonnade et natation devinrent étroitement associées pour Swinburne. Ces deux expériences étaient plus intenses à Eton que partout ailleurs. Peut-être la résonance liquide du rite sauvage contribuait-elle à leur amalgame car les cinglons de l'épais faisceau de tiges de bouleaux sur les fesses nues sont réputés avoir fait « le même bruit d'éclaboussures qu'autant de seaux d'eau ». Une fois, alors qu'il habitait seul une école sur la côte de Cornouailles, il entendit fouetter un élève, « à quoi mes oreilles étoniennes étaient sensibles et compatissantes ». Le même soir, il chevaucha vers les falaises dans le noir et vit la mer « prise au piège dans la crique de Boscastle : elle se battait et se ruait contre les parois abruptes de la roche, haletante et gonflée de rage ». Il descendit pour nager. Le lendemain, à Tintagel, sa retraite fut presque coupée par la marée montante et il fut obligé de « courir dans l'eau puis de monter ou descendre quelques rochers affreusement coupants et couverts de coquillages qui réduisirent (ses) pieds en charpie et dut plonger deux fois dans la mer, qui remplissait toutes les anses, dansait et grossissait brutalement entre les rochers ; et une fois (il) y tomba de tout son long, fut si rossé et malmené qu'(il) aurait pu être dans les griffes de Denham. Je découvris une profonde coupure, pire que toutes celles qu'auraient pu m'infliger des verges. »

Denham est le tuteur de Herbert dans *Lesbia Brandon,* qui fouette le garçon quand on le surprend rentrant d'une baignade interdite dans une mer dangereuse : « il le tint nu sur son genou, lui immobilisa les jambes du pied et fit saigner sa peau humide, pleine de sel comme elle l'était à chaque pore ». Nager était d'autant plus attirant que c'était interdit. « Vous avez fait de l'escalade, nagé et chevauché dans des endroits interdits ; vous avez fait l'école buissonnière avec Edward pour vous baigner sur Witches Down ; baissez donc votre pantalon » (citation de l'inédit *Frederick's Flogging*[24]). Swinburne a vécu presque tout ce qu'il décrit et ces scènes de bastonnades après des baignades interdites renvoient à une époque où Joynes son tuteur l'avait battu prostré sur un tronc abattu jusqu'à ce que l'herbe soit rouge de sang, alors qu'il était encore mouillé après être allé nager, en cachette, à Cuckoo Weir sur la Tamise.

Il puisait un délice masochiste à être griffé par les galets, martelé par les vagues. Nageant, Herbert abandonne son corps à la mer. « Drossé sur le rivage, il sentit les cinglons rapides et les piqûres des petits galets. Il haletait et criait de plaisir au milieu des lames lorsqu'il ne pouvait résister deux minutes au coup d'une lame qui le balayait, le faisait rire et crier d'extase : il s'ébrouait dans l'eau rugissante comme un jeune animal marin, s'élançait à la gorge des vagues qui le terrassaient, étreignait leurs douces et féroces poitrines, luttait pour leur arracher de dures étreintes ; il se colletait avec elle comme l'amant avec l'amant, jetait sur elles des membres qui peinaient et cédaient délicieusement, jusqu'à ce que la discipline déferlante le rougisse des épaules aux genoux, le renvoie sur le rivage fouetté par la mer jusqu'à n'être plus que peau toute rougissante… »

[24] « La bastonnade de Frédéric ». (NdT)

Dans une lettre à Lord Houghton, qui avait corrompu Swinburne en lui ouvrant sa vaste bibliothèque pornographique, celui-ci remarque qu'il est dommage que le marquis de Sade n'ait pas eu conscience des tortures que la mer pouvait infliger. « J'ai vu la semaine dernière un effet admirable des grains sur les bords de la mer du Nord. En contemplant les grandes vagues blanches et rouges de cette mer tempétueuse, les rochers crénelés qui soufflaient l'écume de mille gueules et mille narines de pierre, j'ai trouvé des châtiments dignes de torturer un cadavre. » Pour lui, eau et torture semblaient inextricablement liées, même s'il arrivait que la première pût soulager la douleur, et non la causer. Comme il traversait l'Écosse en train le long de la Spey qui serpente dans les forêts de sapins, la profusion de bouleaux l'incita à rêver « à une fête sadique où la torture la plus exquise infligée aux membres frémissants de l'adolescence empourprée serait guérie et apaisée par les baisers des naïades, les nymphes des cours d'eau ».

Parfois, durant l'été, Swinburne retrouvait Jowett et un groupe d'étudiants des classiques pour des vacances dans les Highlands. Jowett semble avoir omis un incident évoqué par Mallock dans ses mémoires, quand un soir, dans l'appartement de Jowett à Balliol, Swinburne et lui se retrouvèrent seuls après dîner car le maître de maison s'était retiré pour achever une tâche. Swinburne se mit à réciter des poèmes, passant de l'un à l'autre, arpentant la pièce comme Shelley et enivré par sa déclamation : « Sa voix prit un timbre hystérique quand il en vint aux vers de Sydney Dobell décrivant une belle fille en train de se baigner. Il criait presque ces mots quand un autre bruit se matérialisa, celui d'une porte qu'on ouvrait, suivi de la voix de Jowett articulant en syllabes aiguës : 'Vous feriez mieux d'aller vous coucher maintenant, vous deux'. »

Dans les Highlands, Swinburne remontait ou descendait à la nage les cours d'eau dévalant des flancs des collines. Il escaladait les bords des cascades et plongeait dans les étangs les dominant : « l'étang supérieur où nous nous sommes baignés régulièrement durant les journées passées est un très beau bassin de roches pures, accessible en toute sécurité par un seul accès qui y descend ; quand on saute au pied de la chute, la force de l'eau est si forte qu'elle vous envoie tournoyer de l'autre côté de l'étang et la seule chose qu'on puisse faire c'est regagner à la nage l'autre côté, mais à deux ou trois brasses de distance ». Assurément, Swinburne savait plonger aussi bien que sauter, car Gosse l'aperçut un jour, depuis une fenêtre de Chelsea en surplomb, qui émergeait ivre d'un fiacre : il se tint en équilibre sur le marchepied, puis plongea vers le pavé, les deux mains en avant.

Swinburne se sentait à l'étroit dans les lacs. Il n'acceptait de nager que dans les lochs ouverts sur la mer, comme Maree et Torridon, « ce dernier étant la combinaison la plus divine de lac, montagnes, détroits, roches de mer, baies, golfes et mer ouverte… J'y ai passé une journée divine et j'ai nagé hors d'une baie, contourné un beau promontoire jusqu'au suivant et l'ai à nouveau contourné pour revenir sous des étagements de roches qui brillaient doublement au soleil sur et sous l'eau. J'étais accompagné d'un camarade sympathique, un étudiant d'Oxford du nom de Harrison ». En temps normal, Swinburne nageait seul et semble n'avoir trouvé qu'un seul nageur communiant avec lui, cet Harrison. Il lui écrirait ultérieurement depuis une « Malvern sans eau »[25] alors que son ami séjournait sur le rivage. « Je désire ta mer et *il faut* que je la hume et la goûte au moins une fois cette année. » Dans une autre missive, il écrit tristement de l'île de Wight qu'il aimerait que son ami fût à ses côtés lors de ses bains de mer quotidiens, car il y mène des conversations imaginaires avec lui dans ses traversées des criques. Il lui rapporte comment, une après-midi, il a été violemment « ballotté en tous sens entre les brisants dans un furieux reflux qui l'a rejeté loin du rivage comme sous la griffe d'une bête sauvage », tandis que par temps calme il traversait « une demi-douzaine de

[25] Malvern est le nom d'une eau de source célèbre. (NdT)

ceintures diverses de récifs, rochers et lits d'algues, séparées par des espaces de mer claire et qu'il pouvait observer toutes les formes et les couleurs qui changeaient en défilant en-dessous, ce qui est l'une des délices suprêmes de la mer».

Plus tard ce même mois – il était encore sur l'île – il écrit à Watts-Dunton qu'il lit l'*Iliade* sur le rivage et que l'effet revigorant de cette lecture sur son énergie, comme celui des baignades constantes, l'a rajeuni de quinze ans par rapport à Londres. Il ajoute qu'il tire autant de joies de la mer qu'il en tirait à treize ans et l'on a le sentiment qu'une des raisons majeures de sa passion pour la nage était une tentative de retrouver «l'âge d'or» enchanté de son enfance avant qu'on le bannisse à Eton à cet âge précis.

Quand sa santé se détériora à l'âge de quarante-deux ans, qu'il fut pris en main par Watts-Dunton et enfermé au 2 The Pines, à Putney, son enthousiasme pour la natation ne s'affaiblit jamais. Tous les jours, il nageait dans les étangs de Putney tandis que Bertie, son jeune favori, ramait. Watts-Dunton lui reprochait d'être une bernique car il refusait d'aller où que ce fût sauf pour nager dans la mer. Il avait toujours voulu vivre dans un phare, «pourvu qu'il soit isolé à quelques milles en pleine mer et difficile d'accès». Pour rencontrer son héros Victor Hugo, ils se rendirent à Guernesey, mais pour découvrir qu'il avait quitté l'île trois ans plus tôt. Watts-Dunton se cassa un bras en tombant sur un sentier glissant et il ne pouvait plus nager qu'avec un seul bras, «ce qui peut se faire quelque temps, à force d'essais mais c'est si épuisant que ça n'en vaut pas la peine». Sur l'île, ils profitèrent de quelques «baignades délicieuses dans les mers les plus dangereuses du monde», bien qu'il ne soit pas question de la pieuvre d'Hugo, et s'enchantèrent particulièrement d'une baie restée très romantique, «encerclée de précipices», où un sentier mène, à travers bois, vers une plage de galets pénétrée par des cours d'eau fraîche.

Chaque automne, ils descendaient sur la côte du Sussex et, à la fin des vacances, Swinburne acceptait à peine de s'arracher à la mer.

Depuis Eastbourne, il écrit qu'il « se sentait mieux grâce à son occupation préférée, la natation », depuis Lancing, en octobre, qu'il a « fait trempette chaque jour béni. En nageant ce matin, nous pouvions apercevoir chaque galet, chaque touffe d'algue sur le fond de la mer, aussi clairement que si l'eau avait été de l'air ». C'est en se baignant devant Worthing, en novembre, qu'il composa *Un rêve de nageur*[26], « mû par la pure joie du sentiment de la mer » et devait écrire tristement à sa sœur aînée, en décembre : « Jamais je n'ai langui et ne me suis affligé après un 'paradis perdu' comme après ce littoral du Sussex – je croyais avoir laissé ces nostalgies derrière moi. Mais j'ai aspiré après ma promenade quotidienne – et mes fréquentes trempettes – comme un garçon séparé de son foyer. »

Il est une personne qui avait assisté à la baignade suicidaire de Swinburne emporté par la marée descendante à Étretat : Guy de Maupassant. Il prit une barque mais arriva trop tard pour le sauver : pour le remercier, Swinburne l'invita à déjeuner et le fascina par ses traits reptiliens, ses manières nerveuses, excitantes, le singe oscillant au plafond, une main écorchée sur la nappe portant encore des caillots et des cicatrices.

L'affinité érotique, névrotique qu'entretenaient Swinburne et Shelley avec l'eau aurait suscité sympathie et compréhension chez les Français en particulier. À la sensibilité du premier pour les ventouses des pieuvres correspond la descente du Maldoror de Lautréamont dans les profondeurs de la mer, mû par le désir pour un requin femelle qui se ruait sur les survivants d'un naufrage : « Deux cuisses nerveuses se collèrent étroitement à la peau visqueuse du monstre, comme deux sangsues ; (...) et roulant, sur eux-mêmes, vers les profondeurs inconnues de l'abîme, ils se réunirent dans un accouplement long, chaste et hideux ! »

Flaubert connut tout au long de sa vie le même besoin de nager que Shelley et Swinburne, enfant d'abord devant Trouville puis,

[26] *A Swimmer's Dream.*

quand il écrivait dans sa maison de bord de Seine, il se baignait deux fois par jour dans le fleuve pour se rafraîchir et tourner ses phrases après des nuits ardues consacrées au travail, « gueulant dans le silence du cabinet comme un énergumène. »[27] Comme eux, il souhaitait vivre la métamorphose du mythe grec, être littéralement transformé en eau avec des milliers de tétons liquides lui voyageant sur tout le corps. Le jeune héros de son livre autobiographique, *Novembre*, veut (devenu femme) « se mettre nue (…) et se mirer dans les ruisseaux ». Sa nature féminine, soumise, enfantine, aspire à être « la rive que le fleuve humecte ». Plus tard, il s'étend près de la mer, est tenté de laisser les vagues déferler sur lui : « les voix de l'abîme l'appelaient, les flots s'ouvraient comme un tombeau, prêts de suite à se refermer sur lui et à l'envelopper dans leurs plis liquides. »

C'est sur la plage de Trouville qu'il prit conscience, à l'âge de quatorze ans, de la femme voluptueuse et plus âgée qui demeurerait son idéal féminin. Il aperçut une femme qui se baignait chaque jour dans la mer, grande, brune, à la chevelure noire luxuriante lui tombant en tresse sur les épaules. Une vision fugace de sa poitrine « ronde et pleine » le troubla, qu'il voulut mordre de rage et de frustration. La forme de ses membres sous le costume de bain humide le fascinait, il enviait les vagues qui entouraient les cuisses, recouvraient d'écume la poitrine haletante.

L'autre expérience érotique profonde du jeune Flaubert est également liée à la mer. Un été, à Marseille, alors qu'il rentrait à l'hôtel après une baignade dans la Méditerranée « rapportant toute la vie de cette Fontaine de jouvence », il fut invité dans la chambre d'une magnifique Péruvienne, qui séjournait là avec deux compagnons exotiques. « Il lui donna l'un de ces baisers dans lesquels on met toute son âme. La femme vint le retrouver à la nuit et se mit à lui faire l'amour d'emblée. Elle commença par sucer… » Il n'oublia jamais les plaisirs de cette nuit. Des années plus tard, alors qu'il se

[27] Lettre à Maupassant du 23 juillet 1876. (NdT)

rendait à Tunis pour enquêter pour son *Salâmmbo*, il tenta de ranimer le passé et retourna se baigner devant la même plage de Marseille. Puis il chercha désespérément la chambre. Il découvrit que le petit hôtel avait été transformé en magasin de jouets et qu'un barbier occupait le premier étage. Il monta l'escalier, demanda à être rasé et, reconnut, depuis le fauteuil, le papier peint de la chambre.

Pour Paul Valéry, comme pour Shelley, Swinburne et Flaubert, nager était « une fornication avec l'onde », selon son expression. Son journal décrit des baignades dans la Méditerranée au large de Sète, lorsqu'il plonge dans l'eau tiède tout le jour. « Mon seul passe-temps, mon seul divertissement était le plus pur de tous : nager. Il me semble que je me découvre et me reconnais quand je retourne à cet élément universel. Mon corps devient l'instrument direct de mon esprit, l'auteur de ses idées. Plonger dans l'eau, mouvoir tout son corps, des pieds à la tête, dans sa beauté sauvage et gracieuse, se tordre dans ses profondeurs pures, c'est pour moi un délice qui n'a d'égal que l'amour. »

4

La tradition byronienne

Je me targue de cette réussite
plus que je pourrais faire de tout autre genre de gloire,
politique, poétique ou rhétorique.

Byron, après avoir traversé l'Hellespont

Je trace ces lignes sous les ombrages d'une taverne au toit de rotin couvert de bougainvillées, près d'une piscine bleue, au sommet d'une falaise qui plonge dans les vagues de l'Égée, endroit qui se prête aussi bien qu'un autre à décrire Byron. Si Shelley fut le plus navrant des nageurs, on tient en général Byron pour le principal nageur de son temps. Sur le rivage de la baie de La Spezia où Shelley se noya, on trouve une plaque dédiée à « Lord Byron, Fameux nageur et poète anglais ». Sa traversée de l'Hellespont impressionna tant un médecin de Bologne qu'il insista pour évaluer l'endurance physique du « célèbre génie aquatique ». C'est l'une des qualités qui en firent une légende en Europe et lui permirent de prendre ses distances avec une société de gens de lettres qu'il méprisait, ceux qui n'étaient « que des auteurs », « ceux qui posaient au bel esprit sans pouvoir être gentilshommes : je leur laisse leur 'le thé est servi' quotidien/leur coterie satisfaite et leurs bas-bleus ».

Pendant l'enfance, il avait nagé en Écosse dans les rivières Dee et Don, et plus tard dans le lac de Newstead Abbey et dans un frais bassin souterrain qu'il avait créé dans une cave où les moines embaumaient jadis les morts avant l'inhumation. Ses premiers poèmes font référence à la natation à Harrow, à des plongeons depuis « le rivage vert et pentu ».

Il louait parfois un poney pour gagner une baignade, à quelque trois kilomètres, ce qui lui paraissait trop loin à pied, mais la plupart du temps il utilisait la « mare aux canards », un bassin oblong alimenté par un ru une fois décrit comme « une mare resserrée de fluide stagnant posé sur un lit de bouillons doux et profonds, hanté par les serpents d'eau ». Cette mare fut plus tard agrandie en lac pour former le bassin découvert le plus exquis d'Angleterre, long de 160 mètres, large de 30, alimenté par une source, enjambé d'un pont, entouré d'arbres et de fleurs. Comme *Quarante ans plus tard*, l'un des chants de Harrow entend célébrer l'effet durable de ses charmes :

« Ah ! Longtemps dans un sobre au-delà
À mes oreilles sonnera
L'écho de ce rire pur
Et les éclaboussures »

Nul avant Byron n'avait décrit l'enthousiasmante sensation de la nage, d'être emporté « sur le rapide tourbillon de la vague neuve qui se brise », de plonger dans les « golfes clairs et verts », quand, enfant, il s'ébaudissait dans les lames. Au boiteux qu'il était, la nage procura certaines des jouissances les plus enivrantes de sa vie, bien qu'il portât toujours un pantalon pour cacher son infirmité. C'est seulement en nageant qu'il pouvait connaître une complète liberté de mouvement, principe qu'il avait érigé en règle de vie. Son tendon d'Achille était contracté, ce qui l'obligeait à marcher sur la pointe des pieds et lui donnait une curieuse démarche affectée. « Je trouve mes délices dans la mer, dit-il un jour à Medwin, et j'en ressors avec un entrain jamais éprouvé en d'autres occasions. Si je

croyais à la transmigration des âmes, je croirais volontiers avoir été un triton dans quelque vie antérieure. »

La baignade était l'une de ces « occupations ardemment vécues » dont l'attrait principal était « l'agitation inséparable de leur exécution », laquelle, comme le jeu et le voyage, comblait « le vide dévorant » si souvent ressenti dans sa vie. « Pourquoi ai-je été, tout au long, plus ou moins *ennuyé**? » s'enquiert-il un jour, en confessant qu'il ne s'en affranchissait que par « de violentes passions, une dose de sels et la nage qui me redonne aussi de l'énergie ». Elle semblait agir comme un antidote immédiat à l'ennui. Quand les habitants d'Ithaque lui proposèrent avec enthousiasme de visiter certaines de leurs antiquités, Byron se détourna « maussade » vers Trelawny, pour murmurer : « Ai-je vraiment l'air d'un de ces vieux schnoques émasculés ? Allons nager ». Et, après une longue baignade, il se hissa sur quelques rochers et s'endormit à l'ombre d'un figuier sauvage à l'orée d'une caverne.

Byron était extraordinairement fier de sa nage. La comtesse de Blessington l'accusait de s'en vanter. Quand Polidori, son ennuyeux et assez vain compagnon en Italie, eut la témérité de demander à Byron ce qu'il avait d'inférieur à lui, ce dernier répondit avec hauteur : « Je crois que j'ai cité quatre choses – que je pouvais nager sur quatre milles – écrire un livre dont 400 exemplaires se vendraient en un jour – boire quatre bouteilles de vin – et j'oublie ce que la quatrième chose était, mais elle ne vaut pas la peine d'être mentionnée… » Comme Swinburne, il souffrait d'un excès d'énergie nerveuse, et la natation, comme ses leçons de boxe avec M. Jackson, l'aidaient à atteindre cet état de « paresse languide » qu'il préférait à tout autre. L'eau ne semble pas du tout l'avoir fasciné comme Shelley et au contraire de lui, il ne s'y limitait pas – « nous nous sommes bordellisés et champagnisés jusqu'à 2 heures – puis avons soupé et fini sur une sorte de punch Régency composé de madère, cognac et thé vert, sans que la moindre eau pure y fût admise (…) » – bien qu'il lui soit arrivé de citer l'*ariston men hudor* de Pindare (« l'eau est la meilleure des choses ») pour indiquer qu'il ne buvait pas, temporairement.

Pour lui, nager était avant tout une occupation musculaire. À la différence de Shelley et Swinburne, il n'était pas intrigué par ce qui se trouvait sous la surface. Son œuvre ne comporte pas de descriptions de scènes sous-marines. Lors de son ultime voyage à Athènes, il se transformait en « homme isolé, prenait position au bastingage et restait assis des heures durant, en silence », mais c'était les « volutes mélancoliques des flots » qui le captivaient, plus que les visions sous-marines. Les profondeurs ne l'attiraient que si s'y mêlait quelque histoire sinistre. L'une des fascinations du château de Chillon était que « près de ses propres murs » le lac fût profond de 250 mètres et qu'il y trouvât, bien en dessous du niveau de l'eau, les signatures des prisonniers gravées sur les murs des cachots. Les exécutions publiques de Londres l'avaient peu marqué, mais il ne pouvait jamais se rappeler « sans frissonner » le récit de son domestique, comment on avait cousu seize belles adultères dans des sacs par ordre du vice-roi turc pour les jeter à la nuit dans le lac Pombotis, où elles seraient violées par des anguilles et des serpents d'eau. Les émotions complexes ressenties par Byron devant cette scène morbide étaient sans doute proches de celles vécues par Gustave Moreau quand il peint certaines majestueuses esclaves révulsées dans les bras des soldats avant d'être balancées comme victuailles dans un bassin de lamproies pour créer ce mets exquis cher aux Romains, ces étranges poissons dotés de ventouses en place de gueules, dont les gencives osseuses et les langues râpeuses déchirent leurs victimes et qui dévorent et éviscèrent la femelle dans le rapport amoureux. Il exorciserait ce frisson dans sa poésie. Leila, éprise du Giaour, est cousue dans un sac – « lugubre il plongea, et sombra lentement ». C'était le sort redouté par Gulnare dans *Le Corsaire* et Byron devait empêcher une fille de sa connaissance de connaître cette forme d'exécution au large du Pirée. Comme Swinburne, il était fasciné par la noyade de l'Antinoüs d'Hadrien et le saut de Sappho dans la mort depuis « le rocher de malheur très en surplomb » de Leucade. Longtemps, il fixa cette falaise tandis que son bateau passait en contrebas sur la route de la Grèce.

Tous les endroits où Byron a nagé sont devenus quasi sacrés. On trouve, gravés dans la pierre au-dessus de l'arche menant à la baie de Portovenere, ces mots : « Cette grotte a inspiré Lord Byron. Elle rappelle le poète immortel qui, audacieux nageur, a défié les vagues de la mer depuis Portovenere jusqu'à Lerici. » Rose Macaulay s'est arrêtée dans ses voyages à un endroit du fleuve séparant l'Espagne du Portugal où Byron et Hobhouse étaient réputés avoir nagé. À Estremoz, les Espagnols indiquaient l'étang d'une quinta à l'extérieur de la porte Portalegre où le lord nageur s'était également baigné.

La première fois que le poète Leigh Hunt aperçut Byron, celui-ci nageait dans la Tamise, « en répétant le rôle de Léandre, sous les auspices de M. Jackson, le boxeur professionnel. J'avais nagé et me tenais sur le ponton, à me rajuster, quand je remarquai une personne d'allure virile et respectable, qui scrutait quelque chose au loin. C'était M. Jackson qui attendait son élève. Ce dernier se mesurait à quelqu'un pour un pari. J'oublie ce qu'en dit son moniteur, mais c'était louangeur. Ainsi, me contentant d'avoir vu la tête de Sa Seigneurie danser sur l'eau, comme une bouée, je me retirai. » Un jour, Byron descendit la Tamise sur trois milles depuis Lambeth jusqu'aux ponts de Westminster et Blackfriars. Une fois, il fut si frappé par une excellente nageuse qu'il lui proposa de sauter avec lui dans la Serpentine. Il goûtait aussi la Medway dans le Kent, « une petite rivière, qui ne fait pas plus de huit pieds de profondeur, constitue mon Lavarium ici ». Au large de Hastings, un an avant Waterloo, il « renouvela sa connaissance avec son vieil ami l'Océan et je trouve sur son sein un oreiller aussi agréable, durant une heure le matin, que peut l'être celui de sa fille de Paphos au crépuscule ». À Brighton, il se trouva rejeté loin au large, confronté à la fois au vent et à la marée descendante. Les badauds se réunirent en masse sur la grève pour le voir revenir, accompagné par Hobhouse dont les vains efforts avaient failli le noyer.

En Italie, il montait à cheval et nageait tous les jours, depuis le littoral de Ravenne et ses pinèdes, à Venise devant le Lido dont son quasi-descendant, Robert Byron, devait juger en 1933 que c'était la pire baignade d'Europe, à l'eau « au goût de salive chaude où les mégots de cigare vous flottaient dans la bouche ». Un soir, Lord Byron se mit à l'eau pendant un orage. Sa maîtresse du moment, Margherita la boulangère herculéenne, commanda des prières. À l'approche de la nuit, elle restait pétrifiée sur les marches de marbre descendant dans le Grand Canal, les bras grand ouverts sur la mer. Quand enfin il réapparut, elle le morigéna : « Était-ce un temps à aller au Lido, chien de la Madonna ! » Un autre soir, on le vit quitter un palais du Grand Canal, mais au lieu de monter dans sa propre gondole, il se jeta dans l'eau, tout habillé, et nagea jusque chez lui. Pour éviter les rames des gondoliers, il tenait une torche dans la main gauche.

Le plus célèbre de ses exploits vénitiens fut de relever le défi d'une compétition de natation avec le cavalier Angelo Mengaldo, personnage d'une disposition également romantique et égotiste, qui, lors de la retraite de Russie, avait nagé dans le Danube et la Bérésina sous le feu russe. Ils furent rejoints par l'un des proches amis célibataires de Byron, Alexander Scott. La course partait du Lido et ils nagèrent jusqu'à Venise. À l'orée du Grand Canal, Scott et Byron devançaient de très loin Mengaldo et c'est la dernière fois qu'ils l'aperçurent : ce dernier s'était hissé dans une gondole au milieu du lagon ! Ils l'avaient réduit « en bulles » selon la formule de Byron. Les Anglais poursuivirent leur route. Scott se retira après le pont du Rialto tandis que Byron remontait toute la longueur du Grand Canal, pour reprendre pied sur l'emmarchement de son palais, après une nage de trois heures quarante-cinq minutes. Les Vénitiens le surnommaient « le poisson anglais ». « J'ai séjourné dans la mer depuis 4 heures et demie jusqu'à 8 heures et quart sans me poser ni reposer », écrit-il à Hobhouse, en ajoutant : « je ne pouvais être très fatigué, après avoir eu *un petit morceau* dans la matinée et un autre dans la soirée à 10 heures. » Il avait récemment écrit à Moore après l'un de ses bains sur le rivage : « Je viens de sortir d'une heure de nage dans l'Adriatique et je vous écris devant une jeune Vénitienne aux yeux noirs qui me lit Boccacce. »

L'ultime voyage de Byron pour participer à la libération de la Grèce fut retardé par une indisposition causée par une baignade dans l'eau glacée en face de Gênes, qui s'était insinuée dans ses oreilles alors qu'il plongeait à la recherche de lires génoises sur le fond, à travers « une eau claire mais profonde ». Lors de son premier voyage en Grèce, il descendait chaque jour à cheval jusqu'au Pirée parmi les oliveraies afin de traverser la baie. C'est là que Lady Hester Stanhope devait le voir pour la première fois, en train de plonger depuis le môle au moment où son brick entrait au port. Les Grecs, Byron l'avait découvert, nageaient nus, au contraire des Turcs.

Nager était un lien entre Byron et ses amis, lequel servait de catalyseur à ses attachements émotionnels. Il nageait avec les garçons qui l'attiraient, à travers le Pirée avec Nicolo Giraud et, dans le port de Falmouth, avec un adolescent auquel il donna le nom de l'Abbé Hyacinthe. Ni l'un ni l'autre, il le déplore, n'était très doué. Dans la Cam, il fut obligé de venir au secours de John Edleston, choriste de Trinity, objet « d'un amour et d'une passion violents quoique purs ». Son ultime attachement, le jeune Grec Lukas, ne savait pas nager. Quand, sur la route de Missolongi, le bateau vint se drosser sur les écueils de Scrofes, le poète se prépara à soutenir son corps, héroïquement, au milieu des vagues. Rejeté par Lukas juste avant sa mort, il devait dans son chagrin lui écrire quelques vers, en lui rappelant le moment où il avait « prié » le garçon de s'accrocher à lui « à travers tous les chocs – Ce bras serait ta barque ou ce sein ta bière ».

Quand, lors des vacances à Harrow, il les passait avec son meilleur ami, Edward Noël Long, ils avaient coutume de sauter d'une jetée dans le fort courant d'un estuaire qui les emportait loin dans la mer, les obligeant à décrire un grand arc pour revenir. Plus tard, à Cambridge où ils s'étaient retrouvés, ils plongeaient dans « la vague pas très translucide » de la Cam, dans une eau profonde de 4 mètres et demi, pour récupérer des assiettes, des œufs, des pièces tombés au fond, ou pour s'accrocher à des souches sur le lit de la rivière. « Nous étions des nageurs de même force » devait écrire le poète après que Long se fut noyé, naufragé au large de l'Espagne en 1809, en route pour prendre part à la guerre d'indépendance espagnole.

Un soir, Scrope Davies et Byron dînèrent chez Lord Delvin, puis se rendirent à minuit dans une maison de jeux où ils perdirent tout leur argent et, « de méchante humeur », se déshabillèrent pour plonger dans la mer. Ce fut un autre exemple des vertus de la nage pour dissiper les tourments byroniens : au bout d'une demi-heure de natation, ils émergèrent pour « débattre », en robes de chambre, d'un ou deux flacons de champagne et de vin du Rhin dans leurs quartiers.

Byron ne connut l'aventurier Trelawny qu'au cours des deux dernières années de sa vie. Ils s'étaient rencontrés en Italie où ils lièrent bientôt une amitié étroite et c'est en compagnie de Trelawny que Byron appareilla pour la Grèce pour la dernière fois. Tous ses amis proches, sauf Hobhouse, étaient morts, ou noyés ou dans la misère. En Trelawny, il reconnaissait une âme sœur. Tous deux étaient des rebelles contre leur milieu aristocratique, nés dans un système auquel leur caractère les rendait inaptes, qui considéraient l'existence sous des couleurs tragiques et dramatiques. Ils avaient tous deux fait l'expérience de mariages catastrophiques en Angleterre – Trelawny avec « un poids qu'il ne pouvait ni supporter ni secouer » – et trouvaient dans la nage un affranchissement de la discipline et des contraintes qu'ils haïssaient tant. Trelawny avait déjà ruiné une carrière prometteuse dans la marine en corrigeant un lieutenant qui le persécutait. Il s'était échappé dans l'intérieur d'une île de l'océan Indien, avait été accueilli dans un bungalow nanti d'un bassin parmi des citronniers et des jasmins, où « il s'ébattait, chantait, faisait mille cabrioles, envoyait l'écume vers le ciel en éclatante averse ». Au cours des années passées dans l'océan Indien, les autochtones admiratifs le comparaient à un requin et Zela, sa femme exotique, toujours drapée dans du coton rayé, au petit poisson pilote bleu et blanc. Ce fut un mariage tropical éphémère, mais tant qu'il dura, avant qu'elle fût probablement dévorée par un véritable requin, nager était leur « habitude diurne » et ils étaient presque amphibies.

Trelawny ressemblait à l'un des héros de Byron, se comportait comme tel et adoptait de ce fait une attitude assez dominatrice avec lui. De l'étrange démarche sur la pointe des pieds de son ami, il disait qu'elle « frôlait le ridicule », tout comme le fait qu'il pût à peine enfourcher un cheval sans aide, mais il concédait que son « corps flexible, sa large poitrine, son ventre musclé et ses membres ronds » étaient « faits pour flotter ». Il n'oubliait jamais combien Byron serait humilié par une défaite et avouait avoir souvent retenu ses forces pour le laisser gagner. Après s'être incliné devant lui lors d'une course vers un voilier mouillant à trois milles du rivage, Byron lui demanda humblement quelle était la plus grande distance qu'il eût jamais parcourue à la nage. Trelawny, qui se vantait volontiers, répondit sur-le-champ : « durant cinq heures, dans les parages de la Patagonie. La houle était en ma faveur, il n'y avait pas de vent, l'eau était calme. Ceux qui m'accompagnaient se sont noyés. »

Trelawny arriva en Italie assez tôt pour connaître le voyage funeste de Shelley. Il avait tenté de lui apprendre à nager avant sa noyade. Tandis qu'on préparait le corps du camarade étonien de Shelley, Williams, à être incinéré sur le rivage, dont le visage était réduit par les poissons à n'être plus « qu'une masse livide de chair informe », Byron ne put en supporter davantage : « Devrons-nous tous ressembler à cela ? » Il se dévêtit, se jeta à la mer et partit loin vers le large, suivi de Trelawny, pour éprouver la force des vagues qui avaient eu raison de ses amis. À un mille de la côte, environ, il fut affreusement malade, sans que son compagnon puisse le persuader de rentrer. Au bout d'une heure dans l'eau, ils finirent par le faire. Plus tard, pendant l'incinération de Shelley, quand le cadavre se fendit, le cœur apparut et la cervelle « se mit visiblement à grésiller, à bouillonner, à bouillir comme dans un chaudron ». Cette fois encore, Byron ne pouvait supporter le spectacle. Il gagna son voilier qui mouillait à près de deux milles au large, et revint, tandis que l'association de la mer et du soleil l'écorchait tout entier « après avoir passé l'étape d'une immense ampoule continue ». Une fois de plus, il avait cherché dans la nage un soulagement face à l'angoisse et au dégoût, tout comme après la mort de sa mère, quand au lieu d'assister à ses obsèques il avait boxé vigoureusement avec un domestique dans le salon de Newstead.

Pendant le voyage en Grèce, Byron et Trelawny sautaient chaque jour par-dessus bord à midi, « mettant les requins et le temps au défi ». S'étant arrêtés quelque temps à Céphalonie, ils traversaient le port en bateau l'après-midi et débarquaient sur un rocher pour se baigner. Leur rivalité perdurait même à cet endroit. Trelawny paria qu'il pourrait nager depuis l'île d'Ithaque jusqu'au cap le plus proche de Céphalonie, une distance d'environ six milles. Il poursuivit sa tentative jusque fort avant dans la soirée, quand l'obscurité l'obligea à remonter dans le bateau. Une fois arrivés en Grèce, Byron resta à Missolongi tandis que Trelawny voyageait dans l'arrière-pays pour prendre langue avec le rebelle Odysseus. Ils ne devaient plus se revoir.

Trelawny finit par regagner l'Angleterre, à Putney où il se baignait chaque jour, pas dans les étangs communaux comme Swinburne, mais dans un étang de jardin attaché à la maison qu'il louait à Benjamin Leader, le peintre de paysages victorien. Il en déménagea avec sa nouvelle épouse Augusta, pour s'établir à Usk au Pays de Galles, où il nageait nu et passait des heures assis dans un lac, l'eau lui venant jusqu'au cou, à lire un livre. Il finit par se retirer dans une chaumière de Sompting, en vue de la mer, sur le rivage du Sussex, où Swinburne fut tout excité de le croiser au cours de vacances automnales. Dans une lettre à Harrison de 1872, son compagnon de nage dans les lacs écossais, Swinburne décrit l'une de ses expériences extraordinaires dans la mer, puis continue : « Cette conversation sur la nage me fait penser à vous dire qu'avant de quitter Londres j'ai fait la rencontre et me suis lié d'amitié, je pense pouvoir le dire, d'un très célèbre vieux vétéran de la mer, à cet égard et à d'autres le seul Anglais vivant que j'eusse vraiment l'ardent désir de connaître. » Il dirait la même chose de Matthew Webb après sa traversée de la Manche trois ans plus tard. Trelawny ne cessa de nager sur le littoral du Sussex jusqu'au jour de sa mort. « Je partage la folie de Shelley pour l'eau, avouait-il, j'aurais dû installer ma tente sur les bords de la Méditerranée – la baie de La Spezia aurait fait l'affaire. Je l'aimais quand elle était déserte, aujourd'hui elle est aussi trépidante que Livourne. Je conserve mes vieilles habitudes comme font les Indiens. Un Américain, en me voyant sortir de la mer, a déclaré : 'Mais, c'est un Indien !' »

C'est au cours d'un voyage en Amérique en 1833 que Trelawny effectua sa nage la plus mémorable, en traversant dans les deux sens l'effrayante étendue d'eau, sous les chutes du Niagara, que Webb franchirait vers la mort dans les rapides et tourbillons. Sa lettre, datée de l'Eagle Hotel, Niagara, décrit en termes dramatiques l'expérience que Webb ne pourrait jamais relater. Par un jour d'août chaud et sans nuage, il longea nonchalamment les rapides puis descendit le long escalier en colimaçon menant au bord du fleuve. Il gagna un creux solitaire, à un mille environ des chutes et à deux du tourbillon. À cet endroit, l'eau agitée avait miné les berges, élargi le lit naturel du fleuve et des empilements de roches calcaires sombres plongeaient dans l'eau. De part et d'autre, les falaises perpendiculaires se dressaient sur soixante à cent mètres et, même à cette distance des chutes, il jugea que l'eau à mi-fleuve « continuait de bouillir, bouillonner, écumer, enragée et s'évasant en tous sens. Les morceaux de bois que j'y jetais tournoyaient en cercles concentriques. Puis, se tournant et se tordant contre les rochers à la manière de serpents écrasés, les flots se ruaient vers les rapides et formaient de dangereux tourbillons deux milles plus bas. Au-dessus des chutes, ce fleuve est large d'un mille, à l'endroit où je me tenais à présent, il n'en faisait pas la moitié, en amont et en aval pas plus d'un quart de mille, de sorte que passant par un profond ravin rocheux, il était très profond, même au bord, tandis qu'il faisait, disait-on, plus de 32 mètres au centre de son lit. »

Malgré la férocité du spectacle, Trelawny rejeta « en hâte » ses vêtements et, « les nerfs palpitants, haletant, il se hissa sur une corniche surplombant une mare claire et profonde et plongea tête la première ». Comme tous les champions anglais, il nageait la brasse, « le dos cambré vers l'intérieur, la tête rejetée en arrière comme celle du cygne, la poitrine bien en avant ». Il acquit tant de confiance en lui qu'il fit des pitreries au milieu du fleuve et s'élança en aval vers le tourbillon « pour tester mes forces aux endroits où l'eau est la plus large. Je flottai quelque temps sur les tourbillons sans grande difficulté puis les franchis pour gagner l'autre rive ».

Après avoir atteint son but, il comprit combien il s'était rapproché, à présent, des rapides « au sein desquels ni bateau ni rien ne peuvent survivre ». En replongeant, il sentit qu'une crampe s'emparait de ses orteils et ses doigts, que son corps dérivait rapidement vers l'aval, plaqué par le courant. Il commença à paniquer. « Je me rappelais à présent le terrible tourbillon qui m'attendait, je ne pouvais avancer, le courant me dominait. J'avais l'impression d'être aspiré par les jambes et sucé vers le fond, l'écume se brisait sur moi et m'aveuglait, je commençais à boire la tasse. Dans la partie du fleuve où j'avais à présent dérivé, l'eau était terriblement agitée, elle se brisait, enragée, tout autour de moi. Pourquoi tentais-je de traverser une partie du fleuve que nul n'avait jamais traversée auparavant ? J'entendais les voix des morts m'appeler, je pensais vraiment, à mesure que la conscience me quittait, qu'ils me tiraient par les pieds. Je voyais les eaux des rapides, en contrebas, furieuses, qui sifflaient tout autour. Je songeais à tout ce que j'aurais donné pour disposer d'un pieu clouté ainsi disposé que je puisse y reposer le bout de l'orteil un instant, aspirer une bolée d'air sans obstacle, avaler l'eau qui obstruait à présent mes poumons. »

Il commençait à penser que le Niagara « en tant que requiem » était une belle fin de sa « carrière météorique », comme il le serait pour Webb. Il renonça à lutter contre les eaux qui l'emportaient mais, au bout d'un moment, il sentit qu'elles s'aplanissaient. Il avait été rejeté par le tourbillon et flottait vers les rochers. « J'entendis la commotion bouillante des terribles rapides et vis l'écume volant en l'air un peu en contrebas, et alors je m'échouai, malade et étourdi, tout semblait encore tourbillonner tout autour et les eaux me chanter dans la tête. » Ce qui mortifiait Trelawny, c'était la preuve que cette traversée apportait du déclin de ses forces, là où jadis il aurait pu se frayer un chemin « à travers des obstacles dix fois pires ». Il ne pouvait plus s'enorgueillir de « son fier panache, mon ombre tremblante sur la verge noire, telle que la reflètent les derniers rayons du soleil qui se couche, me montre comme dans un miroir que ma jeunesse et mes forces se sont enfuies ».

Il n'y avait pas que les amis de Byron qui partageassent sa folie de la nage. Ses admirateurs aussi en étaient pénétrés. Le flamboyant prince allemand, Hermann von Pückler-Muskau, n'était pas byronien par les seules apparences de sa vie, par sa prodigalité débridée qui lui fit perdre le domaine familial, ses infatigables liaisons, le rythme frénétique de sa carrière. Il associait un point de vue aristocratique sur la vie au dogme de la liberté universelle, souffrait d'un désir d'errance teinté de mélancolie et de nostalgie pour le passé et sa propre jeunesse, intensifié par de nombreuses baignades romantiques. L'ombre de Byron hante les journaux de ses voyages en Angleterre et en Grèce. Passant à hauteur de Newstead Abbey, il note tristement que le domaine familial du poète est à présent très délabré. Il évoque Byron avec Gœthe à Weimar et se dit impressionné par le caractère et « l'esprit d'entreprise invincible » de Trelawny quand il le rencontre en Grèce. Il fut même attiré par l'épouse grecque répudiée de Trelawny, puis eut une liaison avec Lady Hester Stanhope, qui le jugea « non seulement un grand homme, mais un homme profondément différent de tous les autres ». Elle avait en revanche plutôt déprécié Byron après une brève rencontre suite à son plongeon de la jetée dans le port du Pirée.

Pückler-Muskau suivit Byron en nageant dans le Pirée et ailleurs en Grèce, mais c'était les rivières orientales qu'il goûtait, qui échappaient à l'orbite des voyages du poète. Dans le fleuve Jourdain, il se « baigna voluptueusement » et nagea compulsivement dans le Nil tandis que ses domestiques battaient l'eau de leurs pagaies pour écarter les crocodiles. Sur un mode byronien, il sauva sa maîtresse nubienne des griffes d'un crocodile sur la berge du Nil, et nagea au-delà des cataractes pour arracher à la servitude quelques belles esclaves. En Angleterre, son seul contact avec l'eau consista à galoper le long du rivage de Brighton, près des vagues au clair de lune, alors que jeune officier de cavalerie, il avait jadis sauté du grand pont enjambant l'Elbe, avec son cheval, pour gagner la berge, à l'ébahissement des badauds.

Au milieu de l'hiver russe, Alexandre Pouchkine se levait de bon matin, se ruait vers le fleuve, en cassait la glace du poing et plongeait dans l'eau glacée. Quand il se trouvait à Moscou, il nageait dans un bassin de marbre classique où les Russes nageaient encore nus. Il partageait la fascination de Byron pour la mer et les vagues. Se rendant en Crimée, il aperçut la mer et donna ordre d'arrêter. « Sophie et moi avons sauté à terre pour courir au bord de la mer. La surface de l'eau était couverte de vagues, aimables et caressantes, qui me poursuivaient d'avant en arrière tandis que je courais. » En observant la fille qui jouait dans la houle, il aspirait à lui lécher les pieds de ses lèvres, telles les vagues. Toute la journée, il nageait dans la mer et restait éveillé des heures durant, la nuit, pour en écouter le bruit. Il avait commencé de se passionner pour Byron dès sa jeunesse, à Saint-Pétersbourg. Il accrut cette intimité en nouant une liaison avec une ancienne maîtresse de Byron, tout comme Scrope Davies s'était fait une spécialité d'adopter les amoureuses délaissées par son ami. « Je vous présenterai une jeune Grecque dépositaire des baisers de Byron, écrit Pouchkine dans une lettre. J'avais l'impression de communier avec le poète anglais en lui caressant la chair avec révérence. »

Un incident survenu dans le Dniepr, où il aperçut deux forçats enchaînés retrouver la liberté en traversant le fleuve à la nage, lui inspira le poème *Les Frères brigands*. Il se sentit obligé de les imiter en nageant lui aussi à travers le fleuve. Il se retrouva, délirant de fièvre, « dans un bouge de Juif, sans médecin, avec un pichet de limonade pour tout remède ». L'enthousiasme de Pouchkine était d'autant plus remarquable que peu de Russes savaient nager à cette époque. En guise de remerciements et pour l'encourager à reprendre la plume, un de ses amis lui écrit un jour en comparant ses efforts à ceux d'un athlète affrontant la mer. « Tu es né poète. Tâche de t'en montrer digne. Je me tiens sur un rivage désert et vois un athlète luttant dans les vagues. Il ne se noiera pas, pourvu qu'il mobilise toutes ses forces. Nage donc, athlète ! »

Pour le poète russe, nager était un geste impulsif, audacieux, volontaire. Quand il encourage son meilleur ami Pavel Nashchokin à renoncer à sa maîtresse, une tenace Bohémienne, pour épouser sa première femme, il écrit : « Vous êtes à l'évidence un homme de passion et dans un état passionnel vous êtes capable d'actions auxquelles vous ne songeriez même pas sobre, comme vous avez naguère traversé un fleuve à la nage alors que vous étiez ivre, sans savoir nager ! Il en va de même dans la situation présente : ôtez votre chemise, signez-vous et sautez depuis la berge. Nous vous suivrons dans une barque et, d'une manière ou d'une autre, vous vous hisserez sur l'autre rive. »

Pour Byron, lui aussi, les tourments de l'amour s'étaient associés à la nage. Alors qu'il tentait de s'extirper d'une histoire d'amour lui causant une grande angoisse, il écrit : « avant de sombrer, je tenterai au moins de nager, même si je préférerais de tout cœur qu'il s'agît plutôt de l'Hellespont, et que j'espère traverser ceci aussi facilement que j'ai fait de l'autre ». Repensant à sa liaison compliquée avec sa belle-fille Caroline Lamb, il écrit non sans amertume à Lady Melbourne : « Il est vrai que, du fait d'une habitude ancienne, on doit faire l'amour aussi machinalement qu'on nage. Je fus jadis passionné des deux, mais de même que je ne nage plus qu'après avoir trébuché dans l'eau, je ne fais plus l'amour que si j'y suis quasi obligé. »

Quant à Edgar Allan Poe, sa passion pour Byron l'incita à envisager un embarquement pour l'Europe afin de combattre pour l'indépendance grecque. Il aimait être photographié en prenant la pose, drapé dans une cape à la Byron. Tout cela faisait partie de la posture aristocratique qu'il choisissait d'adopter. Il avait fréquenté un internat en Angleterre, lequel le hanterait longtemps. Son alter ego William Wilson est lui éduqué à Eton. Dans son conte *Le Rendez-vous*[28], son identification avec son idole est évidente. Un jeune homme modelé sur Byron plonge dans un canal vénitien pour sauver une jeune femme, après que « les eaux calmes se sont placidement refermées sur leur victime ». Lorsqu'il émerge, sa cape, « alourdie et détrempée, se dégrafe et retombe à ses pieds en plis lourds » pour révéler aux spectateurs la silhouette élégante d'un jeune homme « dont le nom résonnait dans la plus grande partie de l'Europe ». Le sauveteur est aussi un autoportrait de Poe. Ses propres « yeux singuliers », son « front d'une largeur inhabituelle » se con-fondent avec les traits et le caractère de Byron, et tous deux étaient de remarquables nageurs.

[28] L'un des premiers contes d'E. A. Poe, datant de 1839. (NdT)

À l'âge de quinze ans, imitant son idole, Poe avait remonté la rivière James contre le courant, sur six milles, exploit dont il s'enorgueillirait pour le restant de ses jours, comme avait fait Byron de sa traversée de l'Hellespont. Quand, longtemps après l'événement, un article de journal parut qui comparait cette nage à celle du poète anglais, Poe en fut plutôt offusqué. « L'auteur semble comparer ma nage à celle de Lord Byron, alors qu'elles ne sauraient être comparées. Tout nageur 'sur son déclin', de mon temps, aurait traversé l'Hellespont, sans en faire plus de cas que cela. Pour ma part, j'ai nagé du dock de Ludlow jusqu'à Warwick (six milles) sous un chaud soleil de juin, contre l'une des plus fortes crues jamais vues dans le fleuve. En comparaison, il aurait été assez facile de parcourir vingt milles sur une eau dormante. Je ne ferais pas très grand cas d'une tentative de traversée de la Manche, de Douvres à Calais. » Parmi les amis admiratifs, sur la berge, se trouvait un garçon dont la mère, très belle, mourait de phtisie et qui servit de modèle à Hélène avec ses « airs de naïade » et un autre, Ellis, qui fut sauvé de la noyade par Poe comme Edleston le fut par Byron. Quant à la nage sur le fleuve James, « qui dépasse les limites normales du possible », elle allait fasciner Baudelaire. Sans nul doute, ce furent ces longues nages solitaires de son enfance sur les profondeurs ombreuses et mystérieuses des fleuves qui firent de Poe, selon la formule de Marie Bonaparte, un « poète de l'eau », l'élément vers lequel il était orienté, qui polarisait son imagination – le lac sombre dont les eaux se refermèrent sur la maison Usher, le puits funeste sous le pendule, la descente vers le Maesltröm.

Byron avait traversé l'Hellespont avec un M. Ekenhead le 3 mai 1810. Le détroit est large d'un peu plus d'un mille, mais le courant le rend si périlleux qu'il se demandait si « les aptitudes conjugales de Léandre n'avaient pas été épuisées au cours de ce passage vers le Paradis – je l'ai tenté il y a une semaine et j'ai échoué à cause du vent du nord et de la merveilleuse rapidité de la marée, bien que je sois un nageur puissant depuis l'enfance, mais en ce matin plus calme, j'ai réussi à traverser le 'large Hellespont' en une heure dix minutes. » Plus tard, il écrirait « Je me targue de cette réussite plus que je pourrais faire de tout autre genre de gloire, politique, poétique ou rhétorique. » Dès ce moment, il « dédaignerait Datchet », un village sur la Tamise où il avait jadis pris part à une compétition de natation. Il décrivit son exploit dans de nombreuses lettres, souvent deux fois au même destinataire et trois fois à sa mère, comme s'il voulait se débarrasser du souvenir de ses moqueries devant son pied-bot dans son enfance. Medwin mentionne un stratagème conversationnel bien éprouvé auquel il avait souvent recours quand il était question de nage. Byron se tournait alors vers son valet, Fletcher, pour lui demander : « Fletcher, sur quelle distance avons-nous nagé, M. Ekenhead et moi ? » À quoi le valet répondait ponctuellement : « Trois milles et demi, Monsieur le baron », ce qui permettait à Byron d'enchaîner sur une description de la traversée.

Le détroit entre Sestos et Abydos n'est pas particulièrement large, mais très profond et c'est une marque de la superficialité de l'imagination du poète comme de son cran qu'il ait été l'un des premiers à nager sur des eaux sombres et de grande profondeur, en un temps où le monde sous-marin restait plein d'hypothèses et relativement inconnu. Son génie était celui de la surface de la vie. Byron aurait aimé, comme Keats, avoir vu « loin au fond de la mer, le requin dans sa chasse sauvage », avoir sauté, comme Keats prétendait l'avoir fait dans *Endymion*, « tête la première dans la mer, et par-là avoir connaissance des sondages et des sables mouvants », mais il connaissait ses limites.

En dépit de tentatives pour arriver à une forme d'union mystique avec l'esprit d'un lieu – « Les montagnes, vagues et ciels ne font-ils pas partie de moi et de mon âme, comme moi d'eux ? » – il comprenait qu'il ne pourrait jamais vraiment perdre sa propre « misérable identité » et il exprima ses limites, comme souvent, en termes de natation :

« Nager longtemps dans l'abîme de la pensée
Est susceptible de lasser : un site calme et peu profond
Près du rivage, où l'on se penche pour ramasser
Quelque beau coquillage, voilà qui convient mieux
Aux petits nageurs. »

Sans nul doute, Byron était séduit par la combinaison, chez Léandre, de nage nocturne et de passion dangereuse. Quand Trelawny, tout au désir de voir Claire Claremont, s'embarqua une nuit à Gênes, au beau milieu d'un fort grain alors que tout le monde lui conseillait de n'en rien faire et d'éviter le danger, il se répéta ces vers d'Ovide sur Léandre, pour « conforter sa résolution » : « Ni les vents contraires ni les mers en furie ne peuvent jamais retenir celui que l'Amour commande. »[29]

La nage nocturne de Léandre vers Héro, d'Abydos à Sestos, n'a cessé d'inspirer les auteurs anglais, en particulier Marlowe, Leigh Hunt et Keats qui, chose caractéristique, a écrit un sonnet sur une gemme représentant le nageur. Encore écolier à Londres, Coleridge descendait un jour le Strand en décrivant des cercles avec les bras pour imiter Léandre nageant dans l'Hellespont. Un passant, supposant que c'était une nouvelle méthode de faire les poches du badaud, s'assura de lui. Mais il fut si impressionné par l'expression érudite de l'enfant qu'il lui offrit un billet d'inscription à une bibliothèque tournante de la ville – moment crucial dans la carrière de Coleridge, qui profita pleinement de cette possibilité d'en saturer son imagination. Le récit pathétique de la mort prématurée du jeune athlète devait éveiller un écho chez A. E. Housman :

« Près de la ville de Sestos, dans la tour de Héro
Léandre gît sur le cœur de Héro. »

[29] L'auteur cite la traduction, lointaine – « pour satisfaire les meilleurs juges, il importe de ne pas traduire littéralement les poètes » –, qu'a donnée le poète John Dryden des *Amours* d'Ovide, I, IX, 13-15. (NdT)

Charles Kingsley a peint et dessiné Léandre fendant les vagues. Turner, lui aussi, a été hanté durant des années par ce mythe et fait maintes esquisses de la scène avant son ultime tableau où Héro agite sa lampe sur une terrasse pourvue d'une fontaine tandis que le corps de Léandre est drossé sur la grève au clair de lune, en contrebas. Il avait été encouragé par le tableau célèbre d'Etty sur le même sujet, promené et exposé dans tout le pays. Henry Scott Tuke tenait son grand pastel de Léandre pour sa meilleure œuvre qu'il offrit à la Tate, à sa mort, pour qu'on l'accroche près du chef-d'œuvre de Turner. Le plus célèbre des clubs d'aviron devait adopter le nom du nageur et c'est peut-être sous l'influence romantique de ses prénoms – Leander Starr – que Jameson tenta son raid désespéré[30]. Dans le livre de Blixen, *La ferme africaine*, un « gentleman anglais de l'époque victorienne » se fait partout inviter à dîner sous prétexte qu'il a jadis traversé l'Hellespont.

Il y a quatre ans j'ai pris l'avion pour la Turquie afin de traverser moi aussi l'Hellespont. J'avais un peu tardé. Il ne me restait plus que deux jours de vacances quand nous avons pris le virage de la route de Troie : il était là qui s'étalait devant nous dans la lumière du soir, tel un grand lac italien, avec les collines de Gallipoli au nord et un affluent étroit le reliant à la mer. Les ciels bleus éternels étaient striés de nuages, pour la première fois. Un vent âpre ridait la surface et le courant, toujours puissant, forçait pour l'heure les eaux à courir dans la passe. Quelques heures plus tard, un peu affolé de voir le temps filer si vite, je foulai les galets au milieu des vagues, à l'endroit le plus étroit du canal, là où le ferry part de la péninsule de Gallipoli pour regagner Cannakale. Je compris vite mon erreur. Byron lui-même avait su qu'à cet endroit, où les eaux quittant la mer Noire sont comprimées entre des rives éloignées d'à peine un mille, le courant est deux fois plus fort qu'ailleurs et qu'il vous balaye en un rien de temps des milles en aval, en pleine mer

30 Épisode de 1895 à l'origine de la deuxième guerre des Boers. (NdT)

Égée, au-delà du cap Helles. « Si M. Ekenhead et moi-même avions envisagé de traverser la distance la plus courte au lieu de remonter au cap au-dessus, nous aurions été emportés à Tenedos. » Quelques secondes après être entré dans l'eau, je fus enveloppé par les vagues et tiré sur le côté, mais je parvins à me cramponner à quelques rochers et de là à regagner le rivage, au plus grand amusement des passagers occupant les ponts du ferry en partance.

Le lendemain matin, je partis à la recherche d'un batelier à Cannakale. Ma pitoyable expérience de la veille avait dissipé toute idée romantique de traverser seul. L'eau restait agitée, ma fille voulait nager avec moi et le détroit était à présent encombré d'un flot ininterrompu de bateaux et de pétroliers de toutes tailles et nationalités. Quelqu'un, sur les quais, mentionna un M. Ibrahim Soydins qui se spécialisait dans les traversées de l'Hellespont. Il n'était pas à son bureau mais on y voyait, épinglées sur le mur, des instructions assez intimidantes d'un professeur nord-américain ayant fait la traversée en 1973. Nous qui étions arrivés sans préparation d'aucune sorte, on nous prévenait à présent que pour rejoindre les « rangs éclatants » de ceux qui avaient traversé l'Hellespont, « les Dieux et les Rois, les Poètes et les Amants, les Héros et les Armées qui tous se détachaient avec superbe à travers 5 000 ans d'histoire », nous aurions dû nager, durant deux mois au minimum, 2 500 mètres par jour, en y associant quatre sessions hebdomadaires d'haltères. Pour l'entraînement mental, il recommandait la lecture d'Homère – « qui devrait vous doter d'un surplus d'inspiration » – et de *Paideia, la formation de l'homme grec* de Werner Jaeger, en particulier les chapitres dévolus à « La Culture et l'éducation de la noblesse homérique » et « La poésie ionienne et éolienne ».

Nous avons fini par repérer Ibrahim au Musée archéologique, où il était en train de donner une conférence à des touristes états-uniens sur les fragments grecs. Il nous a mis en garde au sujet de la météo, mais après un peu de marchandage, nous nous sommes entendus – la traversée était prévue pour 6 heures du soir. Notre avion devait décoller avant l'aube le lendemain matin d'un aéroport situé à 500 kilomètres. D'ici là, il nous obtiendrait la permission des autorités militaires d'Abydos de plonger juste devant la péninsule, qui est aujourd'hui une base militaire massivement fortifiée.

À l'heure dite, nous l'avons trouvé sur le quai, ayant revêtu pour l'occasion un uniforme nautique et une casquette de yachting blasonnée d'ancres. Il avait loué un long bateau de pêche nanti d'un moteur et d'un équipage de trois hommes. Tout au long de la traversée, il allait se tenir comme une figure de proue à l'avant, le bras tendu en direction du but. Tandis que le bateau remontait vers le rivage asiatique, nous nous enduisions de la graisse qu'il nous avait fournie pour nous protéger des crampes et des méduses. Gravée à flanc de colline, on lisait la date 18. 3. 1915. C'est le jour où fut coulé le *HMS Goliath*. Ces détroits sont jonchés des vestiges de divers vaisseaux de guerre envoyés par le fond en essayant de forcer le passage en cette année funeste. Comme il était impossible de poser le pied à terre, le bateau s'est arrêté juste devant et nous avons plongé. La surface restait houleuse mais des rais de soleil commençaient à percer les nuages en éclairant le lit de la mer. Celui-ci s'affaissait rapidement pour atteindre, à mi-chemin, des profondeurs effrayantes.

Je nageais à l'indienne pour éviter de regarder en bas. Ma terreur des eaux profondes remonte à un voyage en Inde à l'âge de six ans, quand notre bateau avait été retardé durant quelques jours dans un port de la mer Rouge. Dans l'attente de la poursuite du voyage, nous avions pris une barque pour aller au-delà du récif, expérience dont je me souviens aussi clairement que d'un cauchemar. Comme nous nous éloignions du rivage sur l'eau peu profonde, le fond s'abaissa soudain au bord de l'abrupte falaise sous-marine et nous nous retrouvâmes à flotter sur une eau claire, étale, sur des rochers surgis d'une profondeur apparemment abyssale montant presque jusqu'à la surface. La sensation était effrayante car le bateau dansait entre eux et je ne pouvais regarder par-dessus bord sans avoir un terrible vertige, comme juché à une altitude considérable et penché sur un gouffre immense. Le spectacle dans l'enfance de ces pics sous-marins brusquement surgis des fonds sous-marins a marqué mon imagination pour la vie.

Ici, à mi-course, quand j'essayai quelques mètres de crawl et fus obligé de regarder dans l'eau verte, je pris conscience d'une forme argentée flottant à quelque vingt mètres en dessous. Elle planait là à chaque fois que je regardais. Sans doute ne s'agissait-il que de quelque valise abandonnée flottant lentement entre deux eaux, mais pour moi, à l'époque, elle avait toutes les apparences du ventre d'un requin lorsqu'il se retourne sur le dos pour attaquer. On nous avait assuré qu'il n'y avait pas de requin dans les parages, mais nul n'ignore leur aptitude à émerger aux endroits les plus imprévus et Byron lui-même avait croisé quelques gros poissons au milieu de sa traversée. C'est à peu près à cet endroit que Patrick Leigh Fermor avait perçu un « étrange bruit, variable et sifflant » sous son oreille gauche immergée. Lui aussi nageait à l'indienne. Il présuma qu'il s'agissait du va-et-vient des masses énormes de galets et de vase, au fond de la mer, agitées par le choc des courants antagonistes, mais il découvrit par la suite qu'il résultait de la présence des sous-marins russes.

Pour tenir compte du courant, le bateau nous maintenait sur une trajectoire très à l'est de notre objectif, l'antique site de Sestos, aujourd'hui marqué par un hallier de cyprès autour d'une villa posée sur le rivage, à la manière d'une des scènes mystérieuses des tableaux de Böcklin. Nous avions bien suivi cette trajectoire et n'étions plus loin de l'autre rive quand un pétrolier russe long de près d'un mille pointa à l'ouest et qu'il nous passa devant, tandis que nous restions stationnaires entre les vagues, regardés par l'équipage, silencieux, au bastingage. Quand il fut passé, nous découvrîmes que son déplacement et le courant nous avaient beaucoup déportés en aval. Nous étions emportés au-delà d'un promontoire pourvu d'un phare, après quoi le rivage recule vers le nord et l'Hellespont s'élargit considérablement. C'était notre dernière chance :

nous nous mîmes à battre les vagues avec énergie. Peu à peu, l'eau se faisait plus légère, nous sentions des algues, puis le contact rassurant des rochers et du sable. Un camionneur s'arrêta sur la route pour nous voir atterrir, bien plus bas que le hallier ombreux de cyprès. De retour à Cannakale, notre guide remit à ma fille, avec cérémonie, un médaillon enrubanné de mauve et sa photo pour la presse locale. Je n'eus droit à rien parce que je n'étais ni blond ni jeune et que j'avais trop âprement marchandé.

Revenu en Angleterre, je fus déçu d'apprendre que Byron avait trouvé la traversée de l'estuaire du Tage, à Lisbonne, infiniment plus périlleuse de sorte que l'été suivant je me sentis obligé de réserver des vacances au Portugal. Byron avait été décontenancé par la puissante marée et le courant opposé, un vent qui soufflait à neuf et, bien que la distance soit à peu près pareille qu'à travers l'Hellespont, il lui fallut presque deux fois plus de temps pour la parcourir. Les conditions, à cet endroit, peuvent être traîtres. George Borrow avait un jour emprunté un petit bateau à travers l'estuaire. Une tempête se leva soudain, les vagues déferlaient sur les plats-bords et il crut sa dernière heure venue. Lorsqu'il vendait des bibles aux Espagnols non-croyants, le même Borrow nageait dans les mares profondes entre les bancs de sable, non loin de la source du fleuve. « Une nuit, alors que je me baignais avec mon cheval dans le Tage, un groupe de gens se réunit sur la berge, en criant : 'Sors de l'eau, Anglais, et donne-nous des livres ; nous avons de l'argent en main'. »

Tous nos passeports et bien d'autres choses nous avaient été volés lors de notre première soirée à Lisbonne. Je mis à profit le signalement du vol au consulat pour m'enquérir des conditions d'une traversée auprès de l'attaché naval. Il me mit en garde là-contre pour diverses raisons et me conseilla de visiter l'institut d'océanographie afin d'étudier les directions des différentes marées. Je décidai de m'en abstenir car je sentais faiblir rapidement ma résolution. Si je devenais trop rationnel et m'absorbais trop profondément dans les subtilités des courants, je ne tenterais jamais cette traversée.

Assurément, chez Byron, ç'avait été un geste instinctif, impulsif. Je pris toutefois la décision de nager sur la marée montante, préférant être déporté en amont à me retrouver dans l'Atlantique et j'étudiai les horaires des marées dans le journal local.

Sagement, ma fille refusa de m'accompagner en cette occasion, de sorte que je la laissais peindre dans le plus élégant des zoos et descendis en voiture vers le rivage au début de l'après-midi. La traversée de Byron s'était achevée à la tour de Belem : je décidai donc d'en partir. Le quai s'abaissait d'environ trois mètres dans l'eau. De la mousse et des ordures bouillonnaient à la lisière, entre des taches d'huile et de goudron. Je laissai mes habits dans la voiture et mis un short avec quelques escudos en poche pour pouvoir prendre, au retour, l'un des ferrys sillonnant l'estuaire. Je descendis une échelle et, cinq mètres plus loin à peine, fus choqué par une violente secousse sur mes jambes comme si un tentacule les avait happées solidement. Il ne s'agissait que de l'effet du courant, mais cela suffit pour me faire battre en retraite, en hâte, vers le rivage. À ce stade, un vaste attroupement s'était formé sur les parapets de la tour de Belem et j'étais navré de le décevoir ainsi que moi-même. Donc, une fois de plus, je fendis le courant du bord, en gardant la tête bien au-dessus de l'eau, pour éviter de me retrouver, comme Pouchkine dans le Dniepr, la proie des fièvres. Rien de visible sous la surface, pas même mes mains, ce qui était aussi bien car je n'avais aucun désir d'apercevoir les énormes bars que j'avais remarqués furetant sur le lit du fleuve, autour des piles de la jetée, en train d'aspirer tout ce qui se trouvait sur leur chemin.

Mon but était l'horizon de raffineries de pétrole se trouvant de l'autre côté, un endroit qui abondait en orangeraies et vignobles du temps de Byron. Après un début en crawl, je suis revenu à une majestueuse nage indienne, qui me laissait le loisir de regarder le rivage qui s'éloignait derrière la palissade de mâts de la marina. Au-delà du chemin de fer, des usines oblongues et des immeubles rectangulaires j'avais parfois des aperçus des vieux balcons baroques et des tours torsadées que William Beckford avait jadis admirés. Ce voluptueux exotique et pervers, adoré par Byron qui ne cessa de vouloir le rattraper, s'était exilé ici pour fuir les conséquences d'un scandale homosexuel en Angleterre. C'est le long de ce rivage qu'il montait chaque jour à cheval et parfois nageait. Il avait fait poser, dans son appartement extravagant, des miroirs en pied et inclinés réfléchissant les corps des garçons nageant dans le fleuve en contrebas, et le soir, comme il regardait la petite plage depuis sa véranda, il aspirait à s'étendre sur le sable au clair de lune et consacrait ses rêveries les plus folles à « quelque adolescent languide malade d'amour » allongé près de lui. « Hélas, se lamentait-il, ma jeunesse s'enfuira-t-elle sans que je revive en tremblant ces sensations exquises quoique enfantines ? »

À ce stade, j'avais fait bien plus que la moitié du chemin et dérivais vers le pont suspendu en m'efforçant, grâce aux souvenirs de Beckford et d'autres, de ne pas penser à ce qui m'entourait ou se trouvait en dessous quand une sirène – de celles qu'on imagine retentir à Alcatraz quand un prisonnier s'échappe de l'île – vint les perturber. Peu après, un patrouilleur fonçait sur moi. Les allusions à Byron restèrent sans effet. On me sortit de l'eau pour m'interroger une heure durant. Apparemment, nul n'avait le droit de nager dans l'estuaire à moins d'être escorté d'une embarcation et pourvu d'une autorisation de la capitainerie. Le fleuve était jugé trop pollué et dangereux. Quiconque y était repéré était un trafiquant de drogue ou un clandestin et traité comme tel. Depuis cette vedette, l'autre rive paraissait bien proche, hélas. Mais c'était peut-être aussi bien. Un transatlantique approchait rapidement depuis le pont et il semblait peu probable que j'aie pu l'éviter.

5

Les caractéristiques du nageur anglais

Nageurs sautant dans la propreté...

Si bien des gens, en Angleterre, pratiquaient la natation pour les besoins de la compétition ou du délassement, pour certains elle était devenue une obsession, un goût pressant et compulsif qui pouvait les stimuler nerveusement et les transporter, selon la formule de Swinburne, vers « une autre forme de vie ». Ainsi, on nous parle de Coleridge sautant sans prévenir dans les vagues, la cinquantaine bien sonnée, de Benjamin Haydon « se ruant » à Brighton en septembre où, comme il le relate dans son journal, il « se roulait dans la mer, hurlait comme un sauvage, se lavait les flancs comme un taureau dans un pré vert, plongeait, nageait, flottait et ressortait rafraîchi ». Nageant un jour loin vers la haute mer, Robert Browning n'avait-il pas senti que ses membres échappaient aux fers, que son corps s'envolait comme un papillon ?

La passion du bain commença pour de bon avec la génération romantique et « nager » (*swim*) était un mot qui séduisait surtout les poètes. Il revient en mot-clef dans plusieurs vers connus. Lisant l'Homère de Chapman, Keats se sent « comme tel observateur du ciel quand une nouvelle planète *nage* dans son orbite ». L'arène « nage » autour du gladiateur mourant de Byron ; dans *Le Tilleul, tonnelle ou prison*, Coleridge « se tenait, muet, nageant dans l'incertitude ». Le mot suggère un état de suspense, une sorte de transes. On trouve l'étrange adverbe *swimmingly* (« nageusement »*) qui laisse entendre une progression sans obstacle. Tel Narcisse, bien des nageurs ont souffert d'une forme d'autisme, de solipsisme dans un monde isolé, d'une auto-admiration morbide, d'une absorption dans l'imaginaire.

Comme les opiomanes du XIXe siècle sur lesquels s'est penchée Alethea Hayter, ces nageurs se sentaient comme des parias, des proscrits choisis, isolés de leurs congénères. Eux aussi faisaient souvent l'expérience, par leurs nages, des éléments classiques constitutifs du rêve opiacé : « le sentiment d'exaltation béate, la dilatation du temps, les contrastes de température, la félicité du paria ». Quiconque s'immerge un peu sous la surface dans l'eau profonde peut connaître ces visions cauchemardesques de Thomas de Quincey, inspirées par la drogue et les gravures de prisons de Piranèse, de submersion dans d'immenses espaces voûtés et sans air, au milieu de rochers et de colonnes s'élevant sur le lit de l'océan dans une expansion spatiale illimitée et pourtant claustrophobe, seul, mais observé. On a le sentiment d'être toujours sous surveillance, que des ennemis et prédateurs invisibles sont quelque part, cachés dans l'obscurité ombreuse et les recoins écartés. La sensibilité s'aiguise, les plus légers contacts ou sons peuvent alarmer dans ce monde du silence.

« On m'a souvent demandé, ainsi commencent les *Confessions* de Quincey, comment et par quelles étapes suis-je devenu mangeur d'opium. Fut-ce peu à peu, avec hésitation, méfiance, comme on quitte une plage en pente douce vers la mer de plus en plus profonde, en sachant d'emblée les dangers tapis sur ce chemin, en courtisant à moitié ces dangers, en fait, tout en semblant les défier ? »

Pour Quincey, les démarches de l'addiction et de la natation semblaient en quelque sorte associées. Il admet plus tard avoir consommé tant d'opium dans sa vie qu'il « aurait fort bien pu s'y baigner et y nager ». L'effet de l'opium incite l'imagination à voir des fontaines en mouvement, des chutes d'eau, des vagues et Quincey se sentait lui-même, dans ce monde onirique, plonger sur le lit de l'océan,

« sous le poids de vingt Atlantiques ». Quant à Crabbe, sa quasi-noyade jeune homme dans la Waveney l'incitait à rêver qu'il marchait sans dommages ni asphyxie dans les profondeurs de la mer où avaient déferlé de grands raz-de-marée. Les villes des écrivains opiomanes sont souvent enfouies dans des mers stagnantes, leurs habitants isolés les uns des autres, inaptes à communiquer.

La nage, comme l'opium, peut induire un sentiment de détachement de la vie ordinaire. Les souvenirs, en particulier ceux de l'enfance, peuvent se ranimer avec une vigueur surprenante, avec des détails saillants et précis. Dans une autobiographie récente, James Hamilton-Paterson décrit ses plongeons nocturnes sur les lits de coraux du Pacifique, au large d'une île des Philippines où il passe le tiers de l'année. Tandis qu'il flotte loin de la surface dans l'eau noire, des souvenirs lui reviennent du « militarisme cinglé » du petit collège, des dortoirs portant les noms de généraux célèbres, de l'*If*[31] de Kipling encadré et suspendu au-dessus de la porte du réfectoire. Le cours de ses pensées devient incohérent. Il commence à apprécier le mot de William Burroughs, « Un psychotique est un type qui se sent lié au réel sous-jacent ». « En lieu et place de psychotique, commente-t-il, écrivez nageur. » Des citations de Nietzsche, Schopenhauer et Chirico défilent dans son esprit. Revenu à Londres, les rythmes ordonnés et structurés de la vie quotidienne lui font horreur. Dans les dîners en ville, il se sent mal à l'aise et inapte à faire comprendre à un auditoire cynique les attraits de son autre vie sous les vagues.

Ces premiers nageurs paraissaient absorbés, comme les mangeurs d'opium, par l'étrangeté et la nouveauté de leurs expérien-ces. Les termes religieux qu'emploie Quincey pour décrire son addiction, les « purs paradis » et « plaisirs célestes » de la drogue, ses « martyrs », « autels » et « prêtres », évoquent ceux, mystiques, adoptés

[31] Poème de Rudyard Kipling écrit en 1895, inspiré par la tentative de coup d'État de Leander Starr Jameson mentionnée plus haut. Il s'agit d'une suite de conseils d'un père à son fils qui s'achèvent par le fameux « Tu seras un Homme, mon fils ! ». (NdT)

par Swinburne en lien avec ses nages, l'image de la mer « sacrée » comme un « paradis perdu », « un autre monde et meilleur » où l'on « vivait, se mouvait, épanouissait son être ». Les opiomanes comme les nageurs tendaient à être des personnages solitaires, distants, se sentant supérieurs aux esprits ternes et conventionnels. Les descriptions de leurs expériences ressemblent à celles d'un homme ayant tout juste exploré un territoire inconnu qui revient pour nous éblouir avec ses découvertes. Dans l'ensemble, ils rejettent le monde matériel, la respectabilité, le système industriel et la société contemporaine. En général, ils n'étaient pas au diapason de leur époque, mais des idéalistes éprouvant profondément la futilité de la vie, le contraste entre ce qu'est la vie et ce qu'elle devrait être. On eût dit que l'eau, comme l'opium, dotait les nageurs d'une existence dilatée, d'un refuge contre une vie quotidienne honnie.

Il arrive que le titre d'un livre trahisse le « nageur ». Ainsi du *Journal d'un homme déçu* de Barbellion, le journal d'un employé du département d'entomologie du British Museum, mourant à petit feu d'une sclérose multiple qui « le coupait de tout ». Hypersensible et mal dans sa peau, constamment fasciné par « l'architecture gothique de sa propre âme fantasque », il méprisait « les exercices obligatoires, la routine, la bien-pensance, le conformisme » de la société et tous ceux qui s'absorbaient dans les soucis mesquins d'une existence ordinaire, « les gens heureux au pas assuré ». La nuit, il errait dans les rues de Londres, scrutant d'un œil affamé les fenêtres d'intérieurs heureux et confortables, et maudissait son mécontentement colossal, son logis miteux, étroit et sans air, sa nature maussade, gauche, morbide, exigeante qui l'incitait à refuser une invitation à dîner parce qu'un homme avait des yeux d'un bleu délavé, à haïr celui dont le parler recelait un léger maniérisme ou telle autre affectation, à cesser d'aimer une fille à cause de la forme de ses pouces.

On n'a guère à attendre, dans ce journal, avant que cet homme si étranger à tout se dévête dans une grotte de bord de mer pour se baigner sous un déluge de pluie, plongeant jusqu'aux aisselles dans des mares vertes à saumons – « que m'importait le British Museum ou la zoologie, alors ? Tous, je les avais vaincus, sauf l'ultime ennemie et l'objet de la conquête – pour l'instant, la Mort elle-même était peut-être sous mon talon – j'étais immortel – en cette minute, j'étais toujours prostré dans le courant – profondément enfoncé dans le sein de la vieille Terre Mère, qui ne saurait mourir ! » Tout en nageant, il s'enchante de « la jouissance sensuelle de son existence animale ». Le spectacle d'autres nageurs va jusqu'à lui faire un plaisir extraordinaire. Assis seul sur une plage au-dessus d'une mare dans les rochers, il regarde trois enfants courir sur le sable pour se baigner, un homme sauter d'un bateau et un cavalier faire galoper sa jument jusqu'à la plage « pour plonger dans la ligne des brisants ». Mourant, Barbellion tourne encore la tête vers la mare des rochers « avec un grand cœur battant de bonheur. Je baissais la tête pour ne pas trop m'exalter ».

Il en allait de même pour le naturaliste reclus Richard Jefferies, que sa propre espèce dégoûtait ainsi que les luttes sanguinaires d'une société compétitive. Devenu invalide dans les cinq dernières années de sa courte vie, il « enviait l'homme nageant sur cinquante milles à partir du rivage » et songeait avec nostalgie à son enfance quand il se baignait dans le Réservoir Coate près de Swindon, où « l'eau ne semblait pas lui résister, elle s'ouvrait et le laissait entrer. Entre les mouvements il glissait légèrement, soulevé par l'eau comme les hirondelles voguent sur le plan aérien. Toute cette portion de l'eau était en son pouvoir et son élasticité, quand ses mouvements la pressaient, le projetait en avant. Il ne voyait pas où il allait, sa vision se perdait dans l'extase du déplacement, tout son esprit se concentrait dans le plein-emploi de ses membres. Le délicieux délire de la force – l'inconscience de la raison, la conscience illimitée de la force – la joie de la vie elle-même l'emplissait. »

Arthur Hugh Clough, l'élève préféré d'Arnold à Rugby, ne se remit jamais du « choc électrique » que le grand proviseur administrait à ses ouailles les plus sensibles. Ayant suscité chez ce dernier

« une affection et un intérêt à peine moindres que ceux qu'il prodiguerait à son propre fils », il se persuada plus tard que sa préoccupation intense pour le travail scolaire, toute l'insistance d'Arnold à tenir la vie pour « une chose sérieuse et solennelle », en avait fait une ruine physique et intellectuelle. Puis, à Oxford, toutes ses certitudes morales se désintégrèrent sous l'influence tractarienne[32] de son tuteur. Sa vie manqua dès lors de cadre. Il ne fut jamais capable de résoudre ces perplexités, d'affronter « cette ardente rivalité de la vie, ce cruel conflit pour la domination » et finit, comme on l'a dit, par « faire les paquets de Florence Nightingale ». Comme l'hypersensible Barbellion, il lui était difficile de cultiver les rapports humains, « de s'agréger à des gens pour lesquels il n'avait aucun goût » : il regagne à Londres « sa chambre solitaire alors que tout en lui aspire à la compassion ». Outre les exigences de Barbellion, il partageait son pénible mal-être et avait le sentiment que les gens du monde, avec leurs mines et accents « vaguement mercantiles », méprisaient ses manières « livresques et maladroites ».

La poésie et les lettres de Clough indiquent que c'est surtout par la natation qu'il s'affranchissait de l'indécision de sa « nature encombrée de pensées ». Elle le libérait des troubles et perplexités de l'intellect, rétablissait le contact avec les éléments vitaux et instinctifs de son être. Il maudissait son intelligence questionneuse, raisonneuse, enviait ceux qui avaient la foi du charbonnier et croyaient pour la bonne et simple raison que leurs pères l'avaient fait avant eux. Sur la plage du Lido de Venise, son Dipsychus[33], qui aspire à une vie active et héroïque, apostrophe en exultant son esprit velléitaire :

[32] Ce néologisme en français renvoie au célèbre mouvement des *Tracts for the Times*, collection de sermons du Mouvement d'Oxford, celui de Keble, Froude, Pusey et Newman, pour définir à partir de 1833 une *via media* entre Églises protestante et catholique : insensiblement, son promoteur le plus brillant, John Henry Newman (1801-1890), allait se rapprocher de Rome jusqu'à fonder l'Oratoire anglais, devenir cardinal, *bienheureux* en 2010 et saint en 2019. (NdT)

[33] « Celui qui a un esprit partagé », d'après le grec. (NdT)

« Oh, un grand rouleau ! Baignons-nous ! ;
vite, vite, déshabille-toi !
Vite, vite, à l'eau !
Nous saisirons les flots écumeux par le dos
Et nous les secouerons. Vite, vite, à l'eau !
Et je goûterai encore l'antique joie
Dont enfant je m'enivrais. »

À Rugby, son talent pour la natation était légendaire, surtout après qu'il eut nagé depuis Swifts, la baignade des élèves de dernière année, jusqu'au moulin situé sur la route de Leicester et qu'il en fut revenu entre les appels. La plupart des élèves se contentaient d'utiliser un minuscule bâtiment de briques qui abritait une petite mare de ciment vaseuse, remplie d'eau pure mais froide, au bout d'une section du Clos appelée Pontines. Arrivé à Oxford, il mentionne dans ses lettres ses baignades régulières, avant le petit-déjeuner, à Parson's Pleasure – dans le fleuve tout au long de l'hiver, avant toute une journée d'étude intense. Il écrit le 5 novembre : « j'ai pris un bain ce matin au Plaisir de notre ami commun le Pasteur[34] – la température, celle de l'air comme de l'eau, n'avait rien de commun avec celles que tu y as connues – c'était la matinée la plus froide où je me sois baigné cette année ». En avril, il déplore que « les beautés de l'étang soient entachées par d'ignobles profiteurs ayant installé une cabine de bain, et je l'ai donc abandonné. Mais il me faut trouver un remplacement ». Et il transféra son allégeance à quelque autre bain froid à Holywell.

Il se baignait dans la campagne avoisinant Oxford au cours des vagabondages par les collines de Cumnor « emmitouflées de vert soyeux » évoquées par *The Scholar Gipsy*, l'éloge qu'a tressé Matthew Arnold à Clough et tout ce qu'il incarnait. Avec ses amis, durant les vacances, il se baignait dans les cours d'eaux isolés du Pays de

34 Voir note 17.

Galles et en Écosse, où ils se rendaient avec leur tuteur, comme Swinburne, pour étudier les Anciens. Ils trouvèrent dans la vallée de Clunie un petit cours d'eau qui « s'élance à travers le granit juste derrière nous et nous fournit un étang où nous baigner ». Là, quel que fût le temps, ils nageaient chaque jour de bonne heure, puis étudiaient et attendaient le petit-déjeuner, « et à 4 heures, après une nouvelle baignade, le dîner ». Le poème burlesque de Clough, *The Bothie of Tober Na Vuolich*, décrit leur découverte d'une rivière sortie d'un loch « inexploré dans les replis de grandes montagnes ». Ils la suivent sur des kilomètres parmi les aulnes et les pinèdes jusqu'à un endroit où « l'eau bouillonnante, comprimée » se fraie un chemin à travers une massive concrétion granitique et tombe dans un bassin :

« Large de dix pieds, long de dix-huit, en partie blanche et furieuse
Mais surtout translucide, pure, un vrai miroir ;
Belle, ici, de la teinte empruntée aux rocs verts d'en dessous. »

Là, parmi les falaises et les rameaux surplombants :

« Tu es isolé, laissé à toi-même et à la perfection de l'eau,
Caché de tous côtés, laissé à toi-même et à la déesse du bain. »

Sous les dalles de rocher se trouvait une crique minuscule et :

« Là ils se baignèrent, bien sûr, et Arthur, Gloire des chefs,
Bondit des corniches avec Hope, lui de vingt pieds, lui de trente…
Et ils regardaient, et s'émerveillaient, incrédules,
regardaient encore,
Oui, c'était lui au bord, nu, un Apollon, contemplant d'en haut,
Envisageant un moment la beauté, la vie, avant de s'y jeter… »

Ces baignades étaient admirées par Thackeray, qui écrivit à Clough : « Votre description du ciel et du paysage – et cette silhouette du jeune gaillard qui se baigne, aux membres brillants et harmonieux, sur l'arrière-plan de ciel bleu – c'est délicieux à mes yeux. Je puis me représenter la Déesse de la baignade dans une sorte de frémissement sous l'eau – était-elle aussi claire que le Puits de Rosemonde ? » En rendant hommage à son « propre sentiment idyllique, mi-sensuel et mi-spirituel », Thackeray montre qu'il perçoit, sous le ton rieur et burlesque, la sensibilité de Clough aux riches qualités de l'atmosphère, son respect pour la déesse de la baignade, Artémis ondulant sous l'eau, qu'il peint ailleurs sous une cascade épiée par Actéon, abandonnant sa nudité ambrosienne à l'eau de la rivière qui déborde pour l'accueillir.

La nage et l'eau devinrent pour Clough des symboles de l'innocence et de l'enfance qu'il regretta toujours. « Et pourquoi faut-il que l'enfant devienne jamais un homme ? » déplore-t-il. On nous parle de lui, plus tard dans la vie, durant ses vacances de fonctionnaire, qui se baigne de manière compulsive au large de l'île de Wight. Quand il était mourant à Florence, le médecin le priva de son « occupation favorite, nager ». À Rugby, il avait resongé à ses premières années au bord de la mer à Charleston, en Caroline, pendant les longues absences de son père, à la profonde compréhension qui s'était instaurée entre lui et sa mère tandis « qu'elle lui dévoilait la plénitude de son cœur ». Voir les enfants d'Arnold jouer dans leur jardin lui faisait regretter ses propres frère et sœur, leurs baignades sur Sullivan Island au large de la Caroline, leur villégiature d'été – l'endroit où Edgar Allan Poe avait passé quelques mois dans l'armée. Quand la famille laissa Clough, âgé de neuf ans, dans son petit collège de Chester pour regagner la Caroline, sa sœur écrit que cela signifia, en pratique, la fin de l'enfance d'Arthur. Ces vers de *Say not the Struggle*, écrits à Rome vers la fin de ses jours, semblent renvoyer à l'oisiveté et à l'indécision de sa vie adulte :

« Car tandis que se brisent vaines les vagues lasses,
Qui ne semblent pas gagner un pouce »

Au contraire,

« De loin, par les criques et les baies,
Arrivait, muet, inondant tout, l'océan »

et *Vers l'ouest regarde, la terre brille* évoquent les eaux réparatrices de son enfance américaine. Dans les périodes de dépression, il désirait ardemment être entouré « de cercles d'eau claire comme du cristal, cette calme atmosphère protectrice », sombrer dans la mer « sans rivage », descendre sur le lit de l'océan, une corde sur les reins, « à travers la fissure », pour se balancer dans une caverne enchanteresse, jonchée de coquillages.

On convient en général que, dans le domaine de l'inconscient, l'eau sous toutes ses formes et l'immersion en son sein suggèrent un désir caché de retour à la sécurité et l'irresponsabilité de la matrice, des eaux amniotiques. Les longues nages fluviales de l'enfance d'Edgar Allan Poe, la récurrence des eaux funèbres, stagnantes, dans ses écrits, le Maelström « dont je souhaitais vraiment explorer les profondeurs », tout cela symbolisait pour Marie Bonaparte « la mère perdue et toujours recherchée à laquelle son âme nécrophile aspirait toujours à s'unir ». Sa mère était morte alors qu'il était très jeune. « Quand on aime beaucoup faire quelque chose, dit un aphorisme de Lichtenberg, on prête presque toujours à cette chose un intérêt qui la dépasse. » Freud fait allusion au grand nombre de rêves, souvent accompagnés d'anxiété, où le désir du sujet de s'immerger dans l'eau repose sur des fantasmes de souvenirs prénatals. Il mentionne quelque part ce qu'il appelle un « joli » rêve d'eau fait par une patiente. « Dans sa villégiature estivale, près du lac de -, elle plongeait dans l'eau sombre, à l'endroit précis où se reflétait la lune pâle. » Il fallait y voir, selon Freud, le désir de la patiente de repasser par les fesses lui ayant donné naissance (la lune pâle) vers les eaux sombres de l'utérus. À la fin de sa vie, sous l'influence de Freud et Jung, l'Américain Jack London devait exprimer sa quête de l'amour maternel dans une nouvelle traitant d'un Hawaïen déraciné, éduqué à Oxford, qui plonge dans une grotte sous-marine du Pacifique à la recherche des os ancestraux. À deux brasses de la surface, il pénètre dans un trou qui s'élargit à mesure qu'il avance jusqu'à émerger dans une cavité où l'eau est très froide. Hart Crane plongea vers la mort dans le golfe du Mexique pour retrouver, dit-on, la mer, qui lui tenait lieu, comme à Swinburne, de symbole de régression et d'intégration maternelles.

S'il y a la moindre vérité dans les implications psychologiques de l'eau, elle est étayée par la constatation que presque tous les nageurs déjà mentionnés étaient fort attachés à leurs mères et se sentaient étrangers à leurs pères. Byron, abandonné par son père, pâtit d'une relation intense et étouffante avec sa mère. Après de merveilleuses et insouciantes enfances, ils furent presque tous envoyés de bonne heure dans des internats, causes de choc et de répugnance. C'est là qu'ils se heurtèrent pour la première fois, et sous sa forme la plus intense, à la pression du conformisme. Byron fut très malheureux à Harrow jusqu'à la dernière année. À Eton, Shelley fut ridiculisé à cause « de sa bizarrerie caractérisée et prononcée », tout comme Swinburne. « Loin du foyer et de la mer et de toutes choses confortables, dépouillé du vêtement constant de sa vie », le héros nageur de *Lesbia Brandon* a l'impression, entrant à Eton, « d'être battu et nu, d'être arraché vivant à la vie ou à tout ce qu'elle avait de doux ». Trelawny fut expédié dans un internat sévère par son père irascible, qui encourageait le proviseur à le battre sans arrêt. Poe, comme Clough, fut envoyé, après son enfance américaine, dans un petit collège anglais où son orgueil sudiste provoqua son isolement et son ostracisme. Quant à Coleridge, ses expériences à Christ's Hospital[35] suscitèrent ses cauchemars tout au long de la vie.

35 L'école londonienne pour enfants pauvres fréquentée par Coleridge. (NdT)

Quand son condisciple Charles Lamb arriva dans cette même école, il se sentit accablé lui aussi et « seul parmi six cents camarades de jeu. Quelle cruauté de séparer un pauvre garçon de son premier foyer ! Quels soupirs poussais-je vers lui en ces années d'inexpérience ! Avec quelle force me revenait, dans mes rêves, ma ville natale (loin à l'ouest) avec son église, ses arbres et ses visages ! Comme je me réveillais en larmes et, dans l'angoisse de mon cœur, épelais le cher Calne du Wiltshire ! » Il est peut-être significatif que la seule chose qui soulage son angoisse soit les excursions enthousiasmantes pour se baigner dans la New River. « Avec quelle gaieté nous nous élancions dans les prés, nous dévêtions sous la première chaleur du soleil et folâtrions telles de jeunes vandoises dans les courants, combien faibles et languides nous revenions enfin, vers la tombée de la nuit, à notre pitance désirée, mi-heureux mi-à regret que les heures de notre liberté malaisée eussent pris fin ! » Jusque vers la fin de sa vie, par les longues journées chaudes d'été, il se rappellerait ces bains quand « nous passions la longue journée comme des loutres, sans plus jamais nous soucier de nous rhabiller une fois dévêtus ».

Penser à son West Country faisait aussi pleurer Charles Kingsley. L'internat vint clore sa vie idyllique de bord de mer sur la côte du Devon, les « jardins féeriques » de son enfance, où il revint souvent plus tard dans la vie se baigner chaque jour comme il l'avait fait jadis. Les psychiatres allemands ont fait leur miel du mythe archétypal des *Water-Babies*, l'histoire de Tom, le ramoneur que son désir « d'aller voir la mer et s'y baigner » transforme en bébé aquatique confié au soin maternel d'« Agis comme tu voudrais qu'on agisse avec toi », qui le ramasse sur le fond de la mer et « lui dit, doucement et tendrement, des choses qu'il n'a jamais entendues de sa vie ». La femme de Kingsley a rapporté que le processus d'écriture du livre fut davantage un acte d'inspiration que de composition, qu'il semblait couler naturellement de son cœur et de son cerveau. « Un matin de printemps, alors que nous prenions notre petit-déjeuner, je lui ai rappelé une vieille promesse : 'Rose, Maurice et Mary ont leur livre, il en faut un pour Bébé.' Il n'a pas répondu, mais s'est tout de suite levé pour se retirer dans son bureau dont il a fermé la porte à clef. Une demi-heure plus tard, il revenait avec l'histoire de Petit Tom. Il s'agissait du premier chapitre des *Water-Babies*, écrit d'une traite. »

Kingsley a parfois dit de lui-même que dans la vie il courait, non en avant, mais en arrière, « aussi vite que possible ». Sa vive nostalgie pour le bonheur de l'enfance court à travers les descriptions des baignades qu'il goûtait, pasteur à Eversley dans le Berkshire, où la rivière dévalait la lande « vers une baignade sylvestre et isolée, sous le bourdonnement des abeilles et le chant somnolent des oiseaux autour de moi qui absorbais toutes les formes de beauté qui résident dans les feuilles et les galets, et les recoins moussus des creux humides des arbres et toutes les humbles complexités de la nature vers lesquelles nul ne songe à baisser la tête. Et partout, tandis que dégoulinait l'eau froide, planait le sentiment délicieux de l'enfance, la simplicité, la pureté et la paix que donne tout retour éphémère à l'état de nature. Une baignade sylvestre m'apporte toujours des idées de Paradis. J'ignore s'il s'agit d'avant-goûts de la simple béatitude qui régnera sur la terre régénérée ou de réminiscences des âges lointains où nous errions – vous en souvenez-vous ? – le long de l'océan d'amour éternel. » Depuis Snowdon, Kingsley écrit encore qu'il jouit d'un état « d'animalité pure. Un étang de glace liquide occupe le bas du jardin où Froude et moi plongeons tous les matins. » Pour Thomas Hughes, les nages de Kingsley à cet endroit évoquaient « un grand terre-neuve sorti s'aérer, plongeant dans et hors de l'eau, pour s'ébrouer sur les soies et les velours des dames ».

La nage compulsive de Kingsley, son récit d'un pauvre et sale ramoneur transfiguré par l'eau résultent de son souci de la propreté. Il estimait que les baignades et les bains froids rendent moralement bon. Tom dégringole l'escarpement et envoie valser ses vêtements en s'écriant : « Je dois être propre ! » L'une de ses héroïnes meurt « en bafouillant de l'eau claire ». Comme Shelley, Kingsley ne buvait jamais que de l'eau. Dans ses lettres à sa femme, il révèle son souci, après lui avoir fait l'amour, de « laver le parfum de ses délicieux membres », ainsi que son projet de lui construire un bassin rustique dans le jardin. Entre les divers vestiges antiques de Nîmes, il est frappé par le bassin des dames romaines « dans une fontaine jaillissant de la roche, où, sous des colonnades, elles avaient coutume de se promener, sortant ou entrant dans l'eau à leur gré. Tout est en état de marche et pourrait servir demain, n'était la pudibonderie des prêtres. Honneur à ces Romains, malgré tous leurs péchés, c'étaient les gens les plus propres que le monde ait vus. »

À un moment crucial de son autobiographique *Lavengro*, George Borrow se sent quelque peu souillé, mécontent d'un manque de direction et de certitude morale, persuadé que les idéaux de sa jeunesse l'ont quitté. Il se tient désœuvré un dimanche près d'un cours d'eau. Ses compagnons le laissent pour aller à l'église. En les regardant s'éloigner, il a presque envie de les suivre. Cependant, il ne bouge pas mais reste appuyé contre un chêne. Au bout d'un moment, il s'assied à son pied, le visage tourné vers l'eau et tombe dans une profonde méditation. Il se rappelle les premiers « sabbats » de sa vie – avec quel soin il disait ses prières, se peignait, brossait ses habits. Il pensait à la « noble liturgie, aux sonores ménestrels » d'Angleterre, à la promenade vespérale réfléchie et à sa joie de n'avoir rien fait, au terme du sabbat, pour le profaner. « Et quand j'eus rêvé longtemps à cette période, je soupirai et me dis : 'je suis bien changé depuis ce temps ; le suis-je en mieux ?' Et puis je regardai mes mains et ma mise et soupirai derechef. Je n'avais pas eu coutume, jadis, de me présenter ainsi un jour de sabbat. »

Durant un long moment, il poursuivit cette profonde méditation jusqu'à lever enfin les yeux vers le soleil puis à les abaisser vers « l'eau pétillante, où le peuple à nageoires s'ébaudissait par centaines ; et alors j'ai pensé quelle belle chose c'était d'être un poisson par un si beau jour d'été et j'ai souhaité d'en être un, ou au moins au milieu des poissons, et puis j'ai à nouveau regardé mes mains, puis, penché sur l'eau, j'ai regardé mon visage dans le miroir cristallin, en sursautant ce faisant, car il semblait sordide et misérable».

Aussitôt, il se releva et se dit: «J'aimerais me baigner et me laver des saletés engendrées par ma vie récente et dure. Je me demande s'il y a quelque péché à se baigner le jour du sabbat. J'interrogerai Winifred quand elle rentrera à la maison; en attendant, je vais me baigner, pourvu que je puisse trouver un endroit adéquat. Mais le ruisseau, quoique délicieux pour l'ébaudissement des poissons, était trop superficiel, et nullement adapté à la récréation d'un être aussi gros que moi; il était exposé, au surplus, bien que je ne visse personne dans les parages, ni n'entendisse de voix humaine ni de bruit. En suivant les méandres du ruisseau, je quittai le champ et, après deux ou trois halliers, gagnai un lieu, où, entre de hautes berges, l'eau coulait, sombre et profonde et c'est là que je me baignai, en procurant un tonus et une vigueur neuve à ma charpente lasse et épuisée.»

Lors d'une autre étape des voyages autour de l'Angleterre décrits dans *Lavengro*, il se rend à Salisbury et sa nage dans la rivière devient une sorte de rituel, un acte de consécration avant de gravir une colline et qu'il regarde au loin pour contempler, surgie vers le ciel, la plus belle flèche du monde. «En arrivant sur ses berges, je le jugeai un beau cours d'eau, mais superficiel, avec ici et là un endroit profond où l'eau courait calme et sombre. Toujours épris de l'eau pure, je me dévêtis et plongeai dans l'un de ces gouffres, d'où j'émergeai, toute mon armature étincelante et me picotant de sensations délicieuses.» Quand, plus tard en Espagne, il observe quelques capucins qui nageaient un mille vers la haute mer, au-delà de l'estuaire du Guadalquivir, il désapprouve étrangement leur comportement. «Nager est un noble exercice, commente-t-il, mais qui ne tend certainement pas à mortifier l'esprit ou la chair.»

Clerc vagabond comme Clough, solitaire, secret et introverti, Borrow avait coutume de fuir la société : « quand les gens s'adressaient à moi, assez souvent, surtout s'il s'agissait d'inconnus, je détournais la tête ». Sous son extérieur froid, il était attiré par tout ce qui était sauvage et extraordinaire. Tel Quincey, il se tenait pour un paria et gravitait par instinct vers les marginaux – les Roms, les attrapeurs de serpents, les boxeurs, les criminels, les meurtriers. Il y eût sans doute ajouté les nageurs car il les tenait pour antithétiques à la distinction qu'il détestait. Ses hypocrisies, affirmait-il, étaient mises en lumière par la nage : « le monde – en tout cas, sa partie réputée distinguée – se montre très sage en réprouvant la nage, car pour nager, il faut être nu et à quoi ressembleraient tant de gens distingués sans leurs habits ? »

Comme pour les autres nageurs, ses dernières années furent pénibles, comparées à l'émerveillement et aux délices de l'enfance. Y songer l'incitait à se cacher les yeux pour pleurer. Dévoué à sa mère, Borrow était tenu pour un parfait incapable par son militaire de père, choqué par son manque total d'ambition et de jugement une fois adulte. Comme le père de Trelawny, il préférait son fils aîné, que George a qualifié de « beau fleuve filant vers l'océan, étincelant au soleil », alors que lui-même, par contraste, était « une sombre et profonde lagune, ombragée par les pins noirs, les cyprès et les ifs, un lieu sauvage, isolé ». L'eau a toujours paru hypnotiser Borrow. Il fixait les cours d'eau des heures durant et faillit presque sauter depuis le London Bridge dans le « maelström » de la Tamise, « la mare macabre qui, par son excès d'horreur, me fascinait ». En Espagne, sa compassion fut stimulée par la vue d'une mère hagarde qui ne pouvait détourner les yeux de l'étang qui lui avait ravi son fils. Quand il vagabonde au Pays de Galles, où il logea chez une certaine « Esther Williams », il contemple un lac profond et rêve à son passé préhistorique, lorsque des crocodiles y restaient tapis pour s'emparer des animaux venus s'abreuver. « Si seulement je pouvais nager loin sur ce lac, plonger dans sa partie la plus profonde et m'efforcer de découvrir toute étrangeté qui pourrait se trouver sous sa surface.» À la manière de Byron, il aimait nager aux endroits excitant son imagination historique, comme la mare bleue étale au milieu d'un courant bavard où le drakkar d'un comte viking avait jadis été amarré tandis qu'il cherchait une demeure en Angleterre, «quand Thor et Freya restaient des dieux, qu'Odin était un nom sinistre».

Après sa mort, l'un de ses voisins se rappelait son habitude de vagabonder seul dans la campagne, son «grand plaisir étant de plonger dans l'étang s'assombrissant à vêpres, sa grande tête et ses lourdes épaules acquiesçant sous les rayons du soleil. Là, il sifflait, rugissait et crachait, en effrayant parfois le preneur d'anguilles qui voguait chez lui dans le demi-jour et se rappelait soudain les légendes entendues à l'école sur les elfes des rivières et les monstres des abysses». Dans sa jeunesse, Borrow avait sauvé un garçon de la noyade après s'être précipité d'une haute berge dans le courant, entièrement habillé, alors que vingt autres personnes présentes auraient pu le sauver en tendant la main, «sans aucun inconvénient pour elles».

Plus tard dans sa vie, il fut mêlé à un sauvetage en mer qui le rendit célèbre car il fut largement rapporté par divers journaux. «Intrépidité» titrait l'un d'eux, avec le récit suivant: «La jetée de Yarmouth a offert un spectacle extraordinaire et excitant ce jeudi, le 8 courant, vers une heure. La mer était démontée et le canot d'un bateau, qui tentait d'atterrir pour faire de l'eau, fut renversé et ses occupants engloutis par une vague de quelque dix mètres contre laquelle ils se débattaient vainement. L'heure était grave quand George Borrow, l'auteur bien connu de *Lavengro* et de *La Bible en Espagne*, s'est rué dans la houle pour sauver une vie, et par son truchement, les autres furent sauvées. Nous-mêmes connaissons cet homme brave et talentueux depuis des années et, quelle que soit l'audace de son exploit, nous savons qu'il a risqué plus d'une fois sa vie pour autrui. Nous sommes heureux d'ajouter qu'il n'a souffert aucun dommage physique.»

Lorsqu'il habitait Yarmouth, où cet incident eut lieu, Borrow nageait presque chaque jour en mer. La saison comme le temps ne semblaient pas l'affecter. Un hiver, il écrit être très mal fichu mais espère qu'une baignade froide de novembre lui sera bénéfique. Chaque jour, il note dans un carnet le temps passé sous l'eau après son premier plongeon et l'endroit qu'il a pu atteindre de l'autre côté de la rivière avant de devoir refaire surface. Il avait coutume de plonger sur cinq brasses et de remonter des poignées de sable pour prouver qu'il avait bien touché le fond. Un jour, alors qu'il longeait une rivière avec Robert Cooke, l'associé de l'éditeur John Murray, il lui propose de se baigner. Il se déshabille aussitôt, « plonge tête la première et disparaît. Plus d'une minute s'était écoulée et comme il n'y avait aucune trace de sa situation, je commençais à m'alarmer, de peur qu'il ne se soit assommé ou emmêlé dans les herbes, quand il réapparut soudain à une distance considérable, sous la berge opposée et me héla : 'Qu'en pensez-vous ? Vous voyez, si j'avais écrit ça dans un de mes livres, on aurait dit que je mentais, n'est-ce pas ?' » Une autre fois, après quelque rébellion de sa part, il fut poursuivi par la police jusqu'au bord de la Tamise, qui pensait l'avoir coincé, mais il plongea hardiment dans le fleuve pour gagner, tout habillé, la rive opposée.

Jusque dans l'âge mûr, il conserva le même enthousiasme. À l'âge de soixante-neuf ans, on le vit affronter les courants périlleux au large de Lowestoft Beach jusqu'à la bouée Ness. À plus de soixante-dix ans, il se rendait à pied du centre de Londres jusqu'à Putney où il marchait en compagnie de Swinburne et Watts-Dunton, à parler littérature et vie, à se baigner avec eux dans les mares de Penn, « dans un vent de nord-est coupant l'eau glacée comme un rasoir ». Après quoi il courait dans l'herbe comme un jeune garçon, pour s'ébrouer.

Vers la fin du siècle, la nage allait devenir une occupation particulièrement grisante et prédatrice pour les homosexuels, alors rejetés dans les ténèbres extérieures. Le plus passionné des nageurs, parmi eux, était Frederick Rolfe, qui s'était rebaptisé baron Corvo, nom et titre adoptés pour se donner l'apparence d'un noble exilé. Il constitue l'exemple suprême du nageur souffrant d'une forme d'autisme, d'une admiration de soi morbide et d'une absorption dans un monde imaginaire de sa propre fabrication. Nul, déplore-t-il, n'admire autant que lui la distinction de son intellect, la minceur adolescente de son corps, sa « ferme blancheur musculaire ». Prêtre manqué, il avait abrégé son prénom Frederick en Fr. dans l'espoir qu'il soit compris comme *Father*[36]. Il prétendait être riche grâce à un revenu fictif versé par une duchesse Sforza-Cesarini, mais vécut en fait dans la plus extrême pauvreté, d'abord dans un galetas londonien solitaire où il écrivit et fit des haltères durant dix ans, puis à Venise pour finir, sur un bateau à moitié coulé dans la lagune, constamment assailli par des flottilles de rongeurs voraces.

En homme avouant volontiers son « caractère bizarre et ses interminables contradictions », il adoptait la mise exclusive et austère d'un prêtre, ainsi que l'élocution précise et pédantesque du prêtre, parfois saupoudrée de néologismes de son invention. De fait, il faisait tout son possible pour se distinguer des personnes obtuses, viles, grossières, quasi ignorantes et incultes qui l'entouraient. Il se considérait différent des autres hommes et adopta la position de défi de Corvo contre le reste du monde. Quand parut le poème progressiste d'Edward Carpenter[37], *Towards Democracy*, il envisagea d'y répondre par un « Towards Aristocracy ». « C'est une question de principe, pour moi, de ne pas céder un pouce de terrain au sale Demos. » Il partageait la haine du nageur pour la convention de bon ton, l'humanité commune, ceux qui auraient jugé son mode

[36] « Père » en anglais. (NdT)

[37] Edward Carpenter (1844-1929), influencé par Thoreau, lié à Ruskin et W. Morris, à Tagore et W. Whitman, critique féroce de la « civilisation » industrielle et capitaliste, chantre utopiste de la vie en communauté, du végétarisme, du travail manuel et d'une homosexualité assumée : il est à l'origine du *Maurice* d'E. M. Forster. (NdT)

de vie « insensé, c'est-à-dire du point de vue du profane et du vulgaire qui veut son eau chaude avant le petit-déjeuner et du thé avec des rôties trois heures précisément avant le dîner, son linge parfaitement empesé et ses fixe-chaussettes méticuleusement aérés ». Ses propres désirs le menaient ailleurs. Il voulait l'air pur, et les ciels dégagés, et la « belle solitude ». Quand tant d'autres gens se contentaient de si peu, il ne se contentait de rien.

Tous les romans de Corvo sont des autobiographies déguisées ou des expressions de sa vie rêvée. Tout comme le reclus Borrow se disait amoureux des recoins et des lieux retirés, errant sans cesse à la recherche de cryptes, de failles et de replis étranges, Corvo se sentait une parenté avec le crabe dans son logis solitaire à cause de son attirance instinctive pour quelque « fissure sûre et secrète bien à lui, quelque crevasse cachée sous un rocher surplombant d'où rien ne pourrait le déloger, d'où il pourrait observer le monde et s'emparer du bois flotté et des épaves passant à sa portée ». Enfermé dans une carapace de secret et de mystère, déguerpissant de biais pour éviter l'humanité, Corvo était prêt à bondir sur ses ennemis ou de possibles amis.

Pour établir son identification, il a intitulé le plus autobiographique de ses romans *Nicholas Crabbe*, qui évoque sa quête tragique de l'ami idéal et permanent. Crabbe lui saute dessus un jour, alors qu'il scrute les nageurs de la Serpentine. Il était assis sur un banc, à regarder un « flot continu d'humanité rose » sauter d'un plongeoir éloigné quand, peu après, « une forme minuscule, tel un éclair de flamme couleur de nacre, se rua dessus ; en sortit ; sauta ; et disparut dans l'eau ; et une tête brillante gagna le bord opposé. Crabbe fixa ses yeux là. Il se représentait l'effort et l'énergie complexes qui produisaient le mouvement, plissait les yeux de manière à ne pas perdre de vue le petit point blanc fût-ce pour un instant. La tête blanche avançait, ne s'approchait de personne, évitait tout le monde. À quelques mètres de l'autre bord, elle s'orienta vers l'est. D'évidence, ce garçon était un superbe nageur et Crabbe nota qu'il avait nagé la brasse tout du long. Enfin, il repartit vers le sud, droit vers l'endroit où il avait laissé son baluchon. De temps en temps, il plongeait et faisait quelques longueurs sous la surface. Lorsqu'il sortit de l'eau, Crabbe constata sa virilité, l'assurance dégagée de sa démarche ailée, la souplesse de ses membres, sa vivacité. Il darda les yeux et se mit à le détailler sous toutes les coutures... »

À partir de là, Crabbe et Kemp, son nouvel ami, se rendent à pied tous les jours aux Mares de Highgate, au lever du jour, voire avant, et reviennent après une « longue nage ». Kemp devenant peu à peu aveugle, il devait être guidé par la main jusqu'au plongeoir. Après quoi il dirigeait sa course d'après la voix de son ami. Tous deux faisaient l'admiration des baigneurs matinaux. La mauvaise vue de Kemp est en fait un reflet de celle de Corvo, dont les yeux étaient très mauvais et qui était tout à fait désorienté sans lunettes. Quand il se baignait, il entrait le premier dans l'eau et un ami se tenait sur le bord, qui criait pour le guider et l'avertir où tourner.

Tous les héros de Corvo sont des nageurs. Dans *Le Désir et la recherche du Tout*, il trouve enfin l'ami parfait, la moitié qu'il a toujours attendue, dans une fille dotée du corps d'un noble garçon. Elle tente de se noyer au milieu de la nuit et glisse par-dessus bord « aussi suavement qu'une torpille bien amorcée ». Il se précipite à sa suite. Il devine « les anneaux concentriques de sa disparition » dans l'eau noire qu'il fend pour la sauver. Son ultime roman, inachevé, s'ouvre sur son héros, Septimus Scaptia, évêque du ve siècle, qui rame à travers la lagune vénitienne pour trouver un canal profond et désert où nager. Soucieux d'impressionner les adolescents dont il croit qu'ils se moquent de lui, l'évêque met ses livres de côté, laisse tomber « sa dalmatique puis exécute un parfait plongeon depuis la poupe du bateau ».

Hadrien VII, conte fantaisiste sur un Anglais névrotique élu pape, nous le peint d'abord retranché dans son logis londonien, silhouette navrante entourée des fleurets et des haltères de Corvo. Des feuilles de papier kraft sont clouées au mur, où sont épinglées diverses photos d'Hermès, de saint Sébastien, d'adolescents de Donatello, d'un rugbyman inconnu, où sont mentionnés enfin « plusieurs plongeurs au clair de la lune ». Après son élection, ennuyé par l'étouffant cérémonial catholique, Hadrien VII parvient à s'échapper, durant quelques semaines estivales, dans un palais aux allures de vaste caserne surplombant le lac de Némi. En contrebas, à mi-hauteur de la falaise, se trouve un petit sanctuaire ruiné. C'est là qu'il passe la journée, dans un fauteuil bas d'osier, seul avec quelques cigarettes et un exemplaire de Pindare. Un matin où ses yeux se tournaient vers le rivage éloigné, « une minuscule tache rose passa du soleil à l'ombre ; une autre suivit ; deux minuscules éclaboussures d'écume argentée s'élevèrent et disparurent ; deux points bleu noir apparurent dans le miroir ridé. Hadrien enviait les jeunes nageurs. Il se rappelait toute la joie, sauvage et débridée, d'à peine un peu plus tôt. Il se demandait ce que dirait le monde si le pape nageait dans le lac de Némi en plein soleil – voire au clair de lune ». En nageant à travers ce lac volcanique au printemps dernier – ses eaux noires lui ont été rendues après avoir été draguées par Mussolini à la recherche de la galère de cérémonie de Caligula – je levais les yeux vers le long palais dont les jardins descendent toujours jusqu'au lac, mais le sanctuaire ruiné et le fauteuil bas en osier avaient disparu.

C'est dans ses dernières années vénitiennes que le caractère de Corvo prit sa pleine stature. Là, il se sentit libre d'exercer son individualité sans retenue, de raffiner ses talents pour la tromperie et s'attaquer aux crédules. John Cowper Powys l'aperçut un jour dans un petit canal, étendu sur des peaux de léopards à l'arrière d'un « équipage flottant qui évoquait la galère de Cléopâtre ». Après des années de chasteté, il faisait à présent tomber toutes les barrières et menait une vie dépassant ses moyens et son audace en Angleterre. Le spectacle des garçons plongeant « de manière terrifiante » depuis les ponts des canaux et, dans les petits rus, celui des mères respectables de familles nombreuses « rêvant placides, pour se rafraîchir, en ayant de l'eau jusqu'au cou, au milieu des crabes devant leurs arrières-portes», tout le charmait. En Angleterre, à Parson's Pleasure, tous les matins à 7 heures, il avait nagé «froidement» comme Clough et, tandis qu'il faisait misérable office d'instituteur à Broadstairs, son unique plaisir était de se baigner dans la mer, ce qu'il prétendait avoir fait chaque matin depuis son arrivée mi-novembre. Son expérience de la nage avait été suffisamment émouvante pour qu'il déclare, en commençant son histoire des Borgia, «un sentiment délicieux m'avait envahi, celui qui envahit le nageur prêt à plonger au bord d'un nouveau cours d'eau. C'est une noble sensation d'enquête, d'expérience, d'audacieuse découverte.»

Mais les eaux chaudes de Venise et l'abondance de garçons nus poussèrent Corvo sur des sommets inédits d'enthousiasme. Nous apprenons qu'il nageait six fois par jour, commençait «à l'aube blanche et finissait après le coucher du soleil, lequel enflammait toute la lagune avec de l'améthyste et de la topaze». Il se levait souvent au milieu de la nuit et passait silencieusement par-dessus bord pour nager une heure durant «au clair de la grande lune dorée, ou parmi les reflets chancelants des étoiles». Il décrit en détail une baignade précise. «Peu après le lever du soleil, je me réveillai : c'était un lever de soleil d'opale et de feu ; les garçons dormaient à poings fermés. Je défis le bimini et larguai doucement les amarres, et montai sur la poupe pour ramer dans la fraîcheur de la rosée en quête du lieu idéal pour le plongeon matinal. Je suis très pointilleux là-dessus. Il me faut de l'eau profonde – aussi profonde que possible – car je suis ce que les Vénitiens appellent *appassionato per l'acqua*! De surcroît, je ressens une violente antipathie à l'idée d'être emmêlé dans les herbes folles ou la boue, de salir davantage mes ongles de pied que ceux des mains. Myope congénital, je vois plus clair dans l'eau profonde que dans la superficielle, presque aussi clair, en fait, qu'avec un monocle concave sur la terre ferme. Je sondai ; je ne pouvais toucher le fond nulle part ; cela signifiait que ma baignade avait plus de quatre mètres de profondeur. Alors je plongeai pour m'ébrouer dans l'eau verte et limpide.»

Un jour, il tomba par-dessus bord en fumant la pipe, mais, après une nage sous-marine vigoureuse, « reparut de manière inattendue loin de son bateau, la mine très solennelle, sa pipe encore aux lèvres. Remontant dans son esquif, il vida calmement le tabac mouillé ; le remplaça par du tabac sorti de sa blague en caoutchouc qui l'avait gardé au sec ; emprunta un briquet ; et, avec le seul mot '*Avanti*', il reprit son chemin. Semblable impassibilité charmait les badauds vénitiens ; on se raconta l'incident qui, associé à sa ferveur aquatique, lui valut d'être coopté au Cercle de nage du Bucentaure. » Et l'on se dit que ce succès contribua quelque peu à compenser toutes les inadaptations et l'infortune d'une existence pleine de déceptions.

Corvo tenta d'inciter le peintre cornouaillais Tuke à se rendre à Venise pour peindre ces petits gondoliers et nageurs suspendus dans l'air et l'eau comme des « averses bleu vert sur une mer saphir ». Il avait le sentiment que c'était le seul peintre vivant qui pût leur rendre justice. Les tableaux de Tuke, de garçons se baignant sur le rivage de Cornouailles, contre un arrière-plan scintillant de soleil et de mer, furent exposés presque chaque année à la Royal Academy vers la fin du XIXe siècle. Influencé par le tableau *The Bathers*, Corvo lui-même a peint un tableau de nombreux garçons nus en train de batifoler dans les vagues phosphorescentes, au clair de lune, à St Andrews Bay. Il a écrit *Une Ballade sur la baignade des garçons* : « Fendant les vaguelettes, plongeant ici/Des garçons blancs, rouges, cuivrés et nus. » Que le vers commence par « Blancs » est significatif. Bien que ces auteurs et ces peintres vénèrent le soleil, ils ne goûtaient pas les corps bronzés. Tuke n'aurait jamais permis à ses modèles de prendre des bains de soleil. Il ne peignait que des peaux blanches. Quand le Robert Kemp de Corvo émerge de la Serpentine, Nicholas Crabbe est frappé par sa « pure blancheur diaphane », sa peau d'ivoire. Le poète Martin Armstrong observe un jeune nageur et songe tristement :

« Dire que la gloire doit quitter ce front
Et ce jeune corps blanc le quitter pour de bon. »

Sur les plages européennes, les Anglaises se protégeaient du soleil sous des ombrelles et des parasols, pour conserver leur peau blanche et se distinguer des étrangères.

Tuke se baigna au petit matin tout au long de sa vie, y compris en hiver. Il se baignait à 6 heures 30 avant de se mettre au travail, puis derechef avec ses modèles en fin d'après-midi. Il aimait particulièrement peindre l'eau superficielle descendant en pente douce, qui révélait le fond de la mer sous les nageurs à travers la surface bleue et verte. Son influence fut considérable. Son portrait de T.E. Lawrence adolescent[38] en train de se changer sur la plage pour aller nager ornait la salle de musique de Clouds Hill[39] dans les dernières années de la vie de Lawrence, lorsqu'il se rendait à moto tous les soirs à Southampton pour s'éprouver et nager avec assiduité dans la piscine publique. Le tableau *Midday Rest* (La sieste) pendait au-dessus du lit de Ranjitsinhji dans son palais indien. Ce dernier avait en outre donné des cours de cricket au peintre. La plus érotique de ses toiles, *Summer Dreams* (Rêves d'été), fut acquise par T. C. Worsley, qui scandalisa les autorités de Wellington College en l'accrochant au-dessus de sa cheminée. Quant à Barbellion, « l'homme déçu », après s'être un jour baigné dans un lac, il se hissa dans son bateau et y resta campé debout pour sécher au soleil « comme l'un des jeunes gens de M. Tuke ».

Quoique heureux en ménage, Tuke était lié à un certain nombre de ceux qu'on appelait les Uraniens[40], les auteurs homosexuels de

[38] Le futur « Lawrence d'Arabie ». (NdT)

[39] La petite maison de Lawrence dans le Dorset. (NdT)

[40] Le mot renvoie au grec Ourania (« céleste »), attribut de l'Aphrodite et de l'Éros célestes (par opposition aux « populaires ») dont Platon nous dit dans *Le Banquet* qu'ils concernent l'amour des hommes pour le sexe masculin, « naturellement plus fort et plus intelligent » (181c). Le terme, dans cette acception, semble être apparu pour la première fois en anglais en 1894. (NdT)

l'époque, dont bon nombre étaient inspirés par ses tableaux. C'est d'abord grâce à Tuke que de nombreux poèmes sur la nage furent composés au tournant du siècle, lesquels peignaient des vagues désireuses d'éteindre et d'encercler les jeunes nageurs. Un poète contemple l'élégant *Blue Boy* de Gainsborough et lui demande s'il a jamais souhaité être débraillé et décoiffé :

« T'es-tu jamais dénudé aux quatre vents pour nager ?
As-tu couru sur la grève, exalté par ta nudité ? »

Le plus personnel de ces poètes était Ralph Chubb, qui affirmait qu'un souvenir ancien, le spectacle de quelques garçons jouant nus dans l'eau, avait marqué son tempérament pour la vie. À croire d'Arch Smith, il avait été si affecté par la mort, à ses côtés, du fils bouclé d'un forgeron pendant la Grande Guerre, que cela l'avait décidé à libérer la jeunesse anglaise des manipulations cyniques des vieux et des bourgeois. Il en appelait aux « jeunes nageurs » d'Angleterre. « Mes hardis jeunes frères, je vous connais ! Votre barde est enfin né ! Quand vous suez à l'usine, je suis avec vous, quand sonne la sirène et que vous filez avec votre serviette, vous dénudez et plongez, de la porte noire de l'écluse, dans le bassin pour vous laver de la suie et de la sueur. » Sa *Ballade de la forêt* décrit une visite qu'il avait faite d'un lieu de baignade isolé où garçons et filles se déshabillent et nagent nus, sans entraves, jusqu'à ce qu'ils soient découverts par deux adultes scandalisés qui les sortent de l'eau. Dans *Les chérubins de l'eau*, il exprime son vœu ardent de retrouver sur la plage ce groupe de petits baigneurs admirés bien plus tôt.

C'était l'époque des voyeurs, des observateurs qui adoptaient le rôle du témoin solitaire, plutôt que celui de joyeux participant sur le mode byronien. Un poète regarde quelques garçons étirant « paresseusement » des membres séduisants dans l'eau, mais il se refuse à en approcher :

« Un moment les regarde s'ébrouer, plonger, se dérober,
Puis m'en retourne – maudite et bénite soit ma chance. »

Sous leurs yeux, les corps des garçons se transforment au contact de l'eau. Les ragazzi napolitains deviennent des créatures marines aux écailles argentées, les garçons sur des péniches visqueuses « la jeunesse de la Grèce ». Gerard Manley Hopkins, entiché du tableau de Frederick Walker *Les Baigneurs*, et attiré comme Byron et Saki par les jeunes gens épris de natation, a décrit dans son *Épithalamium* un inconnu apathique dont l'humeur est transformée quand il tombe sur quelques garçons se baignant nus dans une rivière « marbrée », « d'une turbulente beauté ». Peut-être embarrassé par son émotion, il gagne une mare voisine où il se dénude et nage dans « l'élément siliceux, aimable et froid », parmi « une eau roucoulante » et des « rochers taillés au hasard et d'eux-mêmes pierres d'angle ».

Quoique marié, John Addington Symonds jugeait licite « d'imaginer des délices hors d'atteinte » et de gratifier son sens de « la beauté plastique » masculine en se rendant dans les piscines publiques. Quand il se trouvait à Londres, il se promenait tôt le matin ou tard le soir le long de la Serpentine – « là, je me repaissais du spectacle des baigneurs nus ». C'est depuis les rives de la Serpentine que le Crabbe de Corvo découvre son Divin Ami, on s'en souvient, et Kairns Jackson a écrit en l'honneur de Corvo la « Ballade de la Serpentine suggérée par quelques vers du Révérend F. W. Rolfe ». Lors des après-midi d'été à Oxford, on pouvait apercevoir Corvo, après sa baignade matinale, « installé sous les saules de Parson's Pleasure sur une chaise déglinguée, roulant cigarette sur cigarette de ses doigts tachés de nicotine », en train d'examiner les corps dénudés avec une « satisfaction inconvenante ». Corvo avouait ne jamais manquer la visite d'Oxford pendant Eights Week, car, « épicurien du physique, j'aimais voir fleurir la chair la plus neuve d'Angleterre. » Parson's Pleasure suscitait également la curiosité furtive de Walter Pater, l'esthète qui, comme on lui demandait un jour ce qu'il aurait aimé être s'il n'était pas un homme, répondit : « Une carpe nageant à jamais dans les douves vertes de quelque château royal ». C'est en regardant les corps des plongeurs « s'arquer pour plonger » dans l'étang de Harrow que J. A. Symonds découvrit pour la première fois son orientation érotique, cependant que le spectacle d'un élève de Harrow émergeant de la mer à Folkestone, doué d'un « intellect et d'un raffinement superbes » stupéfia Wilfred Owen, alors étendu sur la plage à lire Shelley pour sa dernière journée anglaise.

Dans les poèmes consacrés à la Grande Guerre, de jeunes officiers sensibles regardent avec inquiétude les recrues à eux confiées « jouer, s'éclabousser et plonger dans les trous d'eau », des garçons « crever la surface d'une mare d'ébène », à l'heure ultime de la joie de vivre. Mort au champ d'honneur, H. H. Munro (Saki), baigneur impénitent et pointilleux, dans les fleuves européens ou les clubs de Londres, avait été élevé par deux tantes haïes. Il s'en affranchit symboliquement en nageant nu à Étretat, là même où Swinburne s'était éloigné sur la marée descendante. Dans sa nouvelle *Gabriel Ernest*, révélation de sa culpabilité et de ses angoisses, Saki a personnifié son homosexualité sous la forme d'un nageur, loup-garou à la « langue étrange » qui « se nourrit de chair enfantine », découvert étendu « sur une terrasse de pierre polie surplombant une profonde mare ». Étendu de la sorte, à se sécher voluptueusement au soleil, les cheveux divisés par un récent plongeon, il semble plutôt inoffensif et on le prendrait pour un baigneur sorti de la mare voisine. Puis le narrateur remarque ses yeux étranges de tigre et quand le garçon plonge pour venir à sa rencontre, il a un mouvement d'horreur.

— Je ne peux vous laisser hanter ces bois, se récrie-t-il.

— J'ai idée que vous préférez me voir ici plutôt que sous votre toit, réplique le nageur.

L'idée d'héberger cet « animal nu et sauvage » dans son intérieur « strictement ordonné » l'alarme. Il ne dit pas un mot de sa découverte sylvestre à son retour mais en pénétrant le lendemain matin dans la *morning room*, il retrouve l'adolescent « gracieusement vautré sur le divan ».

— Comment osez-vous entrer ? s'exclame-t-il. Imaginez que ma tante vous voie !

Entendant les pas de celle-ci, il fait des efforts désespérés pour cacher autant de l'anatomie du garçon qu'il est possible aux feuilles du *Morning Post*.

À une époque d'habillement très formel, le spectacle d'un nageur nu avait quelque chose d'épiphanique. Quand R. L. Stevenson adolescent vit son père courir sur la grève de la mer du Nord, il se sentit « quelque peu horrifié de le voir si beau une fois dévêtu ». Nous avons gardé une relation des méthodes assez fantaisistes de sélection du rajah Brooke[41], s'agissant de la fonction publique de Sarawak. En congé pour quelques mois en Angleterre, il regardait quelques garçons nager dans les noues voisines de Totnes dans le Devon. L'un d'eux l'impressionna particulièrement, qui avait distancé de très loin ses camarades. Comme il se tenait, nu et trempé dans le pré, Brooke s'en approcha et fut si séduit par son charme qu'il l'adopta et lui fit dispenser la formation d'un futur administrateur de son île.

Dans les quelques dernières années de sa vie tragique, souffrant toujours des séquelles d'un accident arrivé à vingt ans[42] dont il ne pourrait jamais se remettre, l'étrange et maussade Denton Welch arpentait les berges des rivières du Kent à la recherche de garçons se baignant et plongeant depuis les quais des écluses. Il s'installait sur la rive opposée et les fixait « franchement ». Leur force physique et leur exubérance représentaient tout ce qui faisait défaut au malade qu'il était. « Elle ne pourrait durer qu'un ou deux ans, cette magie

[41] James Brooke, (1803-1868) soldat anglais né en Inde, nommé rajah de Sarawak à Bornéo par le sultan de Bruneï qu'il avait remis sur son trône. Steven Runciman a consacré un livre à l'histoire de sa famille à Sarawak.. (NdT)

[42] Il fut renversé par une voiture alors qu'il était à vélo, sur une route parfaitement droite. (NdT)

animale» songe-t-il tandis qu'un garçon robuste et grossier se livre à un effeuillage érotique sur la berge, bien conscient des yeux écarquillés de Welch. Il lui arrivait de s'indigner quand la trace d'un accent «instruit» révélait que tel nageur était issu de la «bourgeoisie redoutée», mais la vue de vêtements sales et de souliers cloutés le rassurait.

Les nageurs devinrent pour Denton Welch un objet de vénération. Comme Corvo, il espérait trouver l'ami idéal parmi eux. Sa nature hystérique, nerveuse, féminine, recherchait un complémentaire chez qui exsudait l'assurance et la force physique, doté d'un «beau cou épais» et de «mains barbares». Il a donné une étrange nouvelle, intitulée *Quand j'avais treize ans*, probablement fondée sur une expérience vécue, comme l'essentiel de son œuvre, qui décrit une passion éphémère pour un étudiant durant des vacances en Suisse. Son frère aîné, qui se trouve être à la même université, tente de détourner son cadet de cette influence. «Il n'est guère apprécié, avance-t-il, quoique ce soit un excellent nageur.» Si l'expression de son visage exprime la désapprobation, ses propos n'ont d'autre effet que de renforcer l'intérêt du cadet.

Après avoir passé son enfance en Chine, Denton Welch fut envoyé en pension en Angleterre où son aspect efféminé et son indiscipline lui valurent mille humiliations. Ses vacances, il les passait avec des parents ternes dans des hôtels très convenables. C'est au cours de cette période frustrante de sa vie qu'une baignade extatique en rivière, décrite dans l'autobiographique *Dans la jeunesse le plaisir*, parut laver toutes les injures en lui ouvrant la vision d'une existence plus heureuse, plus libérée. En vacances, alors qu'il se tient sur la berge, il voit un canoë écarlate contourner un virage à toute vitesse dans sa direction. Y rament un homme et deux adolescents. Ils chantent et rient. Il leur envie leur liberté et leur gaieté, si opposées à son propre confinement dans des hôtels avec des parents, ou au collège «tel le premier criminel venu dans son cachot». La hideur de sa vie lui apparaît. Il se précipite au hangar à bateaux, loue un canoë, remarque quelques maillots de bain derrière le comptoir. « Et combien coûtent ces trucs ? » s'enquiert-il. « Il en avait un vif désir. Ils lui paraissaient à ce moment-là un symbole très fort, quelque chose de très libre, d'audacieux. » Très agité, il pousse le canoë au milieu du courant et nage vers une plage minuscule au creux de la rivière. Là, il « fait passer sa chemise par-dessus sa tête, tout excité. Quand il tira le maillot et le sentit à l'entrejambe, il s'étrangla, frémit, se raidit. Il resta comme ça sur la petite plage vaseuse, exultant et tremblant », puis entra lentement dans l'eau sombre.

On eût dit que l'intensité des expériences de Welch au cours de ces nages solitaires ranimait en quelque sorte les souvenirs de son indépendance et de son bonheur dans ses années insouciantes, celles de son enfance en Chine pendant et après la Grande Guerre, « avant que les portes du petit collège se referment derrière lui et tranchent à jamais son enfance, de telle sorte qu'elle scintilla toujours à ses yeux comme la seule partie sans tache du début de sa vie ». L'un de ses tout premiers souvenirs, là-bas, était le spectacle de ses frères aînés se baignant nus dans les mares rocheuses, « si beaux entre les arbres et le ciel ». Il était trop inexpérimenté pour s'associer à eux. « Douloureusement », il apprend à nager, après avoir été jeté à l'eau par sa mère. Peu à peu, il se fait adorateur de l'eau « délicieuse » des bassins orientaux. Parfois, il nageait en ayant gardé chemise, short et sandales, « battant partout l'eau des mains, en criant (s)on extase ».

Un été, ses parents appareillèrent pour Java et laissèrent les frères aux bons soins d'amis sur une plantation. Dès le premier jour, Welch se leva tôt. Il descendit le jardin à flanc de montagne, d'une terrasse à l'autre, en se frayant un chemin parmi les halliers de bambous et les fougères luxuriantes qu'irriguait un dispositif de canaux. « Les sources sourdaient à travers les rochers et le sable. Des tuyaux de bambous étaient reliés à l'une d'elles. J'en suivis une ligne de terrasse en terrasse et me retrouvai soudain dans une petite clairière devant une piscine. Les tuyaux la remplissaient continûment. Je m'agenouillai pour y tremper la main. Elle était d'un froid mordant. » Après le thé de l'après-midi, ils descendirent se baigner. « La piscine était à présent remplie de l'eau de source brillante, amère. À ce stade, j'avais appris à nager et j'étais fier de démontrer ma brasse énergique. Les jours suivants, je me précipitais de bonne heure à la piscine dans mon costume de bain de coton noir et laissais l'eau m'envelopper lentement. Je nageais, me retournais et sentais le soleil chaud me brûler. » Parfois, lui et les siens étaient portés en palanquins par des coolies à travers la forêt. Quand ils remarquaient un cours d'eau ou une mare rocheuse, les coolies les déposaient, ils se déshabillaient et entraient dans l'eau, « leurs orteils s'arrondissaient autour des doux galets ». Non loin se trouvait une demeure vide ombragée d'arbres, pourvue d'une piscine où ils se baignaient, « froide et sombre, aux feuilles pourrissantes. C'était fantomatique, horrible, excitant ». Sa mère revient un jour. Il l'embrasse « avec frénésie ». Le lendemain, quand il se lève tôt pour aller nager, sa mère l'accompagne, « je folâtrais tout nu. Je me roulais dans l'eau, la sentais m'étreindre de plus près sans maillot de coton entre nous. C'était la liberté absolue ».

Sa mère l'obsédait, sa beauté, ses toilettes, sa lingerie et ses bijoux. C'est sa mère qui avait éveillé sa passion pour la sculpture grecque et romaine en lui montrant une collection de photographies qu'elle avait constituée lorsqu'elle était scolarisée dans un couvent florentin. Dans un livre sur la mythologie grecque qu'elle lui a offert, il tombe sur une image de Prométhée écartelé à flanc de montagne et dévoré par l'aigle. Il réagit par un mixte d'admiration et de honte et s'empresse de refermer l'ouvrage. Il commence alors à se sentir comme un Grec de l'Antiquité, « libre et sauvage tel un animal sagace ». Il voulait se montrer nu en public. Plus tard, il transférerait à ses nageurs cette admiration précoce pour les silhouettes héroïques et la nudité de la sculpture grecque, quand les nageurs se tenaient dans l'eau peu profonde comme « des statues tronquées fixées sur un socle dans une vasque de fontaine », ou qu'après avoir tiré leurs chemises au-dessus de la tête, ils semblaient être « une pile de marbre blanc sortie du tronc de leur pantalon », comme s'ils étaient pris dans la métamorphose progressive d'un mythe ovidien. Welch va jusqu'à s'admirer quand, après avoir nagé tout habillé, il considère avec intérêt « l'effet de sculpture grecque » causé par la chemise fine et humide plaquée sur son thorax.

Quand Denton Welch regagne la Chine à la fin de ses années de collège, à Repton, celle-ci a perdu beaucoup de son aura. Sa mère est morte. La piscine qu'il appréciait jadis, derrière un court de tennis et un pavillon d'été ruiné, est désormais vide et « des feuilles mortes se pourchassent sur ses pentes inclinées ». À présent jeté dans la vie adulte de country club, il se sent mal à l'aise, déçu et gêné. Plongeant dans les eaux bleues de la piscine du club, parmi les corps roses, il percute le fond de la tête. En remontant à la surface, sonné et souffrant, il espère ne pas écarter les jambes, de manière grotesque et indécente, comme ceux qui l'entourent. Dans sa prime jeunesse, il avait observé ses frères se baignant dans les mares rocheuses, beaux et nus. À présent, il prend conscience des ventres gonflés des hommes d'âge mûr, de leurs « touffes de poils aux endroits les plus insolites », des femmes bouffies aux « fessiers en outres de vin gonflées », « aux cuisses cireuses, poilues, veinées de bleu ». Une fille lui propose de passer entre ses jambes. Elles paraissent si énormes et épaisses à travers l'eau qu'il ne se sent guère capable de le faire. Une fête donnée un soir autour d'une piscine privée se mue en cauchemar. L'eau noire lui fait horreur. Quelqu'un essaie de lui faire boire la tasse et il manque hurler. Il frappe l'agresseur sur la bouche. Celui-ci lui enfonce la tête sous l'eau, « sentant ma main frôler un sein froid et contracté, je le tordis méchamment, arrachai de la chair et des poils sur sa poitrine ».

Au cours d'un de ces longs après-midi d'été, tandis qu'il observait, étendu sur la berge, des garçons qui se baignaient, Denton Welch lisait *La Philosophie de la solitude* de John Cowper Powys, le romancier jadis témoin de l'équipée fantasque de Corvo à Venise, et qui comme lui était un mystique déclaré. Welch ne pouvait qu'apprécier un essai qui recommandait de s'abstraire de la société moderne. Pour contrer l'influence de la science, les dégâts qu'elle a causés en sapant l'esprit et la volonté, l'homme, selon Powys, doit recourir à une « solitude passionnée » et chercher son inspiration dans la mythologie et les souvenirs de ses propres expériences mystiques. Comme George Borrow, Powys aspirait à échapper aux « activités tribales » de l'école et de la société organisée. Tous deux étaient solitaires et moroses, ils méprisaient l'ambition, le succès, les effets de la science, tout ce qui était mécanique, et cultivaient leur état d'exilés en se passionnant pour le passé et la mythologie celtes. Ils partageaient une même horreur pour tout ce qu'incarne le gentleman anglais et une même compassion pour les opprimés, les clochards, les marges celtes de la société. Leurs vies étaient vouées aux sensations sensuelles, mystiques, élémentaires qui trouvaient à s'exprimer dans leur nage.

« C'est désormais devenu une sorte de rite religieux chez moi, écrit Powys dans son autobiographie, comme de marmonner un psaume en latin, que de ressusciter les sentiments qui m'emportent loin de l'endroit où j'ai pied. J'en fais une humeur par laquelle, avec l'orgueil du diable, je défie le monde ! Sans doute était-ce à une condition non-humaine que je m'efforçais d'atteindre, celle de flotter et de couler, quand en nageant très loin de l'endroit où j'ai pied, j'ai eu l'impression de me dissiper dans l'air et le ciel et la mer ! L'une des choses les plus audacieuses que j'ai jamais faites fut de nager jusqu'en pleine mer depuis la plage de Chesil ! J'avais entendu mon père évoquer ce projet, il me fallait donc absolument l'imiter, bien que Bernie lui-même, quoique excellent nageur, refusât de nager jusque-là. De fait, je n'avais de ma vie vu de mortel prêt à se baigner au large de Chesil ! »

Powys s'étend de façon saisissante sur « l'ego ichtyologique » qui était à l'origine de la plupart de ses nages. Il l'associait à son concept de « solitude » comme étant le « lien le plus solide de l'âme avec tous les stades antérieurs de l'évolution ». Dans un état de « solitude », l'être humain se sent attiré en arrière, le long de toute la série de ses avatars, vers la première vie planétaire des animaux, des oiseaux et des reptiles, et même vers la vie cosmogonique des rochers et des pierres. Grâce à la nage, il était ramené à ce monde d'étranges rituels et mythologie décrits par ses romans. De même que Borrow, fixant le lac gallois, avait aspiré à plonger très loin dans ses eaux noires pour s'aboucher aux êtres préhistoriques dont il imaginait qu'ils y restaient tapis, Powys s'enchantait de nager là où il n'avait pas pied, « la tête allongée au-dessus des vagues », se sentant alors aussi « primitif qu'un ichtyosaure ».

Nager donnait en outre à Powys l'impression d'être une jeune fille enthousiaste, comme toujours quand il était soumis à des expériences et des gens qui l'attiraient. Cela le transformait en l'une de ces créatures aux allures de sylphides, aux membres délicats et adolescents, qui l'obsédaient et l'attiraient irrésistiblement vers les plages de Brighton. Là, durant des années, même après son mariage, il poursuivrait sa « quête maniaque des formes féminines provocantes se prélassant sous l'étincelant soleil ». Il se repaissait « tel un satyre de centaines de corps qui se baignaient ou s'allongeaient pour son plaisir sur le sable et rivait un regard fiévreux sur toute jambe, genou ou cheville par hasard révélés ». Il allait découvrir qu'il n'était pas le seul à être affecté de la sorte en prenant conscience que certains autres avaient atteint un degré d'obsession dépassant de loin le sien et dont les yeux, parce qu'ils avaient perdu toute expression humaine, le choquaient et le terrifiaient. « Parmi les séducteurs de femmes les plus brutaux, parmi les pervers névrosés que j'ai croisés, je n'en ai jamais rencontrés qui arborassent un tel air de damnation complète que ces vieux messieurs sur leurs visages curieusement empourprés, comme s'ils mangeaient le cœur des femmes, tout en chassant et regardant, en regardant et chassant pour l'éternité ! »

Dans son roman *Weymouth Sands*[43], une fille aux « pommettes hautes de Mongole » ne peut résister à sa passion de regarder les garçons se baigner. Elle a épousé un philosophe desséché. Tandis qu'il reste assis sur la plage, absorbé par ses réflexions, elle s'étend frissonnante et bouche bée, pendant que « toute sa nature coulait et tournoyait comme une ondine passionnée autour des corps scintillants des garçons nus ». Le voyeurisme compulsif de Powys allait au-delà des plages de Brighton. Il l'incita à accepter des tournées de conférences en Amérique à seule fin de regarder des femmes nues dans les machines à sous de Philadelphie, de repaître ses yeux sur leurs membres de sylphides dans les spectacles burlesques, de surveiller, depuis les rues new-yorkaises obscures, les secrétaires en train de se déshabiller dans leurs appartements illuminés « comme des oiseaux tropicaux ».

En Amérique, Powys nagea avec Theodore Dreiser et Edgar Lee Masters dans les eaux glacées d'une grotte du comté de Columbia. Il trouva un plaisir pervers à voir la mine choquée de Dreiser quand il pénétra dans l'eau glacée, car il voulait lui causer une secousse physique, lutter avec lui « parce qu'(il) ressentai(t) des ondes d'attirance magnétique entre nous ». À San Francisco, il regarda George Sterling, esthète et ami de Jack London, plonger à la recherche des nénuphars dans les mares du Golden Gate Park. Une lettre datée de Virginie décrit une auberge où il séjourne, près d'un marais et d'un estuaire au milieu « des roseaux et de troncs d'arbres noirs et pourris, d'une quantité de vase indescriptible – avec, de l'autre côté de l'eau, des cyprès noirs et la Maison d'Usher. L'endroit haletait et palpitait dans toute la vie de la putréfaction comme un horrible grand cœur. » Là il se baigna, depuis un rivage jonché de tortues mortes, parmi les glatissements des balbuzards pêcheurs, dans une eau salée qui « avait le goût de la Mort ». En réalité, Powys détestait les estuaires. Il était décontenancé par leurs sinistres lames de fond, le mélange pervers de

[43] Traduit en français par Marie Canavaggia sous le titre *Les Sables de la mer*, Paris, 1972.

poissons de mer et d'eau douce. Mais sa tendance masochiste le poussait toujours à y nager. À l'embouchure du fleuve Arun dans le Sussex, il fut troublé par son « étrange nature double » qui ressemblait au « monstrueux rejeton d'un accouplement contre-nature ». Malgré tout, il avait coutume de se baigner là par les nuits étoilées avec son frère Llewellyn, s'immergeant une fois si longtemps sous la rapide marée noire que leurs compagnons les crurent morts.

Powys avait appris à nager dans la piscine de Sherborne, à l'époque l'une des plus grandes d'Angleterre. Là on le suspendit au bout d'une corde « comme un triton » tandis qu'il se servait de ses bras, non pour nager mais pour s'agripper frénétiquement à la corde pendant au-dessus de lui. Le seul professeur du collège qu'il appréciât si peu que ce fût était un épicurien « athlétique » qui le séduisait parce qu'il se baignait tout à fait seul dans la piscine, non seulement durant les mois d'été mais tout au long de l'hiver. C'est dans les vestiaires du collège, près de la piscine, que le voyeurisme de Powys prit naissance, où il veillait à se changer et se sécher près d'un élève « notoirement beau ». « Mon ravissement dans la grâce de cet élève était si intense que lorsque je glissais sur lui des regards craintifs, nerveux, furtifs et pourtant dignes d'un ardent satyre, tandis qu'après avoir enfilé son maillot de bain il méditait son plongeon dans les eaux bleu vert, j'avais totalement quitté ce monde. » Cette expérience, il ne l'oublierait jamais. Quand, à plus de quatre-vingts ans, il écrit à un ami au sujet d'un livre dans lequel il n'a pas « fait trempette » mais « plongé », la métaphore aquatique le ramène au plongeoir de Sherborne, au bord duquel il « hésitai(t) longtemps, en partie par peur, mais aussi à cause de la belle silhouette du jeune X, dont j'étais amoureux ».

Powys, comme presque tous ces nageurs, ne pouvait guère poser à l'élève typique et il en souffrit. Il avait coutume de courir sur 30 kilomètres pour revenir prendre le thé chez lui et échapper, momentanément, aux moqueries et brutalités qui lui étaient infligées. Son autobiographie mentionne combien il aspirait, à l'époque, à retrouver la sécurité de la matrice maternelle qu'il comparait à la retraite sous-marine, « douillette, isolée », du capitaine Nemo de Jules Verne. C'est en présence de l'eau qu'il pouvait parfois trouver la consolation et disparaître totalement du monde, près de la piscine et des étangs entourant Sherborne qui devinrent pour lui, durant ses promenades dans la région, des lieux « sacrés ». Ils lui rappelaient l'aquarium offert dans son enfance, où il avait créé un paysage sous-marin de collines, gorges et forêts et avait pris conscience, ce faisant, de l'aptitude de l'esprit individuel à créer son propre monde clos, indépendant des attitudes d'autrui. Par la suite, il veillerait à « tremper » en guise de rituel sa canne de marche « consacrée » dans chaque cours d'eau historique qu'il rencontrait, en descendant une fois pour ce faire de longs degrés jusqu'au Guadalquivir. Alors qu'il se remettait de la tuberculose, son cadet Llewelllyn s'élança sur les galets sonores pour « tremper les mains dans la mer ». Après s'être un jour baigné dans une mare sylvestre, ce même frère se demanda si John pouvait supplier les nymphes en son nom car il estimait que lui seul avait accès à ces « puits profonds et frais où les dieux eux-mêmes descendent leurs seaux ». Quant à l'instinct sadique fécondant son imaginaire érotique tout au long de sa vie, depuis qu'il avait été fixé à l'âge de trois ans par l'image d'un aigle s'emparant d'un agneau, Powys y voit « un démon émergeant des profondeurs ». Dans ses romans, ce sont les personnages prêts à ôter leurs souliers pour plonger dans les profondeurs de la mer qui instaurent un ascendant immédiat.

L'« ego d'ichthyosaure » revendiqué par Powys, qui nous ramène aux stades antérieurs de l'évolution, pour résister à l'indifférence et aux vulgarités de la vie contemporaine, sous-tend les nages de ceux qui ont cherché dans des lieux éloignés ce que la civilisation a perdu, à leur gré. Bien qu'ils ne soient pas revenus au monde préhistorique de Powys, leurs baignades dans des endroits très reculés du monde exprimaient leur quête spirituelle d'une existence plus désinhibée, instinctive, païenne. Leur attitude était celle du prêtre irlandais dans le roman de George Moore, *Le Lac*, qui finit par comprendre qu'il a peu à peu succombé à la sagesse morte des codes et des dogmes, que son corps négligé est dépourvu d'émotion. Pendant des années, il s'est contenté de « l'acceptation d'une grenouille dans une mare stagnante ». Il prend enfin la décision d'affronter le monde et de se rendre en Amérique afin « d'étreindre sa propre âme, de chérir ce qui est intime ». Il dépose ses vêtements de prêtre sur une étendue de sable blanc au bord du lac et se transforme soudain en un personnage d'une païenne beauté. Il passe de pierre en pierre de gué et se tient transfiguré sur la dernière « comme sur un piédestal, grand et gris au clair de lune – ses fesses fermes comme celles d'un faune, et creusées d'une fossette à la manière de celles du faune qui s'étire pour plonger derrière une nymphe ». Dans l'eau sombre il se retourne sur le dos pour contempler la lune. Il se rappelle son baptême quand il vint nu au monde.

Quant aux voyageuses solitaires du XIXe siècle, ne laissent-elles pas entendre, par l'intensité émotionnelle de leur description que leurs baignades étaient davantage pour elles qu'un rafraîchissement bienvenu dans un climat chaud ? Ces activités paraissent bien plutôt incarner leur affranchissement des restrictions imposées par leur société masculine d'origine, leur mépris des conventions laissées derrière elles. L'Angleterre leur interdisait la plupart des bassins. Sur la plage, elles étaient la proie d'un examen masculin constant et diabolique, comme on l'a vu chez Powys. Là-bas sous les tropiques, elles semblent enfin se laver du monde suffocant qu'elles ont abandonné, se délecter d'une sensualité tout juste réveillée qu'on leur avait toujours refusée. Par une nuit chaude d'Afrique de l'Ouest, faute de pouvoir trouver le sommeil, Mary Kingsley sort en tapinois de sa case devant ses compagnons endormis et va ramer dans un canoë sur un lac obscur, seule parmi les étoiles et le scintillement des poissons sautant hors de l'eau. Elle trouve une minuscule anse rocheuse pourvue d'une plage de sable doux, se dénude, nage dans l'eau noire et se sèche sur son ample ceinture.

Depuis une île de l'océan Pacifique, Constance Gordon Cumming écrit à sa sœur en Écosse pour lui décrire l'excitation d'ôter les couches de volants victoriens afin d'exposer son corps blanc et nu, pour la première fois, aux plaisirs tropicaux du soleil et de l'eau. « Tu peux à peine te figurer le trait enchanteur de nos voyages qu'est ce bain quotidien. Pas de tub vulgaire, installé par une banale femme de chambre, mais un endroit tranquille sur quelque exquis cours d'eau, parfois un clair ruisseau chantant, juste assez profond pour s'étendre de tout son long sous la charmille débordante de grandes fougères et de jeunes palmiers, tout emmêlés de grimpantes et ne laissant que des ouvertures à travers lesquelles s'aperçoivent les fragments des ciels les plus bleus et de hauts palmiers loin au-dessus… Parfois je tombe sur de tels endroits irrésistibles en crapahutant seule, où les hautes herbes de roselières sont matelassées de convolvulus à grandes feuilles, et pas un bruit ne s'entend sinon le friselis du courant sur les pierres, ou le ruissellement des feuilles dans la brise légère, que je me contente de m'y glisser et de m'y délecter, et de poursuivre mon extase. »

Jusqu'à l'âge mûr, Marianne North avait mené la vie typiquement cloîtrée d'une vieille fille victorienne de la classe moyenne, en se consacrant au soin d'un père sourd et exigeant. À sa mort, elle décide de vouer le restant de ses jours à peindre les fleurs de ce « beau » monde et quitte sa maison de Hastings à jamais. Elle appareille pour l'Amérique. Là, elle loue une maison sur la côte est entourée par la mer sur trois côtés. La porte de service ouvre sur un petit degré et une crique sablonneuse, « l'idéal de la baignade », où elle précise avoir nagé – l'unique mention de ce fait au cours de ses longs voyages – mais pas nue. « Nous avons acheté de l'étoffe pour faire des costumes de bain chez 'John Loring, hangar d'articles à prix unique' à Boston. Mme S. a choisi de la serge écarlate. Moi une gris-bleu foncée, de sorte que nous avions vraiment l'air de deux gros homards dans l'eau, l'un bouilli mais pas l'autre, mais les spectateurs étaient rares. »

Un grand nombre de ces voyageuses étaient inspirées par l'exemple de la belle-mère de Shelley, Mary Wollstonecraft. Vagabondant seule en Scandinavie, elle avait découvert que la baignade agissait comme un remède à sa mauvaise santé. Elle avait coutume de ramer sur la mer jusqu'à quelques rochers abrités pour préserver l'intimité de sa nage. Cette tradition fut poursuivie par Rose Macaulay, au cours de ses baignades solitaires et compulsives sur les rivages fameux d'Espagne et du Portugal, nue chaque fois que c'était possible, parfois à l'aube sous les jardins en terrasses et les loggias, mais plus souvent la nuit, tandis qu'elle regardait, depuis les eaux chaudes, sombres, « de soie moirée », vers l'arc de lumières scintillantes qui suivait la ligne des plages effrangées de palmiers en croissants.

On ne lit nulle part que D. H. Lawrence ait nagé en Angleterre, pas même dans le bassin de Garsington, antique vivier sous les pelouses pentues qu'Ottoline Morrell avait converti en un bassin rectangulaire et romantique alimenté par une source naturelle. Le tennis des Morrell avait déjà inspiré à Bakst les décors d'un ballet pour Nijinsky. Quant au bassin, une petite île en son milieu, ornée d'un sarcophage, servait de plongeoir à Juliette Huxley[44], « ses longs cheveux blonds la faisant ressembler à une nymphe ou au tableau d'un saint argenté par Crivelli ». Ottoline Morrell naviguait parmi les baigneurs dans une tunique aux allures de péplum, tandis que Dora Carrington posait nue sur les piédestaux des statues avoisinantes. Semblable atmosphère ne parvenait même pas à attirer Lawrence dans l'eau, même s'il se gaussait du spectacle de Bertrand Russell en costume de bain. « Pauvre Bertie Russell ! Il n'est qu'esprit désincarné. » Peut-être Lawrence, en chantre de l'homme primitif, élémentaire, avait-il honte d'exposer son propre corps « étriqué, au bréchet de pigeon », sa peau qui demeurait toujours

[44] Elle s'appelait encore Juliette Baillot et allait épouser Julian, le frère d'Aldous Huxley. (NdT)

blanche alors qu'à ses yeux seule une peau brune était belle. Pour les Grecs, « un corps blanc, ignorant le soleil, était suspect et malsain » affirma-t-il un jour. On s'étonne qu'il ait évité la nage quand les scènes de baignade de ses romans, observées avec dégoût ou amusement par les femmes, offrent aux hommes de brefs instants de bonheur, symboliquement affranchi des inhibitions sexuelles, des mariages malheureux et des amours frustrées.

Quand cependant Lawrence se rendit à Mexico à la recherche d'une existence plus primitive et sensuelle, sa timidité physique le quitta et il succomba à sa façon particulière aux sensations de la nage qu'il aimait tant décrire. Là, dans la fraîcheur des soirées de Chapala, Witter Bynner le vit guider Frieda, « elle en costume de bain, lui en short, vers un goulet peu profond de l'anse ouverte sur la station. On n'avait de l'eau que jusqu'à la poitrine, le rivage était un chaos presque solide de rochers et de pierres coupantes, avec des interstices de boue et de roseaux dans la vase, mais les deux silhouettes se présentaient là chaque après-midi. Elles se frayaient difficilement un chemin dans l'eau, main dans la main, chancelantes et tremblantes, jusqu'à être submergées jusqu'aux hanches, sur quoi, avec le plus grand sérieux, les mains jointes, en face d'elle, il se mettait à les baisser et les relever, à chaque fois un plus bas, jusqu'à ce que les épaules soient mouillées, puis il opérait le mouvement inverse, émergeait peu à peu, se libérait, étincelant de blancheur, et gagnait en trébuchant le rivage ». Frieda riait à gorge déployée devant cette absurde démonstration et son absorption solennelle dans ce rituel.

Quelle que fût sa philosophie relative à la noble sauvagerie de l'Indien du Mexique, Lawrence était très irrité par les jeunes Mexicains jouant autour d'eux qui tentaient de nager. « Ne te rends-tu pas compte de la saleté de ces petits morveux ? » criait-il. « Tu les laisses nager sur tes épaules, t'agripper par le cou et frotter leur saleté sur toi. Tu ne connais pas leurs maladies, ce que tu pourrais attraper. C'est scandaleux, c'est fou, c'est pathétique ! Et les gens jasent.» Son attitude face aux baignades de sa femme révèle un autre paradoxe. Si ses romans décrivent le comportement voluptueux des nageurs nus, sur le rivage mexicain il exigeait que Frieda se change à l'hôtel, pas sur la plage. «Puis, en hésitant, poursuit Witter Bynner, comme effrayé par sa propre remarque sans pouvoir la taire, il chuchota la phrase la plus bizarre que je lui ai jamais entendu prononcer: 'Il ne s'agit pas de respecter l'un d'entre vous. *Il s'agit de ce que les gens pourront penser*'.» Par puritanisme inné, il la forçait à nager dans un maillot bouffant qu'il avait lui-même ravaudé. Peut-être était-il inconsciemment hanté par l'amer souvenir de sa traversée nue d'une rivière, peu après leur fugue, quand elle s'était offerte à un bûcheron médusé mais complaisant, dans le seul but de choquer Lawrence et d'affirmer sa liberté sexuelle.

«Comme je déteste la civilisation, écrit Rupert Brooke[45] dans une lettre datée de San Francisco alors qu'il regagne l'Angleterre depuis le Pacifique, et les maisons et les trams et les faux-cols.» Les îles du Sud l'avaient affranchi d'un monde devenu «insipide, habituel et morne». Depuis toujours, il était fasciné, entre tous les types humains, par le vagabond et le goliard. Le vagabond spirituel, avait-il noté alors qu'il était encore à Rugby[46], se rebellait contre les «sécurités et les petites limites de notre vie humaine ordinaire». Dans les mers du Sud, il se passionna, comme Lawrence au Mexique, pour le romanesque d'une vie partagée avec des gens qui sentaient plus qu'ils pensaient, qui étaient simples plus que compliqués. Nager là-bas résumait sa préférence pour la vie instinctive par opposition à la rationnelle, le sauvage par opposition à la société civilisée. Flottant heure après heure dans les lagons chauds du Pacifique Sud, ou plongeant vers les récifs coralliens dans la vaine poursuite du scintillant chiton, il sentait décliner son intellect, son

45 Célèbre poète d'apollinienne beauté mort à 27 ans aux Dardanelles en 1915. (NdT)

46 Le collège où il avait fait ses brillantes études, où son père enseignait et où, incidemment, le sport du même nom fut inventé en 1823. (NdT)

corps devenir plus actif, « les sens et les perceptions plus souveraines et affûtées ».

Une lettre adressée aux siens précise qu'il jugeait préférable de « sauter au clair de lune dans une mer inconnue, verte et argentée, que d'écrire des petits poèmes pourris ». Il imagine que ses amis de Londres passent en hâte d'un déjeuner à un autre. « Ne viendrez-vous pas nager deux minutes sous l'eau pour attraper des tortues, les implore-t-il, ou plonger de douze mètres dans une cascade ? » À Tahiti, Brooke vivait dans une case pourvue d'une vaste véranda ouverte sur le lagon bleu, près d'une jetée de bois, avec « une eau profonde et claire où plonger et des poissons de couleur qui vous nagent entre les orteils ». Il se baignait nu dans des étangs sous des cascades, dans des lacs volcaniques, et regardait « les plus belles personnes du monde plonger de dix mètres dans la mer verte ».

Quand il visita le Canada, pour échapper à son côté terne, ce qu'il prenait pour ses instincts matérialistes, il se baignait toute la journée dans les lacs, plongeait depuis les rochers dans « les plus claires et douces des eaux bleues », ou s'étendait des heures durant, tout à fait nu, sur des plages de sable d'or. C'était le « contact abrupt » de l'eau claire au moment du plongeon qui incarnait pour Brooke l'essence du Canada, « que tout nageur connaît – incolore, légèrement mordante, dure et grise, comme les rochers autour, pleine de vitalité et douce ». Comme Byron, il était attiré par l'eau profonde et dangereuse et nagea un jour au large d'une pointe rocheuse où les flots de deux fleuves, le Saint-Laurent et le Saguenay glacé, se rencontrent et tourbillonnent, où le courant est exceptionnellement fort. Il eut l'impression de sentir le corps d'eau noire long de deux milles se ruer contre lui, « aussi froid que la mort. Quand ma tête est sortie de l'eau, je me suis précipité vers la terre, me suis hissé sur les roches chaudes et suis resté là, pantelant. Puis je me suis séché avec un mouchoir, rhabillé et suis rentré, toujours frissonnant, à travers les bois jusqu'à l'hôtel. »

Nager représentait pour Brooke un symbole de jeunesse dans un monde dominé par des générations plus âgées qu'il méprisait, du meilleur et du plus émouvant de la vie – « désormais, nos désirs perdront leur acuité et nos sentiments la férocité et nous ne nous baignerons plus dans la Cam – et nous n'y penserons guère ». Ses premiers vers, écrits à l'âge de dix ans, décrivent une vague énorme se brisant sur le front de mer. Plus tard, il consacra deux mois à un poème dans lequel il endosse l'identité d'un poisson « frémissant d'extases sombres ».[47] Il se baigna beaucoup en Angleterre, dans les cours d'eau de New Forest, les petites mares rocheuses de la Teign, et les grandes lames crème de Cornouailles. Lorsqu'il était à Clevedon, il louait une barque et ramait au-delà des vasières, pour plonger dans la mer. Une fois, sur les rochers au large de Lulworth, Brooke et des amis lisaient Keats quand son exemplaire tomba dans les vagues et s'éloigna sur la marée puissante. Ils louèrent un bateau mais les rochers étaient trop traîtres. Brooke fut obligé de se dévêtir et de plonger pour récupérer son bien dans « le tourbillon rugissant ». Mais c'était l'étang de Grantchester qu'il regrettait quand il suait « sang et eau » à Berlin. « Là-bas, l'ombre et les fraîches eaux/Se penchent pour étreindre la chair nue. » À la différence de Clough, il avait à peine nagé à Rugby, bien que Jex Blake y eût fait construire la première piscine couverte scolaire du pays. Un ancien condisciple devait remarquer qu'il n'y avait pas encore acquis cette passion de la baignade que lui associeraient toujours ses amis de

[47] Richard Jefferies avait autrefois écrit un essai intitulé *L'Esprit sous l'eau* pour décrire son empathie avec les poissons. Beaucoup de ces nageurs expriment une remarquable sympathie pour la vie sous-marine, comme s'ils étaient en contact avec leur lointaine existence marine, dont des vestiges émergent dans nos corps au stade de l'embryon – des reins de lamproie, des branchies – pour disparaître à la naissance. Borrow aspirait à être un poisson, comme Denton Welch par les nuits chinoises étouffantes. Shelley reversait les écrevisses dans la Tamise après les avoir achetées ; quant à Haydon, il était stupéfait par ce paradoxe, son traitement cruel des femmes et sa considération pour les poissons. Powys « l'ichtyosaurien » transférait les têtards des mares superficielles dans les grandes lors des sécheresses ; il marcha longtemps vers la mer dans le port de New York pour tirer un « poisson malade et torturé » de ses souffrances. Corvo se prenait pour un crabe, Kingsley s'estimait « surtout constitué d'arêtes ».

Grantchester. Pour sa part, il lisait tandis qu'ils se promenaient ou se baignaient. Même durant les premiers trimestres à Cambridge, cela lui paraissait une « fichue perte de temps de se promener ou se baigner – deux choses qui, peu après, finirent par lui procurer le plus de plaisir au monde ».

Une fois qu'il a acquis un logis dominant la rivière dans le Presbytère de Grantchester, ses lettres sont irradiées de descriptions de ses baignades. Le cricket, jeu auquel il excellait au collège – comme Byron – n'est mentionné que deux fois, en référence à sa propre moyenne finale de batteur, de « 2 quelque chose » et au peu d'intérêt de Rugby pour les talents de lanceurs gauchers. À moins de deux kilomètres, le long de la rivière, se trouve une mare où Byron est censé avoir nagé. C'est juste au-dessus, là où des portes d'écluse retiennent l'eau, que Brooke se baignait, souvent la nuit comme Byron, à la lueur d'un phare de bicyclette calé sur l'herbe au bord de la rivière. C'est là qu'il nagea avec Virginia Woolf, dans l'eau sombre « sentant la menthe et la vase ». Aujourd'hui, ces portes de bois ont été remplacées par un barrage de béton, de sorte que le niveau de l'eau a baissé et que la mare ronde et profonde de jadis n'est plus qu'une mince étendue d'eau étouffée par la vase et les herbes folles.

« Venez prêts à vous baigner, écrivait Brooke à ses amis, et vêtus d'habits primitifs. » Comme Byron, il devint le centre d'un cercle d'amis nageurs, ces « nageurs couronnés de fleurs et rieurs ». Virginia Woolf remarquait que, sous son influence, les alentours de Cambridge s'emplissaient de jeunes gens et jeunes femmes allant pieds nus, qui partageaient sa passion pour la baignade et un régime de poisson. Temporairement éprise du poète, Rose Macaulay nagea nue avec lui à Grantchester tout comme l'avait fait Virginia Woolf. George Mallory, qui, durant ses ascensions se « jetait » toujours dans les mares galloises ou les cours d'eau himalayens, avait coutume de plonger nu depuis les bachots universitaires dans la rivière. Les grands philosophes de Cambridge de l'époque furent eux-mêmes contaminés par ses enthousiasmes. Nous entendons parler de G. E. Moore[48] qui, sur la lande de Dartmoor, se déshabillait soudain dès qu'il était en présence d'une des mares froides, noires et tourbeuses qui s'y trouvent, pour s'y immerger. Wittgenstein, arrivé à Cambridge peu après Brooke, a nagé dans la mare de Byron et il aimait tracer une analogie entre la réflexion philosophique et la nage. « De même que notre corps éprouve une tendance naturelle à gagner la surface et qu'il nous faut faire un effort pour atteindre le fond, de même avec la pensée. » Bertrand Russell, qui se baignait avec Rupert Brooke au clair de lune, au large de Lullworth, mentionne dans son autobiographie sa dernière rencontre « amicale » avec le Premier ministre Asquith où il vit l'incident « le plus étonnant » de toute sa vie. « Je marchais, par une chaude journée d'été dans l'Oxfordshire, sur la berge d'une petite rivière et j'eus si chaud que je me dis que j'allais m'y baigner. Et je m'y baignai. L'endroit semblait tout à fait solitaire et je me baignais sans maillot. En ressortant, qui trouvais-je, debout sur la berge, sinon le Premier ministre ? Quelle grande surprise ! Ce n'était pas le lieu de se montrer digne, d'entamer une discussion sérieuse des grands problèmes politiques. Je me rhabillai aussi vite que possible tandis qu'il conversait aimablement. Et c'est la dernière fois que j'eus un rapport amical, dégagé avec M. Asquith. »

Quand Brooke comparait l'humeur de l'Angleterre entrant en guerre à celle de « nageurs sautant dans la propreté », l'expression révèle son admiration pour les excentricités débridées de Noël Olivier, tout autant que son propre plaisir dans « le geste d'abandon ». Il n'apprit jamais à plonger correctement. Il avait tendance à se projeter en avant et à faire un plat. Mais la sœur de Noël avait épousé Hugh Popham, le champion de plongée dont les acrobaties fascinaient Brooke, cependant que Noël elle-même choqua un jour le proviseur de Bedales[49], lors d'une réunion d'anciens élèves, en

[48] Le maître à penser (*Principia Ethica*, 1903) du cercle de Bloomsbury (V. Woolf, Bertrand Russell, Maynard Keynes, Lytton Strachey etc.) et collègue de Ludwig Wittgenstein. (NdT)

[49] Collège chic et non-conformiste (mixte dès l'origine, 1893) dans le Hampshire. (NdT)

plongeant nue depuis le grand plongeoir, bien visible de tous. Une fois, ils se baignèrent dans une rivière campagnarde, sans souci des rustiques, et Noël, « qui entendait bien poursuivre ses grands plongeons, se fraya un chemin entre des rangées de poignets et de coudes sur le bord, pria poliment qu'on lui permît de se tenir debout au milieu et fit un plongeon parfait dans la mare. Tout empourpré, mais sans expression, le plus proche ouvrier agricole secoua la manche de sa veste noire du dimanche des quelques gouttes qu'elle y avait projetées. »

Après avoir quitté Cambridge, Brooke écrit avec envie à Geoffrey Keynes[50]. « Je te déteste de te baigner dans la belle Grantchester ! J'éclabousse parfois les piscines municipales, rendues fétides par la classe moyenne. » Lorsqu'il étudiait à la bibliothèque bodléienne, il se levait bien avant l'aube dans sa chaumière campagnarde et se baignait, en gagnant Oxford à pied, dans les cours d'eau traversant les collines de Cumner, jadis chers à Clough. Les jours des baignades spontanées dans le plus simple appareil étaient comptés. On retrouva dans une mare, près de Kirby Lonsdale, au printemps 1905, le corps inanimé de l'éminent latiniste et helléniste Llewellyn Davies, qui s'était à l'évidence baigné « en route vers la gare ».

Comme Byron, Brooke mourut dans les eaux grecques, alors qu'il était engagé dans une guerre censée libérer des Turcs « la terre sacrée de l'Attique ».[51] On put deviner que sa mort approchait quand, alors qu'ils se trouvaient sur la plage d'une île grecque, l'un de ses camarades suggéra de regagner le navire à la nage, à un mille environ en pleine mer. Brooke répondit qu'il aurait aimé se joindre à eux, mais qu'il ne s'en sentait pas la force. « Ainsi les autres plongèrent et il suivit, assis parmi leurs habits, dans une barque de pêcheur. » À la mort du poète, Henry James oppose l'amertume de Byron, en rupture avec son temps, au fait que Brooke « a revendiqué

[50] Frère de John Maynard. (NdT)

[51] On lira l'analyse que fait Peter Frankopan de l'entreprise des Dardanelles, in *Les Routes de la Soie*, dans notre traduction, Nevicata, 2017. (NdT)

l'ensemble de la conscience poétique dans laquelle il est né, pour s'y mouvoir comme un jeune nageur nu qui n'aurait cessé de fendre l'eau bleue pour reparaître à tout endroit que l'amitié et l'imagination, débarrassées de tout préjugé, auraient choisi. Rupert nous a tous traduits, au plus haut point de notre actualité. » Quand on l'enterra, les eaux du rivage de Skyros restèrent presque immobiles sur un socle de marbre blanc et la mer sembla plus splendidement verte et bleue, aux yeux d'Arthur Asquith, qu'il l'avait jamais vue.

Gallipoli fut une guerre de nageurs, qui mit un terme amer à la passion anglaise pour Léandre. Nombre d'envahisseurs gagnèrent le rivage à la nage derrière les bateaux. Les survivants se rappellent avoir regardé dans l'eau claire les blessés qui s'efforçaient de revenir à la surface. Si l'on nage aujourd'hui dans les hauts-fonds rocheux, au large de la péninsule, le long des plages étroites de sable fauve, et qu'on lève les yeux vers les falaises et le cercle des collines, on imagine sans peine leurs agonies. Coincés des mois durant dans les crevasses et les ravines, les soldats prenaient de grands risques pour nettoyer leurs corps chaque jour dans la mer, bref répit loin des vers grouillant au fond des tranchées, des poux, scorpions, mille-pattes et autres désagréments. L'Égée devint leur seule source de plaisir et de santé. La diversion de Suvla Bay, qui aurait pu retourner la situation et donner la victoire aux Australiens, fut abandonnée parce que le 9e corps de Stopford prolongea sa baignade plutôt que de les aider à consolider leur brave initiative.

Pour Compton Mackenzie, le spectacle des plages évoquait une villégiature de bord de mer au cours d'un beau week-end. « Jusqu'à l'aéroplane au sommet de la falaise basse, à l'est, qui avait l'air d'un « amusement » censé fournir un divertissement de trois ou six sous ; des tentes, on se disait qu'elles auraient facilement abrité des diseurs de bonne aventure ; le poste de transmission était probablement une chambre noire ; les charrettes mêmes du train indien, vues à travers les bourrasques de sable, avaient l'air d'être des voitures à chèvres. »

Dans le roman *Tell England* d'Ernest Raymond, qui servit comme aumônier militaire à Gallipoli, on sent le souffle des sonnets de guerre de 1914 de Brooke. Ses deux héros, dont l'amitié constitue la trame du livre, s'associent pour former un prolongement fictionnel de Rupert Brooke – l'athlétique Rupert Ray, dont l'ultime relais vaut à sa maison de gagner le relais de nage du collège, et Edgar Gray Doe « aux cheveux plus pâles que paille, qui lui descendaient sous les épaules, aux yeux bruns et lèvres entrouvertes d'allure féminine ». Ayant survécu à Gallipoli où meurt son ami, Rupert Ray écrit sur son carnet, à la veille de mourir dans une tranchée du front ouest : « Nous recevons de temps en temps des moments de joie enivrante qui surpassent les décennies de chagrin. Je pense avoir connu un tel moment quand j'ai gagné le trophée de nage pour Bramhall » (sa maison au collège).

Brooke n'eut jamais l'occasion de traverser l'Hellespont à la nage, mais il profita pleinement de plusieurs baignades dans les Dardanelles avant sa mort. Ce n'était pas l'exploit de Léandre, mais des souvenirs de l'expédition athénienne contre Syracuse[52] qui « étincelaient, irrésistibles, » dans son esprit quand il s'embarqua pour la campagne. Parce qu'il avait la réputation d'être un nageur olympique, le poète avait accueilli le Néo-Zélandais Freyberg, futur maréchal, à son arrivée à Gallipoli, celui-là même qui suivrait son cercueil sur plus d'un kilomètre à travers les oliveraies puis aiderait à creuser sa tombe. Plus tard, il parcourrait nu deux milles à la nage le long du rivage, à minuit, pour abuser les Turcs avec des fusées allumées sur diverses plages. Mort lui aussi au champ d'honneur, Patrick Shaw Stewart, lauréat en latin-grec à Eton, responsable de la haie d'honneur et du feu de salves sur la tombe de Brooke, était captivé par les « sites saturés de réminiscences » aperçus autour de lui, un soir où il nageait dans les eaux tièdes au large de la

[52] De 415 à 413, décrite par Thucydide, aux livres VI et VII de sa *Guerre du Péloponnèse*. (NdT)

péninsule. « La fleur de la sentimentalité s'épanouit puérilement en moi sur le sol classique. Il est vraiment exquis de se baigner dans l'Hellespont en regardant droit vers Troie, de se battre pour la maîtrise d'Aegos-Potamos[53] et de reformuler le problème de Miltiade[54] sur les lignes de Bulair[55]. »

C'est dans la vie et l'œuvre de Rupert Brooke que le sentiment classique pour l'eau et la nage dispensa ses plus beaux charmes pour la dernière fois. Pour lui, l'eau possédait des propriétés magiques et lustrales et la nage devint un moyen de purification. Son corps était « lavé par les rivières anglaises », ses plongeurs sautaient dans « la propreté » et les « tendres caresses » des eaux de Tahiti « lavent l'esprit de la sottise ». Avant de retrouver Grantchester, certain mois de juin, il écrit à Geoffrey Keynes. « Nous baignerons-nous ? Je ne l'ai pas fait depuis novembre. Il y a tant à laver. Te préoccupes-tu le moins du monde de la syphilis de l'âme ? Il se pourrait qu'une herbe pousse sur le lit de la rivière, juste au-dessus de la mare de Grantchester et que si je plonge, la trouve et la remonte, elle me guérisse. » Ses derniers mots, comme il gisait mourant, furent pour réclamer « de l'eau ».

Se dénuder et plonger revêtit pour Brooke la valeur d'un rite, d'un éveil et d'une métamorphose sexuels et physiques, d'un lien avec les divinités locales et les naïades du courant. Le Canada lui avait paru trop impersonnel, car dépourvu de tout mystère ou trace du divin. « L'érable et le bouleau ne dissimulent nulle dryade et jamais l'on n'entendit Pan parmi ces roselières. » Les nageurs autochtones des mers du Sud lui semblaient être « des statues grecques réanimées – les voir se dénuder et nager dans une rivière à moitié en crue, quel spectacle immortel ! »

[53] « Le fleuve de la chèvre », site de l'ultime défaite navale athénienne (405) infligée par le Spartiate Lysandre, qui met un terme à la guerre du Péloponnèse. Voir Xénophon, *Helléniques*, 2, 1, 21-30. (NdT)

[54] La décision de combattre les Mèdes prise par Miltiade (Hérodote, *Histoires*, VI, 109-110) lors de l'invasion perse. (NdT)

[55] Ou Bolayir, ville de la péninsule de Gallipoli. (NdT)

Si souvent le nageur semble se transformer en incarnation de mythe païen, servir de truchement à la rébellion romantique contre les amères expériences de la vie ! La perception de l'âge d'or antique se mêlait, dans les esprits de ces nageurs, aux années sereines, radieuses de leur enfance, dont tant d'eux déploraient la perte, qui faisait pleurer Byron, Borrow et divers autres. C'est bien cette intense nostalgie, fortifiée par l'étude des Anciens, qui motiva les nages étourdissantes de Clough et de Swinburne, la chute consentie de Shelley en Méditerranée, les baignades de Byron sur ses rives. Ceux qui ont été immergés, comme l'étaient tant de ces nageurs, dans les Grecs et les Latins, dans les larmes et le sentiment tragique de l'impermanence qui sous-tend si largement la sensibilité classique, tendent à se retourner, plus que d'autres peut-être, vers un état de perfection depuis longtemps perdu, tant dans la société qu'en eux-mêmes. « Nous sommes tous des Grecs ! » se récriait Shelley. Quand Charles Kingsley, dont les nages dans les cours d'eau du Berkshire crayeux le ramenaient à l'enfance, posa pour la première fois les yeux sur la Méditerranée dans le Sud de la France, il y courut, extatique, sur des kilomètres. Il estimait « rentrer chez lui ».

Cet esprit classique, qui incitait Shelley à lire Hérodote avant de plonger dans les rivières italiennes, Corvo Lucain dans les canaux vénitiens, son Hadrien VII Pindare au-dessus du lac de Némi, Swinburne et Powys Homère « avec une dévotion barbare » près de la mer, demeure le trait le plus romantique, le plus significatif de la natation anglaise. Après Rupert Brooke, elle perdit de son intensité. On peut la percevoir dans l'œuvre d'Iris Murdoch, l'une des dernières nageuses des rivières anglaises, qui traduit ses propres souvenirs dans les expériences lyriques de personnages romanesques nageant vers « la faible lueur éloignée » dans des canaux percés dans des montagnes ou des grottes voisines de la mer, à travers la surface des rivières ou au bas de lacs mystérieux, qui aspirent à atteindre la mer et, quand ils y arrivent, y descendent à minuit pour y plonger rituellement les mains. Elle survit encore dans ces nages de Patrick Leigh Fermor au sein des fleuves et grottes légendaires réputés relier notre monde sublunaire à l'Hadès, comme dans son ultime hommage à son ami Kevin Andrews, qui se noya en 1989 quand, « après une journée passée à lire la *Religio Medici*, il partit nager depuis le cap le plus méridional de Cythère vers l'îlot d'Avgo : six milles nautiques pour l'atteindre et retour. Un grain soudain se leva, avec vent de force 7 Beaufort ; la nuit tomba et, après une longue recherche, le retour des hélicoptères venus de Crète, on finit par abandonner tout espoir. Il avait disparu 42 ans jour pour jour après avoir posé le premier pied en Grèce, en direction d'un îlet rempli de grottes à phoques et de mouettes dans des parages mythiques de l'Égée. »[56]

Né à Shanghaï[57] comme Denton Welch, de père anglais et de mère américaine, la vie d'Andrews avait été une réincarnation de celle de Borrow dans la campagne grecque. Tel un goliard, il avait écumé ses plaines et ses collines, vêtu d'une cape hirsute de berger, une flûte de roseau en poche. Un jour, dans un moment élégiaque de sa carrière, alors qu'il allait quitter la Grèce pour la première fois et sentait s'achever sa jeunesse, il prit le train pour l'Olympe. Il en descendit à la nuit sur les rives nord de l'Égée, puis gagna, piqué jusqu'à la taille par les feuilles de spartiers, « la grève où les pierres étaient bien visibles sous l'eau quand j'y entrai, pour laver la poussière et la suie du jour dans un étincellement écumeux de phosphore. J'ai nagé sous l'eau, passant par les rayons de lune filtrés sous la lumière froide, jaune, répandue sur toute la surface, puis me suis assoupi près du petit clapotis, du ressac de l'Égée à quelques pas ; de l'autre côté, le massif de l'Olympe se dressait au milieu des étoiles. »

[56] L'auteur cite la notice nécrologique donnée par Patrick Leigh Fermor à l'*Independent* de Londres le 9 septembre 1989. La *Religio Medici* de Sir Thomas Browne (1635) est un modèle d'autobiographie spirituelle, émaillée de citations antiques. Nevicata a publié (2019) notre traduction du chef-d'œuvre de Kevin Andrews, au titre si prémonitoire, *Le vol d'Icare*. (NdT)

[57] On le croit plutôt né à Pékin, en général. (NdT)

Alors qu'il nageait, par une après-midi languide, loin dans le golfe de Corinthe, Robert Byron eut un jour l'impression que le voile se déchirait, d'avoir un aperçu mystérieux des secrets de l'Antiquité. « La baignade grecque recèle un ravissement unique. Le mystère de la Grèce ancienne se dévoile. Ces guerres mesquines, ces cités-États. Ces fardeaux de la salle de classe. » Assurément, ce sont les mêmes « fardeaux de la salle de classe » qui m'ont en quelque façon obligé, alors que je passais à hauteur des lacs Trasimène et de Sirmio, des baies de Salamine et de Syracuse, de l'Eurotas spartiate et de l'Alphée olympien, à nager et m'immerger dans leurs eaux, en guise de tribut à la divinité locale, comme à passer une grande partie de ma vie à chercher les bassins intéressants.

Duke Kahanamoku, le champion de natation hawaïen qui fut également acteur, juriste et entrepreneur, à qui l'on doit d'avoir grandement popularisé le surf.

Le nageur Johnny Weissmuller, multiple médaillé olympique et célèbre star hollywoodienne.

Les falaises blanches vers Birling Gap, dans le Sussex, huile sur toile de Pip Todd Warmoth.

Les championnes américaines Helen Wainwright et Gertrude Ederle à l'ouverture de la saison de natation à la Battery de New York en 1926.

Un bain depuis le bateau, huile sur toile du peintre français Raoul du Gardier.

Le plongeon artistique de haut vol (10 mètres) en couverture de l'hebdomadaire *VU*, en 1936.

Plongeurs dans les années 1920 à Flatenbadet, une plage courue sur les rives du lac de Flaten, au sud-est de Stockholm.

Baigneurs sur les rives de la Seine, huile sur toile de Maximilien Luce.

Swimming Hole (1885), œuvre du peintre américain Thomas Eakins.

Un portrait par Leni Riefenstahl du nageur japonais Masanori Yusa, qui décrocha l'argent en nage libre aux Jeux olympiques de Berlin en 1936.

L'actrice et championne de natation américaine Esther Williams, en action sous l'eau dans le film *Pagan Love Song*, 1950.

La course de longue distance au stade de natation de Moscou,
huile sur carton de l'artiste russe Natalia Gippius, 1960.

6

Le romantisme allemand

Der Taucher

Si les Anglais ont dominé la natation au XIXe siècle, ce sont les Scandinaves qui excellaient à plonger. Quand Noël Olivier plongeait nue dans le bassin de Bedales, que son beau-frère stupéfiait Rupert Brooke par ses acrobaties sur les grands plongeoirs de Cambridge, le plongeon était encore un art assez neuf. Pour la plupart des gens, ce n'était qu'une façon de pénétrer dans l'eau, jusqu'à ce que les Suédois raflent la mise aux Jeux olympiques de Paris en 1900, où ils furent obligés de plonger dans la Seine. Les talents de leurs plongeurs ont été célébrés dans les tableaux d'Eugène Jansson qui, après une vie passée à peindre les banlieues nocturnes et sinistres de Stockholm, consacra ses dix dernières années à une série impressionnante d'études masculines. Pour l'essentiel campées dans les bains de la marine suédoise, à Skeppscholman, celles-ci montrent des marins nus ou à demi-nus qui plongent et se baignent dans la piscine, tout à l'exaltation de leurs mouvements musclés et rapides.

Les Suédois ont introduit l'art de plonger en Angleterre au tournant du XXe siècle. Leur impact fut considérable. Leurs évolutions audacieuses et gracieuses éblouissaient les foules qui regardaient les plongeurs se lancer dans l'espace, l'un après l'autre, depuis la terrasse d'une pagode haute de vingt mètres, avec une telle force, un tel ressort que leurs corps s'éloignaient d'environ dix mètres du plongeoir, la tête renversée, le dos bien incurvé, les bras écartés pour former une ligne horizontale passant à travers les épaules comme les ailes écartées d'un oiseau, position conservée jusqu'à deux mètres de l'eau environ. À l'apogée du vol, le corps semblait se figer en l'air. Aux yeux des spectateurs, c'était une façon « idéaliste » d'entrer dans l'eau car elle évoquait exactement celle du vol de l'hirondelle.

Comme les Ballets Russes de Diaghilev et leur succès foudroyant à Londres quelques années plus tard, ces sauts de l'ange influencèrent les arts de l'époque, s'agissant notamment de la représentation des figures classiques. Dans le tableau de Rivière de 1906, quand Bellérophon tombe tête la première vers la mer depuis son cheval volant, Pégase, il étend largement les bras. Corvo, lui, photographiait les garçons nus plongeant dans le lac de Némi, « la tête renversée, les bras levés et bien écartés ». Conscient de ses limites de dessinateur, il projetait des diapositives de ses clichés sur des toiles vierges afin de tracer le contour des silhouettes de plongeurs. Puis, après avoir ajouté un arc et un carquois, il intitulait le produit fini *La Fuite de Cupidon*. Quant aux néréides des tableaux romantiques d'Arnold Böcklin, l'artiste suisse-allemand, en plongeant des rochers dans les vagues, bras tendus et corps arqués, elles expriment toutes les influences du saut de l'ange à la mode.

Peu à peu, les Allemands prirent le relais des Suédois, surtout grâce à Walz et Zurner, bien que les Suédois soient brièvement parvenus à reconquérir leurs titres lors des Jeux de Stockholm en 1912. Le plongeon tirait son origine du grand mouvement de gymnastique lancé par Friedrich Jahn pour réagir à la cuisante série de défaites infligées à la Prusse par Napoléon au début du XIXe siècle. À l'été, on installait les équipements sur les plages de la Baltique et l'on exécutait des acrobaties sur l'eau. Peu à peu on y intégra l'eau. Pour les gymnastes, plonger est très difficile : sans soutien, rien à quoi s'accrocher ni à saisir, ils ont l'impression, durant deux secondes au plus, d'être perdus dans l'espace, sans notion de leur position par rapport au plongeoir, à l'eau ou au côté du bassin.

Ce sentiment de désorientation a été mis en relief par Hans Ertl, le cameraman de Leni Riefenstahl aux Jeux olympiques de 1936, qui installa sa caméra dans la piscine, à moitié submergée sous les plongeoirs, afin de brouiller l'angle et la direction du plongeon aux yeux du spectateur. C'est une méthode qu'il avait imaginée aux Jeux olympiques d'hiver, quand il s'était couché au milieu de la piste pour pointer sa caméra sur les skieurs tandis qu'ils sautaient au-dessus de lui « tels des aigles, mais pour s'écarter au dernier moment car la proie prévue était immangeable ». De même, il plongeait avec les plongeurs submergés et, après avoir ajusté ses lentilles, les filmait remontant à la surface dans l'eau. Une grande partie de la séquence fut tournée dans un stade vide, après la fin des Jeux, parfois au projecteur jusque tard dans la nuit, sous des angles et depuis des positions qui auraient été impossibles au moment des vraies compétitions.

Le film de Riefenstahl, *Olympische Spiele* (Jeux olympiques), a livré l'expression la plus aboutie de la passion scandinave du plongeon. Le film est un produit du culte de l'athlétisme et du naturisme qui était si caractéristique de la vie allemande de l'époque. La foi nietzschéenne dans la nature comme source d'énergie fondamentale de l'humanité est à la base de la passion de la natation cultivée par la République de Weimar, ce moment où, selon Stephen Spender, « le soleil – symbole de la grande richesse de la nature au sein de la pauvreté humaine – était la force sociale essentielle de cette Allemagne-là. Des milliers de gens se rendaient dans les piscines de plein air ou s'allongeaient au bord des rivières ou des lacs, presque nus, parfois tout à fait, et les garçons bronzés du plus bel acajou marchaient au milieu des plus pâles comme des rois parmi leurs courtisans. Le soleil guérissait les corps des années de guerre, ravivait la conscience de la vie ondoyante, frémissante, du sang et des muscles recouvrant les esprits épuisés comme la fourrure d'un animal. »[58]

[58] *Autobiographie* (*World within World*), dans notre traduction, Paris, 1993.

Sur les rivages brumeux de la Baltique, où les mouvements de gymnastes femmes se confondent mystérieusement, au début du film, avec les rides de la mer et l'ondoiement de l'herbe, Spender se déshabillait au petit matin sous les pins. « Entrons dans l'eau maintenant » murmurait quelqu'un et ils pataugeaient loin pour trouver un canal profond et nager durant une heure, « en se criant parfois un mot de l'un à l'autre sur la mer ». La nudité était la « démocratie de la nouvelle Allemagne », la République de Weimar, la nudité qui avait exprimé la vertu du nageur pour George Borrow, celle qui le distinguait du jargon suffisant et de la cécité du bourgeois. Au large de l'île de Rügen où peignit Caspar Friedrich, Isherwood s'est baigné, dans force éclaboussures, avec les blonds garçons allemands. À Berlin, il a plongé dans le grand lac de Wansee ou au Wellenbad, énorme piscine couverte à mécanisme de vagues artificielles. Tel Corvo et d'autres dans les parages de la Serpentine, les garçons s'y retrouvaient en quête d'amitié, ce « concept allemand sacré ». Les bassins de plein air étaient vastes, entourés de statues grecques, bondés par tous les temps d'hommes en slips de bain dont la petitesse choqua Weissmuller quand il fit le tour de l'Allemagne dans les années vingt. Il arrivait de l'État de New York où la loi, valide jusqu'en 1938, imposait aux hommes des costumes longs couvrant aussi leur poitrine. Auden a noté que « le dimanche signifiait les lacs pour beaucoup, un corps plus halé, la beauté en brûlant » bien qu'il ne goûtât pas la plage, pour sa part, et préférât la pluie. Peu de choses ont changé. Il y a peu, je nageais par une sombre soirée de février dans une série de bassins de plein air, au-dessus de Kassel, avec un groupe d'Allemands, aussi nus que joyeux, sous les flocons de neige.

Cette identification aux forces mystérieuses de la nature affectait les photos de List et les tableaux de Heckel et Mueller, leurs nus rêveurs, anguleux, étendus au bord des rivières, ou pénétrant dans les lacs bleus d'où toute vie humaine est jadis sortie, images d'innocence primitive et d'aspiration insatisfaite à une vie de beauté et d'harmonie universelle. C'est le reflet d'une volonté de retrouver, via le primitivisme, un état de bonheur qui n'existait plus. Les silhouettes des *Garçons se baignant* de Munch revêtent, en s'immergeant davantage dans l'eau bleue et claire, des formes d'étranges créatures amphibies, l'aspect de grenouilles ou de tortues qui évoquent l'origine non-humaine de l'homme.

C'est l'intensité de cette conviction dans les pouvoirs régénérateurs de la nature et de l'athlétisme qui a fait du film de Riefenstahl sur les Jeux olympiques de Berlin un acte de dévotion quasi religieuse. Sa séquence la plus inoubliable propose une longue suite de plongeurs s'arquant parmi les nuages, les bras étendus comme Icare, que nous voyons tomber et remonter dans l'eau. Entre tous les passages du film, ce sont ces silhouettes plongeantes qui révèlent sa compréhension de l'idéal grec de la grâce du corps humain et sa libération par le mouvement. Par cette série d'images fragmentaires, elle a créé une invention cinématique n'ayant que peu de rapport avec ce qui se vit vraiment dans la piscine olympique. Elle reflète son point de vue : les jeux étaient un exercice esthétique tout autant qu'une compétition, même si l'émotion de la musique et du montage semblent vouloir exprimer bien davantage que sa passion avouée de la beauté physique et son goût pour le hardi et l'héroïque dans la vie. On perçoit un écho plus distant, une allusion à l'antique foi des Romantiques allemands dans l'aristocratie de l'esprit, une aspiration, une quête insatiable de l'accomplissement au-delà du mondain et du trivial, « obligées de partir d'ici et d'avancer toujours tant que le ciel est bleu ».

On mesure le caractère intensément personnel de ce passage du film. Les figures des plongeurs se confondent avec celle de l'héroïne romantique qu'elle jouait elle-même dans ses « films de montagne », une fille pure, innocente et simple, vivant parmi les nuages, dont les aspirations mystiques échappaient aux corruptions des gens de la vallée, en contrebas. La cinéaste a consacré plus de soins et de réflexion à cette séquence qu'à toute autre, comme si elle estimait qu'elle contenait la substance de son message. Il était destiné à l'apogée d'un film où elle voulait démontrer « la domination complète sur le corps et la volonté par l'individu et créer une atmosphère extraordinaire hissée au-dessus de la vie ordinaire ». Vers la fin de la séquence, tandis que les lois de la gravité paraissent suspendues, que les plongeurs semblent totalement affranchis de toutes les limitations terrestres, Riefensthal sous-expose délibérément leurs formes, si bien que leurs traits deviennent flous, que leurs corps sont réduits aux silhouettes d'êtres symboliques et mythiques qui forment des motifs complexes contre un ciel nuageux, menaçant.

Riefenstahl avait voulu commencer le film par une scène de nage, celle de naïades émergeant de la mer avec la flamme olympique. « Et dans ce but, la mer Égée était très belle, pittoresque, merveilleusement entourée de cyprès, de pins, d'un sable jaune vif. Et c'est ainsi que Böcklin l'a peinte dans ses tableaux. Et cela développerait une conception de la beauté de la mer, un romantisme. Surtout, bien des motifs étaient contenus dans *L'île des Morts* de Böcklin qui auraient dû être repris dans mon film. » L'ensemble de l'œuvre met en lumière sa profonde filiation avec les traditions romantiques comme néoclassiques. Comme Hitler, elle voulait ranimer le sentiment allemand du mythe et ces aspirations magiques, mystiques, qu'elle a symbolisées dans l'image du plongeur.

Au début de sa vie, elle avait dansé, sur un mode imaginatif et abandonné, telle Isadora Duncan, et lors de sa première rencontre avec Hitler, elle dansa seule pour lui. L'un de ses solos s'appelait *La Fleur bleue*, qui, comme son film *La Lumière bleue*, était inspiré par la vision de la fleur bleue dans le roman de Novalis, *Heinrich von Ofterdingen*, livre qui fit de l'aspiration spirituelle le cœur de la tradition romantique allemande. Fuyant les limites terrestres, le poète de Novalis recherche la fleur bleue devinée dans ses rêves. Il atteint une mare. « Il lui prit une envie irrésistible de se baigner ; il se dévêtit et descendit dans le bassin. Alors il lui sembla qu'un des nuages empourprés du crépuscule l'enveloppait ; un flot de sensations célestes inondait son cœur; mille pensées s'efforçaient, avec une volupté profonde, de se rejoindre en son esprit; des images neuves, non encore contemplées, se levaient tout à coup pour se fondre à leur tour les unes dans les autres et se métamorphoser autour de lui en créatures visibles; et chaque ondulation du suave élément se pressait doucement contre lui, comme un sein délicat. Le flot semblait avoir dissout des formes charmantes de jeunes filles qui reprenaient corps instantanément au contact du jeune homme... »[59] Ce flot porteur de filles charmantes tandis qu'il nage annonce la réunion du poète à sa femme qui s'est naguère noyée dans la rivière « bleue », mystérieuse figure inspirée par les souvenirs amers qu'avait Novalis de Sophie von Kuhn, fillette connue lorsqu'elle avait treize ans et morte deux jours après son quinzième anniversaire. La nage du poète est une sorte d'initiation, une étape vitale dans son passage miraculeux à un monde supérieur, de même que la femme aquatique se fond dans la fleur bleue pour devenir l'incarnation de tout ce qu'il désirait et a finalement trouvé.

Cette révolte du nageur contre les conventions sociales avait trouvé sa première traduction dans l'expérience de Gœthe, dont les œuvres de jeunesse ont fourni au romantisme allemand tous ses thèmes ultérieurs. Elle se produisit au cours d'un voyage en Suisse en 1773[60], un quart de siècle avant que Jahn inspire l'exode sur les bords de la Baltique. L'accompagnaient dans ce voyage les aristocratiques frères Stolberg, eux-mêmes remarquables poètes et traducteurs de l'*Iliade* d'Homère. Tous étaient agrégés, autour de Gœthe, au mouvement du *Sturm und Drang* (Tempête et Pression), tous aimaient choquer le bourgeois dans leur enthousiasme d'échapper à l'étroitesse de leurs vies, en quête de l'indépendance et de la liberté personnelles. Ces frères avaient déjà l'habitude de scandaliser les gens du cru en plongeant nus dans le lac de Darmstadt car,

59 Novalis, *op. cit.*, traduction Marcel Camus, Paris, 1942, 1992. (NdT)

60 Ou 1775 ? Voir J. Ancelet-Hustache, *Gœthe par lui-même*, Paris, 1970, et la chronologie de Roland Krebs in *Les Affinités électives*, Paris, 2009. (NdT)

s'il faut en croire Gœthe, « ils ne pouvaient s'empêcher de faire ce qui ne se fait pas, après avoir trop longtemps supporté ce qui se fait ». Ils tenaient la Suisse pour l'endroit idéal où réaliser la liberté naturelle, pour « idylliser » la neuve indépendance de la jeunesse inspirée par les esquisses et la poésie de Gessner, qui redoublaient leur nostalgie des scènes pastorales :

> « En fait, se baigner dans les grandes eaux semble être l'une des meilleures qualifications pour exprimer semblables talents poétiques. Au cours de notre voyage, jusqu'ici, ces exercices naturels n'avaient guère paru conformes aux mœurs modernes et nous nous en étions abstenus, dans une certaine mesure.
>
> Mais en Suisse, le spectacle du cours d'eau fraîche – coulant, courant, précipité, puis se rassemblant sur la plaine pour s'étaler peu à peu en lac – offrait une tentation à laquelle on ne pouvait résister. Je ne puis nier que je m'associai à mes compagnons pour me baigner dans le lac clair, mais nous avions choisi un endroit assez éloigné, supposions-nous, de tous les yeux humains. Mais les corps nus brillent de loin et quiconque nous aperçut par hasard s'en offusqua sans doute.
>
> Les braves jeunes gens innocents, qui ne trouvaient nullement choquant de se voir à demi-nus, tels des pâtres poétiques, ou entièrement nus, telles des divinités païennes, étaient tancés pour renoncer à toutes ces pratiques. On les invita à comprendre qu'ils ne vivaient pas dans une nature primitive, mais dans un pays qui jugeait bon et salutaire d'adhérer aux anciennes institutions et coutumes transmises depuis le Moyen Âge. Ils ne refusaient pas d'admettre le convenable de tout ceci, d'autant qu'on en appelait au Moyen Âge qui leur paraissait vénérable en tant que seconde nature. En conséquence, ils abandonnèrent les rivages des lacs les plus fréquentés, mais quand, au cours de leurs marches en montagne, ils tombaient sur les ruisseaux clairs, bruissants, rafraîchissants, il leur semblait impossible, à la mi-juillet, de s'abstenir

de cet exercice revigorant... Loin de toute habitation, et même de tout sentier fréquenté, ils pensaient qu'il ne pouvait y avoir d'objection, en de tels endroits, à ce qu'ils rejettent leurs habits et affrontent hardiment les vagues écumeuses. Cela ne se faisait pas sans hurlement, sans cri de joie sauvage, dus en partie au froid, en partie à la satisfaction avec laquelle ils pensaient consacrer ces rochers lugubres, boisés, en une scène idyllique.

Mais quant à savoir si des personnes déjà mal disposées se glissèrent sur leurs pas ou si ce tumulte poétique convoqua des ennemis, fût-ce dans la solitude, on ne saurait le deviner. Qu'il suffise de dire que des pierres leur furent jetées, l'une après l'autre, depuis les buissons immobiles surplombants, par une ou plusieurs personnes, par hasard ou exprès, ils n'en savaient rien ; cependant, ils jugèrent plus sage de renoncer à l'élément vivifiant et de chercher leurs habits.

Personne ne fut touché, ils ne reçurent pas de blessure physique, mais morale – de surprise et de tristesse – puis, débordants de jeune vie comme ils l'étaient, ils écartèrent facilement le souvenir de cette déplaisante affaire. Mais les conséquences les plus désagréables s'abattirent sur Lavater, notre hôte, qu'on blâma d'avoir accordé un accueil aussi amical à une jeunesse aussi indisciplinée, au point d'avoir arrangé des promenades avec elle et généralement montré des égards à des personnes dont les habitudes sauvages, effrénées, non-chrétiennes et même quasi païennes, avaient tant scandalisé une communauté morale et bien réglée. »

Dans ces souvenirs de ses baignades de jeunesse dans l'eau claire des lacs et rivières suisses, troublées par les pierres et les insultes d'autochtones « bien réglés », Gœthe a cristallisé l'opposition entre ceux qui aspiraient à retrouver le vieux monde pastoral et païen avec sa passion pour le corps nu et l'eau, et le commun qui adhérait toujours aux conventions de la morale médiévale qui l'avaient remplacée. Il s'était convaincu que les Grecs, par-dessus tous les peuples, vivaient en accord avec la nature, affranchis des contraintes imposées par une société semblable à celle où vivait le poète allemand.

Ce thème allait obséder le peintre romantique Carl Blechen, qui peignit cinq versions différentes des *Jeunes filles se baignant dans le parc de Terni*, après une visite à Rome en 1828. Avec ses deux personnages qui marquent une pause avant de se baigner dans la mare bleue entre les ombres d'arbres mystérieux, le tableau semble une idylle parfaite, à première vue. Mais le tissu rouge vif des habits abandonnés introduit une fausse note, un écho du choc qu'a dû ressentir Gœthe en entendant la chute des premières pierres. À mieux y regarder, l'atmosphère n'a rien d'idyllique, mais elle introduit l'angoisse et la désapprobation tandis que ces descendantes des nymphes de l'Antiquité s'efforcent anxieusement d'éviter le regard lascif des spectateurs, de cacher leur nudité au public.

Gœthe en vient à comprendre, en Suisse, que la nage lui offre sa seule chance de s'identifier à l'esprit de la mythologie grecque tout en contentant son plaisir et sa curiosité dans le spectacle du corps nu. Ayant vu dans une collection privée une sculpture hellénistique dépeignant l'une des Danaïdes, il s'était senti frustré d'avoir si peu d'expérience réelle de la forme humaine. Du coup, il pria l'un de ses amis de se baigner nu dans le lac. « Comme il paraissait beau, parfait à tous égards ! Mon imagination était enrichie par cet exemple parfait de la forme humaine. Je peuplais les bois, prés et montagnes environnantes de ces belles figures. J'y voyais Adonis chassant le sanglier ou Narcisse désirant son reflet dans l'eau. » Mais le manque de femmes nues le déçoit, que soit absente la belle nymphe Écho qui pleura la mort de Narcisse. « Je décidai donc, quoi qu'il en fût, que je devrais voir une jeune fille comme j'avais vu mes amis. » Il s'entendit avec une entremetteuse pour qu'elle lui envoie une fille et c'est ainsi, apparemment, qu'il voit une femme nue pour la première fois.

Carl Diem, l'érudit ayant fourni à Riefenstahl une grande part de l'arrière-plan classique de son film olympique, a commenté l'enthousiasme gœthéen pour le sport dans ce but : estampiller l'athlétisme excessif de son temps du sceau de l'approbation divine du poète. Selon Diem, la nage était extrêmement rare en Allemagne au XVIIIe siècle, comme partout ailleurs, mais la philosophie rousseauiste du retour à la nature avait créé une ambiance où il suffisait du plus modeste encouragement – une personne servirait de guide – pour lancer la mode de la natation. Et c'est le grand poète qui fournit l'impulsion initiale. Suivant son exemple, des milliers de gens adoptèrent la baignade en eau glacée et les médecins se mirent à prescrire les bains froids de rivière pour divers maux « parce que le fameux Gœthe l'avait recommandé ». Peut-être avait-il été influencé par ses échanges avec son ami Lichtenberg, l'aphoriste anglophile qui avait été si frappé, séjournant en Angleterre, par les muscles et l'audace des Anglais, la beauté des Anglaises, et qui décrit dans une longue lettre sa stupéfaction à Margate, la première villégiature anglaise publique de bord de mer, pratique alors inconnue en Allemagne. Sans doute le poète voulait-il insuffler à ses jeunes compatriotes, ces savants « myopes, blêmes, la poitrine creuse », un peu de l'audace et du style affichés par les aristocrates anglais et nageurs, tel Byron, qui venaient le saluer en passant par Weimar lors de leurs grands tours européens. « Cela dépend-il de la race, du sol, de la libre constitution ou d'une éducation saine ? s'interroge Gœthe devant Eckermann en lui avouant son admiration. Leur façon de se présenter et leur manière de se tenir en société sont si pleines d'assurance et d'aisance qu'ils ont l'air d'être partout les maîtres et qu'il semble que partout le monde leur appartienne. C'est d'ailleurs ce qui plaît à nos dames et leur permet, à eux, de faire de si grands ravages dans les cœurs de nos demoiselles (...) Ce sont des jeunes gens dangereux, mais c'est tout à leur honneur qu'ils le soient. » Combien différente, poursuit tristement le poète, la situation des jeunes de Weimar ! « Tout tend chez nous à mater de bonne heure la chère jeunesse, à extirper toute force naturelle et primesautière, toute originalité, si bien qu'en fin de compte, il ne reste plus que le philistin. (…) De sain instinct et de joie sensuelle, aucune trace chez eux (...) »[61]

Gœthe apprit à nager à son fils adoptif, comme aux fils de ses amis. Dans *Wilhelm Meister*, qui abonde en allusions aux effets bénéfiques de la nage, le directeur d'un internat remarque, en regardant ses élèves apprendre à nager, qu'il est toujours impressionné par leurs expressions de surprise à constater que l'élément qui semble les attirer vers le bas leur donne aussi une impression de légèreté, qu'il les relève et les soutient en même temps. Pour le poète, une baignade en eau froide « transformait l'épuisement sensuel du bourgeois en existence pleine de fraîcheur et de vigueur ».

Presque toutes les nages gœthéennes prirent place dans la rivière coulant au bas de son jardin de Weimar. Il y nageait tout au long de l'année, même au plus fort de l'hiver, tôt le matin ou à la mi-nuit, comme une forme d'autodiscipline ou un moyen d'immersion dans les effets romantiques de la nature. « Je me suis baigné la nuit dernière, écrit-il un été à Charlotte von Stein, mais pas près du barrage et j'ai vu la plus glorieuse lune. » Puis, dans son journal : « 28 juillet – Me suis baigné de bonne heure. 30 juillet – Me suis baigné. Suis allé chasser (oiseaux), ai fait frire une truite dans la soirée après m'être baigné dans le lac (à l'est de la ville). 9 août – Me suis baigné à 1 heure. » Le 6 septembre, il écrit à Frau von Stein qu'à son lever, il a eu envie de nager, envie qu'il a satisfaite sur-le-champ, ce qui l'a mis en pleine forme, pas seulement superficiellement.

Cependant, alors que le mois de novembre est bien avancé, il se baigne la nuit. À la fin de ce mois, il écrit depuis Weimar, après un passage à vide : « La nuit dernière, la ville et ses alentours me regardaient avec des yeux si étranges. Il me semblait que je ne devais pas y rester. C'est alors que je suis entré dans l'eau et que j'ai noyé mon

[61] *Conversations avec Eckermann*, traduction Jean Chuzeville, Paris 1949, 1988. (NdT)

imagination surmenée. » Ce qu'il doit aux effets apaisants de la nage se lit encore dans tels vers :

> « Et quand je parcours mon vieux sentier favori
> Le long de mon pré bien-aimé,
> Je m'immerge dans le soleil du premier matin,
> Puis me baigne dans la lune, lavant chagrins et soucis du jour (...) »

Il possédait une gravure d'après un dessin de Michel-Ange, de soldats se baignant dans une rivière : il la chérissait parce qu'elle exprimait, à son estime, en quoi la nage est la forme la plus sublime de relaxation, la plus éloignée de toutes les haines et tensions associées à la guerre. Pour Gœthe, Michel-Ange rendait hommage, dans cette scène de lassitude absolue, au solipsisme du nageur, affranchi des distractions et des exigences d'un monde troublé.

Revenu de Suisse, il dut s'adapter au cérémonial de la vie de cour à Weimar. Songeant à cette mutation, il se comparait à « un oiseau bien intentionné qui a plongé dans l'eau et, alors qu'il était sur le point de se noyer, les dieux ont peu à peu commencé à transformer ses ailes en nageoires. Les poissons qui s'affairent autour de lui ne comprennent pas pourquoi il ne se sent pas aussitôt à l'aise dans leur élément. » La métaphore contient une certaine vérité littérale car à présent, au lieu de nager nu dans l'Ilm, il portait un gilet et une culotte spécifiques, en lin, mentionnés dans ses relations. Ils lui avaient coûté dix *groschen* d'argent. L'un de ses amis se rappelle un incident arrivé après l'une de ses baignades, près de chez lui, alors que des dames étaient présentes. Par malheur, son costume de bain s'était défait, si bien que « ce que Gœthe pensait soigneusement caché était dénudé et révélait qu'il était aussi bien pourvu physiquement qu'il l'était intellectuellement ». Il devint de loin le meilleur nageur du coin, comme il en était « le meilleur danseur, acteur, escrimeur et le plus bel homme ». Comme dans les lacs suisses, c'était un cercle aristocratique de nageurs qui incluait le duc de

Weimar. Ils semblaient déterminés à choquer les citoyens les plus respectables. Dans un incident qui nous évoque George Borrow, Gœthe raconte comment il nageait tard un soir quand un fermier, rentrant chez lui des hauteurs de Weimar, pensa mourir d'effroi en voyant une forme blanche à la longue chevelure noire flottante et qui chantait bizarrement. Il crut avoir vu une sirène.

Les expériences de nage de Gœthe paraissent avoir profondément marqué son imaginaire. Les images qui y sont liées reviennent sans cesse teinter sa conversation et ses lettres. Sortant d'un accès de dépression, il remarque qu'il « était peu probable qu'il nage à nouveau dans cette rivière ». Quand il veut exprimer sa gratitude pour une aide, il écrit : « Sans vous, je ne pourrais nager ni même patauger ». Dans une missive, il compare l'implication graduelle dans une histoire d'amour aux sensations du nageur : « En s'abandonnant à la passion, l'individu frissonne momentanément, comme s'il entrait dans un élément inconnu ; mais dès qu'il aura cédé, il sera embrassé et emporté, tout comme un nageur par l'eau. Il s'y délecte et ne veut pas toucher terre avant d'être épuisé ou qu'une crampe ne menace de le noyer ». Un cadeau reçu de Herder est « plus précieux que la myrrhe, et produit la sensation d'une serviette rêche après le bain ». Après une absence de quelques mois, il écrit à Charlotte von Stein que la première chose qu'il fera à son retour sera de « vous dire 'Bonjour' comme un plongeur resté quelque temps invisible sous l'eau ». Retrouvant les frères Stolberg des années après leurs escapades suisses, il déclare que c'était « merveilleux de pouvoir se baigner dans la mer de ma jeunesse à travers les souvenirs ».

Quand le poète et ses deux amis aristocratiques se délectaient dans les lacs suisses, aucun d'eux ne savait nager, en fait. C'était juste qu'ils trouvaient l'eau irrésistible, comme Shelley. Quelques mois après être rentré, Gœthe se construisit un gilet de sauvetage en liège afin d'apprendre. Le gilet de sauvetage devint une allégorie significative pour lui, celle d'un soutien. S'agissant par exemple des difficultés rencontrées par Mendelssohn dans son activité de compositeur, il écrit que le « beau gilet de sauvetage de son talent l'aidera à traverser les tourbillons de la barbarie ». Ailleurs, il note que « les grandes histoires d'amour, comme les amourettes, vous maintiennent à la surface, comme les gilets de sauvetage ceux qui se noient ». À son protégé Kraft, que divers malheurs submergeaient, il adresse ces mots d'encouragement : « Qui s'est battu contre les vagues sait l'heure du désespoir, quand il se rend compte que des mains compatissantes sur le bord n'ont pas la force de l'aider. Il n'y a rien de plus terrible qu'être incapable d'aider et de voir les autres se noyer. Acceptez donc tout ce que je puis vous envoyer, quoi que ce soit, comme un gilet de sauvetage, pour nous donner du temps. »

Toute sa vie, Gœthe fut hanté par le souvenir de noyés. Il se sentit responsable quand une malheureuse se noya après avoir lu *Les Malheurs du Jeune Werther*. En 1774, quatre garçons se noyèrent alors qu'il les regardait depuis la berge. Il tenta sans succès d'en ranimer un, avec « force bras, sueur, et larmes » désespérés. Le beau pêcheur de *Wilhelm Meister*, toujours incapable de résister à la tentation d'un bain, rejoint un groupe d'enfants qui pataugent vers l'eau profonde, à travers de dangereux rochers. Ils commencent à glisser, se tirent et s'agrippent pour se soutenir et se précipitent tous au fond. Dans ses romans et ses pièces, des garçons tombent dans les rivières au cours de feux d'artifice, des amants désespérés sont emportés par de violents courants, plongent depuis les rochers dans une mer noire à la nuit. Il reconnaîtrait ultérieurement que les nombreuses heures heureuses de sa vie consacrées à la nage avaient enrichi le poète en lui. Maints vers renvoient directement à la nage, « joyeusement » et « hardiment », « criant de plaisir » pendant la Nuit de Walpurgis dans *Faust* ou se glissant sans bruit dans l'eau parmi les roseaux. Quand l'une des dames de la cour de Weimar se noie après une malheureuse histoire d'amour, Gœthe s'efforce de consoler le malheureux Eckermann d'une manière caractéristique :

« Si seulement vous saviez comme le petit poisson
Se sent à l'aise sur le lit de la mer !
Vous descendriez à la nage, comme vous êtes
Et alors seulement vous vous sentiriez bien… »

Travaillant à *Faust*, Gœthe déclare à Schiller que son travail ne va pas bien ce jour-là, « même si je suis allé nager ». Nous n'avons pas de preuve que le consomptif Schiller ait jamais rejoint son ami dans l'eau, mais sa ballade *Der Taucher* (Le Plongeur) a rehaussé le portrait du plongeur en être plutôt à part, spécifique, lié à des expériences et des mystères refusés à l'homme ordinaire. Tout écolier allemand étudie ce poème, lequel est si prégnant de signification qu'à l'heure du plus grand danger, sur les profondeurs de la mer Caraïbe, Hans Hass ne cessait de se le répéter comme s'il s'agissait d'une sorte de talisman.

La ballade raconte la légende selon laquelle Frédéric II, empereur d'Allemagne et roi de Sicile, jeta un gobelet d'or à la mer, défi lancé à tout plongeur assez brave pour sauter à sa poursuite et le récupérer. L'empereur avait ouvert une nouvelle ère intellectuelle, traduit Aristote et ranimait, par son goût de l'hellénisme, l'amour des mers profondes depuis longtemps oublié. Il avait choisi, comme cadre de l'épreuve, les eaux noires de Charybde, entre Italie et Sicile, à cause de la description que nous fait Homère de ce tourbillon. Son intention était d'apprendre du nageur les secrets du monde caché sous les vagues, dissimulés à l'homme. Tel le Faust de Gœthe, il désirait la connaissance absolue. Pour l'acquérir, il sollicite le nageur et son aide.

Dans la légende originale, le plongeur ayant relevé le défi s'appelait Nicolas Persée, dont le calendrier d'Eton marquait l'anniversaire, nageur solitaire aux doigts et pieds palmés comme une oie, vivant de poisson cru, qui passait sa vie à nager entre les îles Lipari, à distribuer le courrier dans un sac étanche et à pêcher les perles. Il vécut sous le règne de Frédéric II, qu'il fascinait. Il semble que Schiller ait entendu parler du plongeur par Gœthe, qui l'encouragea à écrire la ballade et s'adresse ainsi à lui le 10 juin 1797, après lui avoir rendu visite à Iéna : « Portez-vous bien et laissez votre plongeur se noyer aussi vite que possible ». Quelques mois plus tard, Schiller répond : « J'ai découvert que j'ai transformé un plongeur ordinaire, le sujet de la légende, en quelqu'un d'assez exceptionnel et de divin ». En fait, Schiller ne s'intéresse pas à Nicolas Persée (« Le Poisson »). C'est un jeune écuyer, plus allemand qu'italien, qui plonge depuis le sommet de la falaise dans l'œil du tourbillon, sur un chemin qui paraît « s'enrouler dans l'obscurité vers l'enfer ». Finalement, il émerge des vagues et raconte au roi comment les courants l'ont ballotté jusqu'à ce qu'il parvienne à se cramponner à un pic à portée du gobelet. Tout en bas, au pied de la falaise qui descend jusqu'au lit de la mer, il a observé dans l'ombre des grouillements de grands reptiles, de salamandres, de dragons, de serpents, avant que le courant le balaie à nouveau et le ramène à la surface. Mais le roi n'est pas satisfait. Il insiste pour savoir ce qui est caché « au plus intime » de la mer. Il propose sa fille au plongeur pour l'inciter à regagner les profondeurs. Une fois encore, le plongeur accepte le défi, pour ne jamais revenir.

Autre monarque ayant souffert d'une curiosité intense pour l'eau, l'incarnation du romantisme allemand finissant : Louis II de Bavière, dont le cadavre fut découvert à la fin entre deux eaux. « Les eaux froides de l'Alpsee me font signe » écrivit-il un jour dans son journal. Le charme fatal de la Lorelei a été esquissé par Brentano, puis embelli par Heine. Louis II se baignait de manière obsessionnelle dans les lacs surplombés par ses châteaux. Pour mettre en scène Wagner, il créa une série de lacs et de cascades, alimentés par un complexe de tuyaux et de machines à vagues artificielles, système conçu par l'inventeur du sous-marin, Wilhelm Bauer. Cette fascination pour la natation, l'eau et ses effets, semble un exutoire pour sa pulsion créatrice, tout comme la fabrication de ses châteaux fabuleux, une façon d'échapper à la brutalité du monde réel qui le dégoûtait de plus en plus.

Dans les romans de Thomas Mann, héritier spirituel de Novalis et des romantiques allemands, on trouve le même intérêt pour la frontière tragique séparant le monde réel de l'idéal, symbolisé, comme si souvent, par le nageur qui retrouve son rôle traditionnel de personnage classique, à l'image de ces êtres mythiques, inspirés par la vue de son ami nageur, dont Gœthe sentit la présence dans le paysage boisé autour des lacs suisses. Dans la vision qu'a Hans Castorp d'une baie méditerranéenne depuis les pentes supérieures de la *Montagne magique* – scène qu'il n'a jamais vue, mais se rappelle pourtant – les « enfants du soleil » exultaient parmi les vagues qui se brisaient et les jeunes gens « hésitaient au bord de l'eau, leurs bras croisés et leurs mains enserrant leurs épaules tandis qu'ils testaient de l'orteil l'eau glacée ». Pendant ce temps, plus bas au flanc de la montagne, sous ce paysage méditerranéen aux maisons blanches scintillantes parmi les halliers de cyprès et de palmiers, ses nageurs et ses bergers joueurs de flûte, les occupants du sanatorium, microcosme de la société européenne d'avant la Grande Guerre, poursuivaient leurs interminables discussions.

Sur le Lido vénitien, Tadzio ranime pour Aschenbach les souvenirs de Narcisse et de Phèdre, le jeune disciple de Socrate qui trempa ses orteils avec lui dans les eaux fraîches de l'Illissos. Tandis qu'il reposait sur son transatlantique, durant les longues matinées à la plage, son regard lourd se posait, « un regard fixe et impudent », sur la silhouette du garçon émergeant de la mer. « C'était un spectacle à inspirer des visions fabuleuses, quelque chose comme une poétique légende des âges primitifs, rapportant les origines de la beauté et de la naissance des dieux. »[62] Après que la nouvelle du choléra s'est répandue dans la ville et que les divers vacanciers ont regagné en hâte leurs pénates, Aschenbach mourant a l'impression, attardé entre les tentes et les cabines de bains, que le nageur « pâle

[62] Thomas Mann, *La Mort à Venise*, trad. F. Bertaux et C. Sigwalt, Paris, 1925, 1947, 1975. (NdT)

et digne d'amour », sur le banc de sable, « lui souriait et lui montrait le large ; que, détachant la main de sa hanche, il tendait le doigt vers le lointain, et prenant les devants, s'élançait comme une ombre dans le vide énorme et plein de promesses ».[63]

Quant au *Tonio Kröger* du même auteur, il est la proie au lycée d'une passion pour Hans, blond aux yeux bleus, « qui nageait à la perfection ». Ce personnage est inspiré par un héros précis de Mann dans ses années de lycée, un très bon nageur qui devait sombrer dans l'alcoolisme et connaître une triste fin en Afrique. Hans est tout ce que Tonio n'est pas, apprécié des professeurs et des élèves, serein, athlétique. Quels que soient ses efforts, Kröger ne parvient pas à s'en faire remarquer. Au sortir du lycée, il suit les instincts implantés par sa mère artiste, part pour le Midi et se consacre à l'écriture. Bien qu'il trouve le succès, son cœur n'y est pas. Une série de liaisons vides le laisse froid et insatisfait. Finalement, pour fuir ce sentiment de désolation, il regagne un été la Baltique et le cadre de sa jeunesse. Dans un hôtel, le long du rivage, il se lève de bonne heure – « le disque du soleil s'élevait majestueusement sur la mer scintillante et ridée qui paraissait frissonner et s'enflammer sous lui. Ainsi commença la journée. Troublé et heureux, Tonio Kröger enfila en hâte ses habits, déjeuna avant tout le monde dans la véranda, nagea dans le Sund jusqu'à une certaine distance du petit pavillon de bains en bois (...) » Mais cette baignade assez lointaine dans les eaux du Sund diffère des autres baignades romantiques en ce qu'elle est l'ultime tentative, désespérée, d'un artiste, non de fuir l'influence du commun, mais d'en rejoindre les rangs. L'existence solitaire et poétique prônée par un Novalis était insuffisante. Il avait perdu toute sensibilité. Son bain est l'expression du désir d'être accepté par les « gens sains et heureux, les ordinaires et les conventionnels », ceux qui ne l'avaient jamais compris, « dont le langage n'était pas le sien », « cette race blonde aux cheveux clairs,

[63] *Op. cit.* (NdT)

aux yeux bleus d'acier qui évoquait pour lui l'idée de pureté, de limpidité, de sérénité dans la vie». Enfant, quand il était en vacances, il ne pénétrait jamais dans l'eau où Hans avait nagé tout le jour, mais «il vagabondait quelque part, s'étendait sur le sable et fixait les changements étranges et mystérieux qui balaient la surface de la mer». Mais quelles que fussent ses intentions, à présent, elles avortent. Quand Hans et sa femme blonde, dont Tonio a jadis été amoureux, réapparaissent miraculeusement dans sa vie et descendent à l'hôtel ce soir-là, ils sont tout à fait indifférents. Ils pourraient ne l'avoir jamais connu. Tandis qu'ils rient et dansent, Tonio les regarde avec envie depuis la pénombre de la véranda, comme il le faisait toujours enfant.

Pour les intellectuels nerveux, desséchés de Thomas Mann, le nageur personnifie toute la santé et la beauté dont ils n'ont jamais joui. Mais si la pâle silhouette sur le rivage vénitien offre des aperçus d'un idéal distant, romantique, platonicien, dans l'arrogance et le dédain d'un Hans, on lit tous les traits de l'homme nordique, d'un combattant né, de cette «race blonde aux cheveux clairs, aux yeux bleus d'acier», de l'anti-intellectuel. Kröger, brun, artiste, adorait Hans «parce qu'à tous égards il était son opposé et son contraire». Hans représente la nouvelle Allemagne qui émerge, dont il sera exclu, où il ne pourra jamais jouer de rôle.

Dans les premières années du XXe siècle, celles où *Tonio Kröger* fut écrit, le nageur allemand était en train d'apparaître comme emblème national, expression de la vigueur et de l'endurance masculines comme il le serait au Japon avant la Seconde Guerre. Les plongeurs allemands étaient désormais les meilleurs du monde et les Allemands avaient ravi aux grands nageurs anglais la suprématie à la brasse, que ces derniers avaient si longtemps détenue. L'une des rares défaites du capitaine Webb lui fut infligée par M. von Shœning, un riche Allemand descendu de son yacht pour le battre dans le «Championnat d'Amérique», dans les eaux froides au large de Brooklyn. En Allemagne, la brasse était essentiellement militaire, enseignée aux soldats depuis des lustres. Selon un manuel militaire, c'était la nage qui « utilisait au mieux la puissance des jambes allemandes » qui s'écartent largement puis se rapprochent avec une force maximale, telles celles du guerrier teutonique légendaire dont les cuisses, par leur seule étreinte, faisaient gémir son cheval sous lui.

Depuis les temps les plus reculés, le héros allemand est un nageur. Quoique danois, Beowulf était partie prenante du folklore allemand. Comme d'autres héros mythiques, il est noble, fort, brave, civilisé, mais en diffère par ses attributs héroïques de nageur. Dans l'adolescence, il a conclu un pacte avec un autre jeune noble, celui de « risquer (leurs) vies en pleine mer ». Durant cinq jours, ils ont nagé jusqu'à ce que des tempêtes les séparent. Beowulf est attiré vers le fond de la mer par des monstres, mais il en tue sept et se retrouve drossé sur la côte de Laponie par la marée. « Durant près d'un jour » il descend à la nage dans l'eau sombre jusqu'à la tanière de la mère de Grendel, au fond du lac, puis en remonte la tête tranchée. Après un raid contre les Frisons, il rentre chez lui à la nage, « solitaire et lamentable », en portant dans les vagues les cottes de maille de trente de ses hommes. Bien qu'il s'agisse des exploits d'un surhomme, ils n'étaient ni purement imaginaires ni tout à fait sans rapport avec les expériences des contemporains de l'invention épique.

Les féroces tribus allemandes qui occupaient les frontières de l'empire romain avaient toujours été réputées pour leur nage. Les Suèves, « la nation de loin la plus nombreuse et belliqueuse parmi les Germains », selon César, « s'entraînaient à ne rien porter, fût-ce dans les endroits les plus froids, que des peaux (…) et ils se lavent dans les fleuves ». Chez les Germains, « tant les hommes que les femmes se baignent dans les fleuves et ils portent des peaux ou de petites vestes de peau de renne, qui laissent dénudée une grande partie de leur corps ». Une fois vaincus sur la rive ouest du Rhin, la plupart des Germains sont tués, mais quelques-uns « s'en remettant à leur force, se mirent à franchir le fleuve à la nage et arrivèrent en lieu sûr ». Ces braves nageurs allemands seront employés comme supplétifs par l'armée romaine pour franchir le détroit de Menai et conquérir l'île d'Anglesey, à la stupéfaction des Bretons, comme à travers les courants glacés du Danube par Hadrien.

C'est de cette antique tradition barbare que l'Allemagne nazie prétendait tirer sa force. Mais ce n'était pas à elle, mais à la Grèce antique que songea Hitler quand son attention fut un jour captivée par la photographie d'une belle nageuse allemande. « Quels corps splendides peut-on voir aujourd'hui ! Il n'y a que dans notre siècle que les jeunes gens se soient à nouveau approchés des idéaux hellénistiques grâce au sport. » Une photo de Mussolini en costume de bain le fit rire. C'est peut-être pour lui plaire qu'Eva Braun se baignait dans les lacs de Bavière et qu'elle suivait, comme le révèle un célèbre extrait de film, les préceptes de Jahn en faisant des exercices d'assouplissement sur une serviette tendue sur les galets, au bruit des vaguelettes venant y mourir. Il se peut aussi que ces silhouettes de plongeurs qui parachèvent le film olympique de Riefenstahl aient moins été l'expression d'une aspiration mystique qu'une prémonition des aigles allemandes et de la légion Condor qui déferleraient bientôt pour dévaster Guernica et la Pologne. Hitler s'était abattu sur la ville depuis les nuages dans le film de la cinéaste consacré au congrès de Nuremberg et les contours de son avion avaient jeté une ombre sur la campagne.

Dans *Jeux africains*[64], paru en 1936, l'année des Jeux de Berlin, Ernst Jünger exprime un point de vue sur la guerre qui est typiquement allemand par son alliage de romantique et d'homérique. Il repense à ses premières années, lorsqu'il était confiné, adolescent, dans une bourgade endormie sur la Weser. Dévoré de frustration, il décide de s'enrôler dans la Légion étrangère, séduit par l'attrait de l'obscur et de l'inconnu, de l'aventure et du danger : « car le sifflement des balles me paraissait une musique des sphères (…) je me serais donc engagé à n'importe quoi sur le premier tambour venu,

[64] *Afrikanische Spiele.*

s'il avait pu comme le manteau magique de Faust, m'emporter jusqu'à l'Équateur. »[65] Mais tandis qu'il tremble sur le bord, la perspective de traverser la frontière, de traduire ses rêves en réalité et de faire le premier pas hors « d'une vie ordonnée vers les désordres du monde » s'avère presque trop effrayante. « Lorsque, ne sachant pas plonger, on se trouve sur un tremplin élevé, on sent très nettement la différence entre l'homme pour qui sauter est aisé et celui qui se raidit. Lorsqu'on a vainement essayé de se prendre soi-même au collet et de se précipiter dans le vide, il existe encore un expédient : c'est celui qui consiste à ruser avec soi-même, mettant le corps en déséquilibre sur le bord extrême de la planche, jusqu'au moment où l'on se voit brusquement contraint à faire le saut. Je sentais très bien que rien n'était plus contraire à ces efforts pour me donner l'impulsion initiale que ma propre appréhension. »[66]

Et c'est ainsi que les Allemands ont exprimé, dans l'image du plongeur et du nageur, l'esprit de la guerre et de l'aventure, leur soif des profondeurs faustiennes du savoir, de la perfection spirituelle et physique. Par la nage, ils ont pu renouer avec le passé mythique, tant le grec que le leur. Riche de tous ces échos classiques et romantiques, la nage semble en avoir appelé à un trait fondamental de l'âme allemande. Il n'est peut-être pas étonnant que les nageurs légendaires de ce monde – les Weissmuller, Ederle, Bauer, Laufer, Kiefer, Meyer, Schollander, von Saltza, Spitz, Gross – aient été d'extraction germanique.

[65] Ernst Jünger, *Jeux africains*, traduction Henri Thomas, Paris, 1944, 1978. (NdT)
[66] *Op. cit.* (NdT)

7

Le rêve américain

Il avait nagé trop longtemps, été immergé trop longtemps (...)

Les anciens politiques parlaient sans cesse de mœurs et de vertu ; les nôtres ne parlent que de commerce et d'argent.

Jean-Jacques Rousseau, *Discours sur les Sciences et les Arts*

Au troisième étage du très chic New York Athletic Club dominant Central Park, on trouve une piscine romaine. Ce club est conforme à la formule classique retenue par tous les clubs d'athlétisme aux États-Unis. Les nageurs y étaient nus jusqu'à l'admission récente des femmes, et le bassin est entouré de bains à vapeur, de buvettes, de bains froids, d'une piste de course, d'une bibliothèque et, en lieu et place de statues sous les colonnades dédiées aux héros athlétiques, des photos ponctuent les couloirs. Parmi elles, il y a un souriant Charles Daniels. Financier civilisé, champion local de squash et de bridge, il a raffiné les mouvements brutaux du style australien populaire à l'époque pour créer les rythmes harmonieux du crawl américain. Lorsqu'il remporta le championnat de nage libre des Jeux olympiques de Saint-Louis en 1904, ce fut la fin d'une époque. Quatre ans plus tôt, à Paris, les Anglais avaient tout raflé. Les nageurs les plus rapides, désormais, viendraient presque tous d'Amérique. Un prestige extraordinaire les entourerait. Ils nageraient dans les piscines les plus extravagantes, les plus fantaisistes du monde. Ces piscines saphir, émanations liquides du rêve américain, signes extérieurs de richesse, emblèmes de réussite matérielle, allaient être pour certains un moyen d'échapper à la contamination d'une société corrompue.

Comme ces antiques tribus allemandes qui nageaient au-delà des frontières de l'empire romain, les Indiens autochtones ont donné à la nage américaine un substrat historique, une image du noble sauvage en quelque manière condamné à l'hostilité du monde, et leur déclin teinta le « nageur » d'une veine élégiaque qu'il n'a jamais vraiment perdue. Rien ne révèle mieux leur sentiment religieux de la nature, d'être lié en quelque manière aux rivières, lacs et cascades les entourant que cette scène de baignade décrite par George Catlin qui a peint le mode de vie indien dans ses dernières années d'existence, avant qu'il disparaisse à jamais des plaines. « À une distance d'un kilomètre environ au-dessus du village, on trouve l'endroit habituel où femmes et filles se rendent chaque matin d'été pour se baigner dans la rivière. Elles se retrouvent par centaines en ce lieu, chaque matin au lever du soleil, et l'on peut les voir courir et scintiller au soleil sur une belle plage tandis qu'elles font leurs innocentes cabrioles et sautent dans le courant. Elles apprennent toutes à bien nager et la moins douée parmi elles se rue sans crainte dans le courant écumant et tourbillonnant du Missouri, pour le traverser très nonchalamment. (…) Autour de cette baignade sont postées des sentinelles, arcs et flèches à la main, pour garder et protéger ce lieu sacré de l'approche des garçons ou des hommes dans toutes les directions. Il n'est peut-être pas de peuple sur terre qui ait consacré plus de soin à nager, ni aucun qui s'en soit mieux servi. »

Les références abondent sur l'amour de la nage chez les Indiens. Le Hiawatha de Longfellow plonge « sous la surface bouillonnante » et « chasse le castor dans le tourbillon », tandis que Pocahontas était renommée pour sa nage et son art du plongeon. Le nom « Wichita » dérive du mot indien signifiant « profond jusqu'à la taille » car on poussait les squaws dans les rivières pour en sonder la profondeur ; si elles étaient guéables, elles criaient *wichita* à ceux restés sur la berge. C'est parmi ces Indiens qu'on choisit deux candidats, « Mouette volante » et « Tabac », pour représenter l'Amérique contre le champion anglais Kenworthy en 1845 : ils stupéfièrent les Londoniens avec leur crawl « moulinant ». Ce style « en fléau » devait inspirer le plus grand des nageurs américains, Johnny Weissmuller, dont l'entraîneur basa le geste sur le leur, la rotation tourbillonnante des bras et la puissante propulsion des jambes qui faisait émerger son torse bien au-dessus de la surface de l'eau. Quand, vers la fin de sa vie, Trelawny sortait des vagues sur la plage de Sompting, les Américains de passage le prenaient pour un Indien. Quant à Rupert Brooke, lorsqu'il observait des Indiens nageant dans les lacs du Nord, il les jugeait « plus reliés aux choses permanentes que l'Amérique qui leur avait succédé » et bien supérieurs au « jeune homme fluet, sournois, cupide, qui pourrait symboliser notre époque et notre type ».

Les attitudes héroïques des nageurs indiens de Catlin, l'atmosphère mythique les entourant sont perceptibles dans les deux grandes scènes de nage de la peinture américaine, celles de John Singleton Copley et de Thomas Eakins. Les personnages des deux tableaux s'inspirent de la statuaire antique. Le tableau de Copley fut commandé par Brook Watson, futur Lord Maire de Londres, la victime même de la tragédie qui y est dépeinte : à l'âge de 14 ans, alors qu'il nageait dans le port de La Havane en 1749, il fut attaqué par un monstrueux requin. Ce dernier a déjà arraché une partie du mollet et cisaillé le pied et il est en train de l'encercler pour l'assaut final. Cependant, il n'y a pas trace de sang ni de carnage autour du nageur qui flotte à la surface comme une statue grecque remontée des profondeurs, dont le bras tendu est entouré d'une corde évoquant le serpent autour du fils de Laocoon, dont les membres sont à moitié submergés, dont la chevelure blonde tombe en cascades dans l'eau verte. Dans la barque, les sauveteurs à peau brune tendent les mains vers ce personnage nu et marmoréen, comme s'ils aspiraient à un idéal classique depuis longtemps perdu. Le nageur fut modelé sur un gladiateur de la Villa Borghèse et peint sous l'influence des premiers émois causés par la redécouverte du passé antique dans les années 1760.

Dans le *Swimming Hole* de Thomas Eakins, trois hommes se trouvent sur une jetée de pierre, l'un se tient sur le côté, un autre plonge dans l'eau calme qui lèche le bord et révèle les diverses profondeurs et les rochers sous la surface. Dans le coin droit, Eakins lui-même flotte et contemple la scène tandis que son setter nage vers la main submergée du garçon roux penché vers l'eau. La composition pyramidale des corps suggère la frise d'un fronton classique. Les personnages allongés ou contorsionnés, sur la gauche, s'inspirent de modèles classiques. L'un semble esquiver un coup avec un bouclier, comme le gladiateur Borghèse qui inspira l'attitude de Brook Watson. Dans cette scène quasi onirique, où les bois sombres et les champs baignés de soleil descendent en pente jusqu'au bord de l'eau, dont les jeunes gens contemplent la surface étale ou se risquent à la pénétrer des mains, l'artiste paraît évoquer l'Amérique qui « fleurit jadis pour les yeux des marins hollandais », le jour où « pour un bref instant enchanté, l'homme a dû retenir son souffle en présence de ce continent ». Le « trou d'eau » devait devenir un symbole évocateur pour les Américains, le sujet de nombreuses chansons populaires qui exprimaient le désir nostalgique de retrouver l'innocence de la jeunesse. Ce tableau est le dernier d'un interlude arcadien dans la carrière d'Eakins, d'une série de paysages giorgionesques où des garçons nus jouent de la flûte au bord de mares, écoutés par des jeunes filles. Ces toiles sont sa seule entorse à un style sévèrement réaliste, l'expression d'un point de vue anticonventionnel, de son malaise dans le monde contemporain, de sa nostalgie de la liberté et de la nudité sans fard du monde païen. Son expérience de l'atelier classique de Couture à Paris avait laissé son empreinte. Eakins admirait les Romains « parce qu'ils n'étaient jamais devenus civilisés ». Il encourageait toujours ses élèves à nager nus, comme le révèlent tant de ses photographies.

Surtout, le *Swimming Hole* exprimait la passion personnelle d'Eakins pour la natation. C'était apparemment un fort nageur et un plongeur inventif. Enfant, il ramait et nageait dans la Delaware près de Philadelphie. Là, par temps chaud, aux endroits profonds de la crique, hommes, chiens et chevaux descendaient se baigner. Max Schmitt, le célèbre rameur qu'il a peint en plein effort, lui écrit pour le persuader de nager avec lui dans la rivière locale, la Schuylkill. « Alors nous aurons à nouveau des tapeurs sur le ventre, des tamponneurs de dos, des bourrades sur le côté, etc. Alors nous verrons [des esquisses d'un adolescent plongeant et nageant], et diverses autres belles représentations de l'immortel T. E. [Eakins]. M'est avis que je ne te battrai jamais à la nage – j'y ai renoncé ! »

Les scènes arcadiennes d'Eakins avaient été peintes à Avondale, où sa sœur et son beau-frère avaient acquis une grande ferme nantie d'un ruisseau où tous nageaient nus. Quand sa nièce s'y donna la mort, on reprocha à Eakins de l'avoir contaminée avec ses « idées obscènes » et il fut à jamais banni d'Arcadie. Il fut chassé de son poste de professeur à la Pennsylvania Academy parce qu'il insistait pour fournir des modèles masculins nus aux femmes. On harcelait les femmes pour qu'elles posent nues devant lui et l'une de ses élèves amoureuses, tentant vainement d'attirer son attention, fut arrêtée par la police dans une rue de Philadelphie, affublée en tout et pour tout d'un costume de bain. À Elizabeth Burton, artiste dont il avait fait le portrait, il écrit au plus fort de l'été qu'elle pourrait aller nager à présent « avec le plus simple costume de bain ». À la campagne, Eakins nageait souvent dans la piscine privée d'amis. Quand les autres s'étaient retirés, il revenait, ôtait son maillot et jouissait du bassin seul et nu. Lorsque sa femme et lui se promenaient et qu'ils tombaient sur des garçons se baignant dans le plus simple appareil, il leur proposait de faire le guet et de les prévenir si un policier se présentait. Son goût militant de la nudité et de la beauté virile des nageurs et des boxeurs résultait de sa détestation de l'influence croissante d'une Amérique de la classe moyenne, dont les valeurs et les convenances lui furent toujours insupportables.

On a souvent comparé l'esprit du *Swimming Hole* d'Eakins à celui des jeunes gens de Walt Whitman se baignant dans *Chanson à moi-même*, ces « vingt-huit jeunes gens » qui « se baignent près du rivage ». Tandis qu'ils « flottent sur le dos et que leurs ventres blancs gonflent au soleil », ils sont observés par une femme seule, « belle et richement vêtue », de derrière les persiennes de sa maison sur le rivage. L'intruse invisible aspire à courir sur la plage et à les rejoindre dans la mer. Quand elle finit par se glisser dans l'eau, ils continuent à s'éclabousser et restent indifférents à sa présence troublante. C'est par le moins séduisant d'entre eux qu'elle est attirée, qui lui semble « très beau ».

Whitman a été peint par Eakins lorsqu'il vivait non loin, de l'autre côté de la Delaware, où il s'était retiré pour se remettre d'une crise cardiaque. Afin de recouvrer la santé, il prenait des bains de soleil dans des vallées reculées et nageait dans les cours d'eau claire. Il évitait la médecine conventionnelle et, influencé par *La Science de la nage* de Fowler et Wells, recherchait le salut par l'eau. Il collectionnait les coupures de presse sur la natation, à laquelle il attribuait des pouvoirs mystérieux de régénération. Dans *Foi*, il décrit un homme qui, pour se rafraîchir, nage autour d'un bateau en panne sur la mer, « un garçon sourd-muet, son frère cadet, le regarde et le nageur, flottant tranquillement sur le dos, lui sourit et lui fait signe de la tête. Sans attendre, le jeune enfant saute dans la mer, avec des rires et des claquements de langue, et, remontant à la surface, il n'éprouve pas de peur, mais rit, et bien qu'il sombre et se noie, il ne s'en ressent pas grâce à celui qui l'accompagne ».

Dans les villes, Whitman plongeait chaque jour dans les piscines locales et, tout à sa passion de la santé, se déclarait « nageur dans la rivière, la baie ou le bord de mer ».

C'est au bord de la mer que Mercure Conway le trouva quand il arriva d'Angleterre pour lui consacrer un article. Il le pista sur une plage de Staten Island, dans le cadre qu'il préférait, apparemment, pour écrire de la poésie. Les amples vers de ses textes, affirme-t-il un jour, ont été inspirés par « le friselis apaisant » des vagues sur les plages de Long Island. Selon Conway, ils passèrent la journée à « rôder ou ne rien faire. Pendant notre baignade, je fus impressionné par une certaine grandeur du personnage. Il avait le corps d'un blond roux, pur et noble, d'une forme remarquable par ses belles courbes et sa solide armature. La toute première joie que je lui ai vue fut au moment où il a pénétré dans l'eau, qu'il a étreinte avec une passion d'amant. » Après la nage du jour, Conway ne put fermer l'œil de la nuit, « tant il m'avait magnétisé, électrisé ».

Lisant l'article, Swinburne écrivit, dans un état d'excitation avancé, un mot de félicitations à Conway. « Il y a un passage qui m'enchante par-dessus tout – celui où vous mentionnez son étreinte amoureuse de la mer en se baignant car, au moment de la parution de l'article, je combattais les marées, nageant sur la côte ouest du Pays de Galles. Je savais que cet homme, pour avoir parlé de la mer comme il l'a fait, devait être une âme sœur ; et je donnerais bien des choses pour me tremper dans une eau agitée avec lui… » Sans nul doute, Swinburne goûtait, dans les vers du poète, ses invocations aux charmes séduisants de son « amoureuse » la mer :

« Étreins-moi de douceur, berce-moi dans tes embruns
Projette-moi dans ta pluie d'amour (…) »

– la solitude du nageur :
« Quand j'errai seul sur la plage, me dénudai et me baignai,
Tout au rire avec les eaux »

– le narcissisme :
« Pendant qu'ils parlent, je me tais, vais me baigner et m'admirer »

– et le sentiment d'aventure spirituelle :
« Tu as assez rêvé de méprisables rêves,
Tu as assez pataugé, avec ta planche craintive sur le bord :
à présent, je veux te voir nageur hardi. »

Mais si l'excitable Swinburne aimait plonger dans les mers démontées, Whitman se qualifiait seulement de « fainéant aquatique de premier ordre – je possédais une capacité quasi illimitée pour flotter sur le dos ». Il s'associe à son nageur dans *Je chante le corps électrique*, en nageant nu dans « la transparente fange verte » ou étendu sur le dos et « se laissant ballotter silencieusement par la houle ». Mais Swinburne, tout à son goût de « l'écume et au bouillonnement du sang », aurait été frappé par son image des *Dormeurs* : celle d'un « beau nageur gigantesque nageant nu dans les remous de la mer », qui, mû par quelque impulsion mystérieuse, s'éloigne courageusement du rivage, quoique contusionné par les roches et les vagues qu'a tachées son sang. Swinburne avait connu cette même impulsion irrésistible quand il avait nagé sur des milles à partir de la plage d'Étretat à marée descendante. Whitman lui aussi s'était un jour « senti emporté, en quelque sorte, tel un nageur expérimenté qui s'est fatigué et qui, pour se reposer, se laisse flotter somnolent et passif, sur le sein de la rivière au soleil. Les objets réels perdaient leur réalité. Une brume opaque s'étala sous mes yeux. »

Il est une autre personne qui succomba à cette nécessité de partir sur la marée descendante : Jack London, qui, âgé de dix-sept ans, alors qu'il était ivre et désespéré, dans un bateau en rade de San Francisco, tomba une nuit par-dessus bord. Il fut rapidement emporté par le terrible courant qui se glisse dans le détroit, sans faire le moindre effort pour appeler à l'aide. Passant à hauteur de Solano Wharf, plein de lumières et de gens, il resta muet tout exprès pour n'être pas sauvé. Dérivant en pleine mer, il fit la planche et chanta des chants funèbres à l'adresse des étoiles. L'eau était « délicieuse ». L'idée d'échapper à des années de travail à l'usine, à la vie brutale des quais comme à une frustration générale l'excitait. Mais à l'arrivée de l'aube, dégrisé par le froid, il décida de faire un effort pour survivre. Il était presque trop tard. Il se trouva pris entre deux courants contraires et le vent de la terre précipitait les vagues dans sa bouche. Il réussit à continuer à nager machinalement jusqu'à être recueilli, presque inconscient, par deux pêcheurs grecs qui le hissèrent dans leur barque.

Pour London, ce fut une expérience du délire aussi bien qu'une tentative avinée de suicide. Son héros autobiographique Martin Eden finit lui par se suicider en se faufilant par un hublot et en plongeant dans la mer, après avoir été attiré par le chant mélodieux de sirène de quelques vers de Swinburne lus dans sa cabine : « il se laissa partir et s'enfonça sans un geste, statue blanche, dans la mer ». Dans une lettre, l'auteur explique le dilemme de Martin Eden en tous points parallèle à celui d'un beau garçon, au corps d'Adonis mais incapable de nager, qu'on jette en eau profonde et « qui se noie ». À la différence du Whitejacket de Melville, sa descente enivrante dans la mer le dissocie de la tradition. Pour lui, la noyade était l'auto-sacrifice d'un individualiste. Son succès littéraire et sa célébrité l'avaient intégré au monde des convenances, « avec toute sa raideur psychologique et sa futilité intellectuelle ».

Jack London était un George Borrow américain par sa haine de la bourgeoisie, son amour de la « route », son culte du physique et sa passion pour les boxeurs et les nageurs. C'est par des garçons nageant dans le fleuve Sacramento, des « gamins de la route », qu'il avait entendu parler pour la première fois des excitations de la route, qui lui avaient révélé des aperçus d'un univers plus stimulant et enthousiasmant au-delà des frontières de San Francisco. « Il vaut bien mieux appartenir à la sauvagerie et au désert qu'aux machines et à l'Abîme. » Dans son roman *La vallée de la lune*, un boxeur et sa femme décident d'abandonner leur existence servile à San Francisco et de partir à la recherche d'une ferme dans une vallée où ils pourront vivre la vie de leurs rêves. Ils prennent la route traversant les collines à partir de Monterey et descendent peu à peu vers la baie de Carmel. Ils passent les pinèdes et les dunes quand, tout à coup, la fille a le souffle coupé puis crie de joie en voyant « une vague d'un bleu de paon stupéfiant, parcourue d'un rayon doré, longue d'un mille et s'abattant dans un bruit de tonnerre et de ruine d'écume blanche sur un croissant de grève ». Un homme quitte la sombre pinède, franchit le sable au pas de course, plonge et disparaît dans les vagues. Ils regardent dans l'inquiétude « la masse d'eau puissante tomber en tonnerre sur la plage, mais derrière apparurent une tête jaune, un bras tendu hors de l'eau, un bout d'épaule. Il ne put faire que quelques mouvements avant de devoir plonger dans une autre lame. C'était une bataille – gagner la haute mer contre la force terrible se hâtant vers le rivage. À chaque fois qu'il plongeait et disparaissait à la vue, Saxon cessait de respirer et serrait les mains. Parfois, après le passage d'une lame, ils ne pouvaient l'apercevoir et quand ils y réussissaient, il était à des dizaines de mètres, rejeté comme un bout de bois par une lame effrangée de fumée. »

Ce passage, plus que tout autre dans les romans de London, résume sa philosophie de l'homme isolé contre les éléments, fort et autonome, s'armant de courage et d'endurance contre de grandes difficultés. Ici, nu entre les vagues, il n'a aucune protection. La vue du nageur s'évertuant vers l'horizon restaure la foi du boxeur dans « la vieille souche » et lui fait ressentir ses manques. Il n'avait nagé que dans des réservoirs et des baies. Désormais, il est bien décidé à devenir un nageur de haute mer. « Si j'y arrivais, je serais si fier que vous ne pourriez m'approcher à moins d'une douzaine de mètres ! » Le couple s'associe au groupe des artistes et écrivains de Carmel qui vivent simplement près du rivage, dans cette « région de mystère grec » et pêchent l'ormeau comme Jack London l'avait fait lui-même avec le poète George Sterling, le « Grec parfait » que John Cowper Powys avait naguère admiré se baignant dans les fontaines de San Francisco. Sitôt que les artistes nageaient vers le large et s'amusaient au milieu des lions de mer, le boxeur les suivait des yeux, « aspirant à les rejoindre ». Peu à peu, il apprend à passer les rouleaux et la communauté l'accepte. Après quelques mois, le couple reprend sa route et découvre la ferme désirée, nantie d'une source et de petits rus traversant la vallée et en limite de propriété une crique, une mare profonde où nager et plonger de haut.

C'était la ferme que London lui-même avait acquise parmi les collines du Nord de la Californie. La rivière avait été barrée pour créer un réservoir d'une trentaine de millions de litres où il pouvait passer l'après-midi après avoir écrit ses mille mots quotidiens. Il y nageait deux heures puis restait nu au soleil. Comme Byron, qui avouait être plus fier d'avoir traversé l'Hellespont que de toute autre réussite, London affirma un jour qu'il préférerait gagner une course dans une piscine à écrire LE grand roman américain. Il invitait sans cesse ses amis à Sonoma pour nager et tenta un jour d'y attirer Bob Fitzsimmons, qui avait mis Jim Corbett au tapis lors du championnat mondial des poids lourds, lui vantant sa piscine « épatante ». Ses lettres s'achevaient souvent sur ces mots : « Parti nager ». « L'essentiel du groupe des nageurs est presque parti » note-t-il tristement à l'automne. Sa femme comprit qu'il allait mourir quand elle se rendit compte qu'il ne nageait plus, mais se contentait de regarder les autres au bord de la piscine.

Avec l'aide d'un architecte, il conçut une demeure baroniale sur une éminence dominant la vallée, Wolf House, qu'un pyromane allait incendier entièrement la veille de son installation. Ses ailes entouraient une piscine de 13 x 5 mètres, alimentée par un ruisseau de montagne et dominée par des loggias. Cette piscine occupe une place centrale dans l'intrigue du dernier roman publié de son vivant, un livre écrit pour justifier ses rêves, *La petite dame de la grande maison*. Ses habitants nagent dans la piscine à 5 heures tous les matins, jouent au strip-poker autour, et l'épouse entre dans l'histoire en y faisant pénétrer son étalon géant qu'elle chevauche en maillot de bain. Son mari, autoportrait à peine voilé, l'observe, désarmé, qui s'éprend des attributs héroïques d'un visiteur du ranch qui traversa jadis à la nage un typhon du Pacifique avec son amoureuse des Marquises, avant de devenir une légende locale et plonger d'un rocher juché très haut sur la mer. Tel un prétendant d'Atalante, il accepte de pourchasser et attraper l'épouse en dix minutes dans les limites de la piscine. Elle commence par se lancer dans l'espace avec un beau saut de l'ange (les Américains l'appellent « saut du cygne ») et ses plongeons surprenants, produits de son génie instinctif, pétris de coordination et d'abandon, forment un motif récurrent de l'histoire.

Dans l'acte de plonger, comme dans la nage, London projetait son attitude héroïque à l'égard de la vie. « Réussir un tour de force, c'est savoir s'ajuster à un environnement exigeant. Il en va ainsi de l'homme qui s'élance du plongeoir, au-dessus de la piscine et sur un retournement arrière, fend l'eau tête la première. Dès qu'il a quitté la planche, son environnement devient sauvage et le châtiment qu'il exigera sera sauvage s'il échoue et fait un plat. Il va de soi que l'homme n'est pas obligé de courir le risque du châtiment. Il pourrait rester sur la rive, dans un environnement doux et placide d'air estival, de soleil et de stabilité. Mais il n'est pas fait ainsi. Dans ce vif mouvement aérien, il vit comme jamais il ne le pourrait sur la rive. »

Près du réservoir, les garçons du cru hélaient London pour qu'il leur apprenne à plonger depuis le haut plongeoir d'où il faisait souvent des saltos puis rentrait chez lui, tout raide et endolori. Dans la dernière année de sa vie, il écrivait à sa fille sur la manière d'envisager l'art du plongeon. « Il s'agit d'abord d'une question psychologique qui devient physique par la suite », en ajoutant des conseils sur l'art du crawl, son geste préféré : « Si je te dis que l'actuel champion du monde, un Kanak d'Hawaï, a pulvérisé le record mondial de la nage féminine sur cinquante mètres par la simple propulsion des pieds, sans du tout utiliser les bras, tu auras une idée de l'extraordinaire du crawl ».

Ce Kanak d'Hawaï fut le premier praticien perfectionniste du crawl, il s'appelait Duke Kahanamoku. London l'avait vu faire la course dans le port de Honolulu. C'est en Océanie que London, comme Brooke, vécut ses baignades les plus romantiques, souvent au clair de lune, au milieu des brisants, dans des mares surplombées de cascades ou les bassins rocheux des ravins, une fois dans l'estuaire d'un fleuve tandis que les marins du yacht montaient la garde dans les buissons pour se protéger d'éventuels coupeurs de têtes. Son article *Un sport royal* a contribué à ranimer l'art déclinant du surf parmi les Hawaïens, il a inspiré la création d'un club de natation et l'érection d'un plongeoir de fer, loin au large.

Comme Melville avant lui, London était de plus en plus conscient de la présence fantomatique du requin dans les eaux transparentes des Tropiques. Il tenta d'intéresser ses éditeurs à un article « épatant », qui associerait des témoignages de première main à sa propre connaissance scientifique et ses expériences. Mais le requin et les menaces du monde sous-marin intéressaient peu l'imagination de London. Comme Byron, c'était un nageur de surface. Les vagues le fascinaient. Il analysait leurs différentes qualités et c'était leur puissance qui faisait le défi pour ses nageurs. Par contraste, le mousse de Melville, dans *Moby Dick*, devient fou lorsqu'il tombe par accident dans le Pacifique et qu'il voit, comme le plongeur de Schiller, « d'étranges formes du monde primitif, à l'état brut, glissant en tous sens sous ses yeux passifs ».

Jack London était obsédé par un fantasme, nager très loin en mer, par-delà les brisants, avec une femme qu'il aimait. Il prit naissance par une après-midi tranquille, alors qu'il était allongé sur le sable, face contre terre, sur une grève californienne et qu'il entendit, de très loin, par-dessus le murmure des vagues, les voix d'un homme et d'une femme. Il n'arrivait pas à comprendre d'où elles venaient car il n'y avait personne sur la grève, jusqu'à ce que, avisant le large, il aperçoive deux têtes approchant nonchalamment du rivage, qui riaient et parlaient, aussi heureusement et plaisamment en eau profonde que sur des transatlantiques posés sur le sable. « Quelque chose en moi aspira soudain après eux, ils étaient si bénis, ces deux êtres ensemble ! Et je me suis demandé, allongé là et assez triste, si une femme m'était destinée ici-bas – la petite femme qui serait la bonne femme – avec qui je pourrais aller en mer, sans bateau ni gilet de sauvetage, passer des heures dans l'eau à parler, en camarades, de tout sous le soleil, sans plus de conscience de notre mode de locomotion que si nous marchions. »

Sa première femme Bessie ne remplissait guère ce rôle, même s'il était évidemment fier d'une photo d'eux en train de nager, qu'il adressa à divers amis à Santa Cruz. Mais dans la seconde, l'émancipée et courageuse Charmian, il crut avoir trouvé « sa Louve et sa Mie ». Elle est le modèle de Saxon, la femme du boxeur dans *La vallée de la lune*, dont les femmes de Carmel admiraient le corps quand elle nageait dans la rivière – « elles l'appelaient Vénus et lui faisaient adopter diverses poses » – quant à son mari, il estimait « qu'elle battait d'une lieue » Annette Kellermann, vedette de cinéma et de nage alors couverte de gloire. Durant des semaines, London lui enseigna à plonger dans les vagues du Pacifique. Leurs périples s'allongeaient de jour en jour. « Nous travaillions en deçà de la barre, à travers les lames, relate Charmian, en émergeant les cheveux plaqués sur l'arrière à califourchon sur elles qui se dressaient et rugissaient vers le rivage – jusqu'à une après-midi de tempête, alors que les rameurs eux-mêmes refusaient de se risquer dans l'océan, qu'il m'emmène au-delà du site de plongée, au-delà de la barre en pleine mer et au retour nous arrivâmes à grande allure sur la plage. » Charmian ne l'avait jamais vu si euphorique, « et à présent nous aspirons aux jours où nous nagerons ensemble des heures durant au-delà de la barre de Waikiki et partout dans le monde ».

Bien que plus âgée que London et quadragénaire avancée, Charmian restait la plus belle sur la plage. « Je t'aime pour ton corps magnifique » lui écrivit London un jour, et de lui consacrer quatre pages de remarques enthousiastes alors que le sien se détériorait lentement. Jadis, il avait été beau lui aussi, et « il en était fier comme le diable », mais divers maux contractés lors de ses voyages l'avaient rendu corpulent et maladif. Peu à peu leurs rôles s'intervertissaient. Pour la première fois, il en devenait jaloux et un jour, alors qu'il avait été pris d'une crampe en eau profonde, elle dut prendre grand soin de lui une fois sur le rivage. Il a raconté cette épreuve dans la nouvelle *Les lames de Kanaka* qui traite à nouveau de la jalousie destructrice d'un mari, de celles qui hantèrent London dans ses dernières années. Elle s'ouvre sur deux majestueux nageurs, un mari et sa femme qui descendent sur la plage, suscitant à la fois des bouches bées d'admiration et les ricanements envieux de touristes informes couchés sur le sable tout autour. Ils courent sur les derniers mètres et sautent dans l'eau peu profonde. Un capitaine de navire les suit à la jumelle, incrédule de les voir dépasser le plongeoir et disparaître à l'horizon. Il alerte son équipage dans l'éventualité d'un sauvetage, puis reste médusé quand ils rentrent fendant les vagues, intrépides et rieurs. Cette nage constitue un rituel quotidien important de leur vie, mais leur bonheur est menacé quand l'épouse est attirée par un riche Hawaïen. Pour sauver son mariage et tester son amour à elle, le mari feint d'avoir une crampe alors qu'ils sont en eau profonde et prétend se noyer. La perspective de le perdre ramène l'épouse à la raison ; elle le soutient dans ses bras jusqu'à la terre ferme.

London consacre plusieurs pages au ressentiment éprouvé par les touristes émasculés à l'égard de ce couple éblouissant de nageurs, comme s'ils étaient des anachronismes héroïques, des vestiges d'une saga et d'un roman médiéval, déplacés dans un monde « que les géants ont abandonné depuis longtemps. Depuis la boue de leur mare de ferme, complaisamment entretenue, ils affirment qu'aucune personne étincelante, au front clair et aux clairs atours, ne saurait exister sinon dans les contes de fées, les vieilles histoires et les antiques superstitions. »

Ainsi le « nageur » en vient-il peu à peu à incarner un personnage hypersensible aux promesses de la vie, spirituellement frustré par les ambitions mondaines, rétif à tout compromis. Pour le « nageur », les formes ordonnées de la vie de tous les jours sont inadaptées et donc intolérables. Les frères Loman, dans *Mort d'un commis-voyageur*, aimaient disparaître du bureau pour nager à la mi-journée, en guise de défi au monde banal qu'ils haïssaient, « ce mode d'existence minable. Prendre ce train de banlieue par les matins chauds d'été. Consacrer toute sa vie à tenir son stock, ou à téléphoner, ou à vendre ou acheter. Souffrir cinquante semaines par an dans l'intérêt de deux semaines de vacances ; quand tout ce qu'on désire vraiment, c'est être au grand air, torse nu… » Un récent reportage télévisé sur Arthur Miller s'ouvrait sur son plongeon matinal dans le lac de son jardin pour le traverser, rituel auquel il sacrifie tous les jours.[67]

Il arrive qu'on envisage le « nageur » avec ambivalence. La nouvelle de John Cheever intitulée *Le nageur* dépeint le déclin d'un tel être, qui passe de l'illusion sur soi à la désillusion lorsqu'il prend la soudaine décision, un dimanche après-midi, de nager les 12 kilomètres le séparant de chez lui en passant par les piscines de ses voisins, « ce courant quasi souterrain qui serpente à travers le pays ». Il semble d'abord être l'archétype du héros américain. En nageant puis courant sur l'herbe entre les piscines, il se sent « comme un pèlerin, un explorateur, un homme doué d'un destin ». Quoique loin d'être jeune, il a conservé une minceur adolescente et peut être comparé à « un jour d'été, en particulier à ses dernières heures ». Il aspire à nager nu, afin d'expérimenter pleinement son retour à la condition naturelle de l'homme. Il est persuadé de « nager vers chez soi ». Tels les nageurs de London, il se sent un personnage légendaire, à part d'une foule qu'il méprise – les Crosscup, Lerys, Welsher, Sachs, Biswanger qui parlent commerce et argent autour de leurs piscines et de leurs cocktails sans jamais se jeter à l'eau. Il voit sa nage comme un voyage romantique dans des eaux inconnues, une sorte de quête chevaleresque. Passant de bassin en bassin,

[67] L'original de ce livre est paru en 1992 et Miller est mort en 2005. (NdT)

son influence est celle d'une figure mythique, qui ranime chez les femmes le sentiment d'un manque, la conscience que la vie va au-delà des barbecues en briques, des meilleurs filtres que l'argent peut offrir.

Mais la confiance qu'on pouvait avoir dans le nageur vient à s'amenuiser. On évoque en chuchotant ses échecs en affaires, ses pertes financières. Lorsqu'il traverse la grand-route à moitié nu, les occupants des voitures se gaussent de lui, pitoyable image du nageur effrayé par les forces de la vie moderne. Il est tenté de rebrousser chemin, mais l'illusion sur soi l'a emmené trop loin. Au milieu des bruits aigus et brutaux d'une piscine publique, il est confronté à l'enrégimentement du monde réel, à la pression du conformisme. TOUS LES NAGEURS, dit une grande pancarte, DOIVENT PRENDRE UNE DOUCHE AVANT D'ENTRER DANS LE BASSIN. TOUS LES NAGEURS DOIVENT PASSER PAR LE PÉDILUVE. TOUS LES NAGEURS DOIVENT PORTER LEUR JETON D'IDENTIFICATION. Après les eaux saphir des piscines privées, celles-ci sentent le chlore. Grimaçant de dégoût, il doit se frayer lentement un chemin en surface parmi les foules qui jouent des coudes, tenir la tête bien haut pour éviter la contamination. On lui donne des coups de pied et on l'éclabousse jusqu'à ce que son épreuve s'achève quand un maître-nageur lui crie :

— Eh, vous, sans jeton ! Sortez du bassin !

Et il est également éjecté du bassin de sa maîtresse qui a trouvé un plus jeune amant. À présent, il fait noir. Il est las, il a froid, il est désorienté « il avait nagé trop longtemps, été trop longtemps immergé ». Pour la première fois de sa vie, il descend les marches au lieu de plonger et son crawl jadis fier n'est plus qu'une nage indienne clopinante. Il finit par arriver chez lui pour trouver la maison fermée. Il tambourine sur la porte sous la pluie, regarde par les fenêtres et comprend que la maison est vide. Sa famille est partie.

Pour le solitaire et sombre Cheever, la nage constituait le « sommet du jour, son cœur ». « Nous étions les derniers nageurs dans la Caspienne» note-t-il dans son journal au cours d'une visite automnale en Russie et il veillait toujours à être «le dernier nageur» de l'année dans son propre bassin du Connecticut. Le film tiré de la nouvelle obligea Burt Lancaster à suivre trois mois de cours de natation pour surmonter une légère hydrophobie. Au tout début, on le voit traverser un bois pieds nus, en maillot de bain, parmi lapins et chevreuils, la lumière du soleil pommelée par les arbres danse sur son jeune corps musclé. D'un coup, il jaillit du bois sur une scène typiquement suburbaine, une pelouse bien soignée et quelques silhouettes allongées, alanguies, qui sirotent un verre. Elles clignent des yeux lorsqu'il trouble leur inertie par un cri de salut, se rue au bord du bassin et y saute, enchanté, dans un long mouvement fluide. Lentement, il en parcourt les longueurs, laissant derrière lui un sillage de bulles pétillantes. En ressortant, il salue la maîtresse de maison d'un verset du *Cantique des Cantiques*, «que tes pieds sont beaux dans leurs sandales, ô fille de prince», à quoi le mari répond par une grimace et un grognement, à travers un brouillard d'alcool – «Nous avons trop bu hier soir». Apparaît un vieil ami, il a le même âge que le nageur, mais au contraire de lui, il le porte. Le nageur l'attrape par le revers :

— Sais-tu depuis quand nous n'avons pas nagé ensemble ?

— C'est le cadet de mes soucis, marmonne l'autre.

— Rappelle-toi, insiste le nageur, comment nous ôtions nos maillots et remontions cette rivière sur des milles ? Nous n'étions jamais las. Et l'eau, là-haut, tu te rappelles ? Cette eau transparente, vert clair ! Elle... elle était d'une nature différente. (Le souvenir en habite ses yeux.) Quelle belle sensation ! Nous aurions pu nager tout autour du monde à cette époque.

On a souvent prêté au «nageur» ce sentiment tragique de la vie réputé être l'apanage du Sud des États-Unis, le regret des idéaux enfuis et des valeurs civilisées, la conviction que «la vie est au fond un piège et ses conditions celles de la défaite». Dans *Les nageurs*, Allen Tait se revoit enfant «s'échappant vers l'eau sous le soleil sec du Kentucky» et le truand à la petite semaine que joue Sterling Hayden dans le film de Huston *Quand la ville dort* rêve de retrouver un jour la ferme du Kentucky où il a été élevé. Il décide d'exécuter encore un contrat puis de repartir au pays – «la première chose que je ferai, ce sera de me baigner dans une crique pour me laver de la saleté de cette ville». Déçu par l'expérience du monde extérieur, le Chance Wayne du *Doux oiseau de la jeunesse* de Tennessee Williams regagne le cadre de ses jeunes promesses, sa ville natale et la plage où il éblouissait jadis les badauds avec des plongeons acrobatiques depuis le plus haut plongeoir. Il est désormais un peu patraque, peut tout juste donner le change avec un double salto arrière, mais quelqu'un remarque: «Il s'est absenté trop longtemps». Le narrateur de *Tous les hommes du roi*, de Penn Warren, est amoureux d'une fille qui devient la maîtresse du gouverneur corrompu. Tout ce qu'il ressent pour l'innocence perdue du Sud, il le condense dans la description faite de son plongeon: «Anne était folle de plongeons cet été-là. Elle montait très haut, se tenait là-bas au soleil, en équilibre tout au bord. Quand elle levait les bras, j'avais l'impression que quelque chose allait se casser en moi. Alors, elle s'envolait, un beau saut de l'ange, les bras bien écartés pour mettre en valeur le galbe des seins, la courbure de son dos étroit et ses longues jambes bien douces et serrées. Elle arrivait volant au soleil et j'avais l'impression que cette scène m'était réservée, que j'étais le seul à la regarder. Je retenais mon souffle jusqu'à ce que casse ce qui allait casser en moi. Alors elle fendait l'eau et ses deux talons entraînaient la couronne d'ondulations et le scintillement d'écume, pour disparaître.»

Edgar Allan Poe s'est servi de l'image du plongeur pour exprimer la pulsion d'autodestruction qu'il estimait inhérente à chacun. «Il n'y a pas de passion dans la nature qui soit aussi démoniaque, aussi impatiente que celle de celui qui, frissonnant à la lisière d'un précipice, médite ainsi un plongeon.» C'est de ces nages solitaires de sept milles sur le fleuve de ce «poète de l'eau», de cet «aristocrate déclassé», que l'affinité sudiste avec la nage tire son origine. Elle s'est poursuivie avec Mark Twain et sa description de Tom Sawyer et ses amis nus «cabriolant les uns sur les autres dans l'eau limpide et peu profonde. Ils ne désiraient pas le petit village dormant au loin. Un courant vagabond avait emporté leur esquif, mais cela les ravissait puisque c'était une manière de brûler les ponts entre eux et la civilisation.»

Peu à peu, la nage acquit le statut d'un symbole d'évasion dans l'imagination sudiste, d'un mode de refuge et de retrait de tout ce qu'ils haïssaient et trouvaient dégoûtant dans la soi-disant «civilisation». Ceux que l'eau attire tendent à être des rêveurs, des parias, le «fugitif typique» qui, par tempérament, caractère ou naissance sont destinés à être des anachronismes piégés dans un monde «éclairé par la foudre». Le Sebastian de *Soudain l'été dernier* de Tennessee Williams «ne pouvait quitter l'eau»; du héros narcissique d'*All Fall down* de Herlihy, adoré par la nymphe Echo, on nous dit qu'il est «dingue de l'eau. Partout où il va, il y a de l'eau.» Le *Cinéphile* de Walker Percy est un romantique solitaire qui ne connaît la réalité que par les films. À un moment du roman, il est obligé de s'arracher à sa maison des Champs-Élysées à La Nouvelle Orléans, pour faire un court voyage dans le Nord jusqu'à Chicago. Il se sent perdu et désolé parmi les bâtisses monumentales de cette ville «ventée», jusqu'à arriver par hasard au bassin où «Tarzan-Johnny Weissmuller eut coutume de nager – un lieu souterrain traversé d'échos où une verrière filtre, depuis le troisième étage, une froide lumière grise, où des hommes musclés pourvus de jetons de métal nageaient et criaient, dont les voix retentissaient sur le carrelage humide des murs». Dans son poème *Retour en Amérique*, le Sudiste James Dickey a décrit son retour d'Europe vers l'entresol d'un hôtel de New York. Au terme d'une nuit agitée dans une chambre confinée, «alors que quarante étages de foyers nous pesaient dessus», il se lève de bonne heure et suit les panneaux annonçant PISCINE». L'ascenseur l'emmène en haut:

> « Par une succession de plafonds de commis-voyageurs
> et de putains
> endormies, pour sortir sur le toit. L'eau du bassin tremblait
> à cause des rares qui dans leurs chambres
> faisaient encore l'amour. C'était l'air. »

Là, dans la lumière de l'aube, il s'assied et parle à une femme maître-nageur maigrelette qui se fait les ongles. Soudain :

> « Elle bondit et se retrouva dans le fragile bassin vert comme si,
> pour moi, je cuvais encore mon sommeil onze étages plus bas :
> elle esquissait un ballet
> aquatique à elle seule gracieuse intacte son
> solide visage tout aussi
> beau et entier que le soleil sorti de
> la ville. »

Le Dick Diver de Scott Fitzgerald était sudiste de tempérament et d'origine, voué aux idéaux d'honneur, de courtoisie et de courage, aux mœurs et au code moral qu'un Fitzgerald a toujours associés au Sud d'avant la guerre de Sécession. Comme Gatsby, c'était un héros romantique à la conception mythique de la vie, capable de dispenser « la lueur des étoiles aux phalènes affamées », d'ouvrir aux autres des mondes neufs et entiers de magnifiques possibilités. Gatsby, déçu de ne pouvoir revivre le passé avec une fille du Sud, meurt dans sa piscine de marbre. Diver crée, à partir d'un tas de galets, « une plage en tapis de prière brun » sur le rivage méditerranéen, havre éphémère pour un groupe d'amis talentueux et vulnérables, des nageurs stylés au teint mat tout aussi opposés aux pâles silhouettes un peu plus loin qui « se contentent de battre la mer d'un crawl aux bras raides ». Pour un nouveau venu, leur vie sur la plage semblait traduire la perfection de leur existence, leurs jours « espacés comme les jours de civilisations plus anciennes pour exprimer la quintessence de ce qu'offre le présent». Plus au nord, entre-temps, le «vrai monde passait en tonnant», le monde matériel incarné par Nicole, qui se mit à détester la plage comme elle s'impatientait de tous les lieux où elle devait jouer «une planète du soleil de Dick». La mystique de la plage reposait entièrement sur ses qualités sudistes à lui, faites de charme et de respect. Dans son déclin, elle est «pervertie par le goût des sans-goûts», remplie de gens ternes à la mode qui ne nagent jamais «sinon pour une courte trempette de gueule de bois à midi», déclin remarqué par Nicole quand elle s'aperçoit que Dick Diver[68], pour la première fois, évite les plongeoirs du haut et n'honore plus son nom. Comme le *Nostromo* de Conrad qui l'a beaucoup influencé, *Tendre est la nuit* dépeint la désintégration morale d'un «incomparable nageur». C'est après avoir lu ce roman de Fitzgerald qu'une fille disparaît mystérieusement, partie du yacht pour nager entre les îles Lipari, au début du film d'Antonioni *L'Avventura*.

Plusieurs des thèmes de *Tendre est la nuit* avaient déjà été explorés par Fitzgerald dans la nouvelle *Les nageurs* qui opère le rapprochement le plus explicite du nageur avec le Sud, et met en valeur tout ce qu'il symbolise. Son héros, Henry Clay Marston, est un homme d'affaires de Virginie installé à Paris, qui a quitté l'Amérique parce qu'incapable d'accepter la confusion morale d'un pays «toujours neuf, toujours changeant». Non qu'il trouve l'ambiance le moins du monde plus sympathique en France. L'histoire commence dans son bureau, cerné par le bruit des voitures et les gaz d'échappement. Une atmosphère de dépression noire s'abat soudain sur lui. Il se retire aux toilettes et reste à trembler derrière la porte. Il jette un œil par la fenêtre et se trouve aveuglé par une publicité criarde pour des chemises, symbole, dans le *Great Gatsby*, d'un goût vulgaire et m'as-tu-vu. Son tremblement s'apaise peu à peu et il reprend son travail, très ébranlé. Puis, quand il rentre plus

[68] *Diver* veut dire «plongeur». (NdT)

tôt chez lui et qu'il surprend sa femme avec un autre homme, son état nerveux verse dans le désespoir et le chaos.

Pour se remettre, il se rend sur la côte avec sa famille. Là, sur la plage, il aperçoit une nageuse dont il sent qu'elle est le « type parfait d'Américaine – ses bras, tels des poissons volants, fendaient l'eau en crawl », puis « son corps s'étalait pour un plongeon en eau superficielle ou se repliait, tel un canif, depuis le plongeoir ». La voici momentanément en difficulté : il se précipite pour l'aider bien qu'il ne sache pas nager. Elle lui propose de lui apprendre. Ses débuts sont pitoyables, mais il finit par devenir un nageur et entamer ainsi sa convalescence. Il demande à l'Américaine ce qu'elle compte faire. « Mon frère et moi nous rendons à Antibes ; on y nage tout le mois d'octobre. Puis la Floride. » « Et vous nagerez ? » s'enquiert-il amusé. « Eh bien, oui. Nous nagerons. » « Pourquoi nagez-vous ? » « Pour me laver » répond-elle et cette réponse prend pour lui une signification nationale plus ample. « Je veux dire que nous sommes devenus trop délicats pour nettoyer nos propres cochonneries » remarque-t-il tristement. Inspiré par cette vision, Marston regagne l'Amérique où son épouse entame une autre liaison avec son riche bailleur de fonds à lui, Charles Wiese, le type d'Américain qu'il déteste. Lui-même vient d'un autre milieu. « Henry Clay Marston était l'un de ces Virginiens qui sont plus fiers d'être Virginiens qu'Américains. Ce mot puissant imprimé sur tout un continent comptait moins pour lui que le souvenir de son aïeul, qui avait libéré ses esclaves en 58, combattu de Manassas à Appomatox, lisait Huxley et Spencer pour se délasser et croyait dans les vertus de la caste quand elle exprimait le meilleur d'une race. »

À présent devenu nageur, Marston s'affranchit parmi les vagues des perplexités de sa vie. « Quand les difficultés devenaient insurmontables, inévitables, Henry recherchait un répit dans l'exercice. Trois années durant, la nage avait été une sorte de refuge et il la sollicitait comme certains la musique ou d'autres l'alcool. Arrivait un moment où il mettait un terme clair à sa réflexion et se rendait sur le littoral virginien durant une semaine pour se laver l'esprit dans l'eau. Loin au-delà de la barre, tel un souple marsouin, il avait un aperçu sur la ligne verte et brune du 'Vieux Domaine'[69]. Le fardeau du malheureux mariage s'éloignait dans les gaies cabrioles de son corps entre les lames et il se mettait à évoluer dans un rêve enfantin d'espace. Il arrivait que le souvenir de camarades de jeu de sa jeunesse nage avec lui ; parfois, escorté de ses deux fils, il lui semblait partir sur le sentier brillant de la lune. Les Américains, aimait-il répéter, devraient naître avec des nageoires… » Une après-midi, alors qu'il regagne le rivage avec « un lent marmot », il s'arrête à un ponton pour se reposer et lève les yeux pour découvrir « la fille américaine parfaite » qui lui avait appris à nager quatre ans plus tôt, en France. Il est fou de joie. Il voit en elle une compatriote virginienne – il aurait dû le deviner en France, à son « indolence, à une apparente simplicité masquant une courtoisie et une attention constantes ». Ils parlent et rient comme naguère et une fois encore elle perfectionne sa nage, en lui montrant un « plongeon assis-couché depuis le plongeoir du haut et il l'imita maladroitement – et ce fut drôle ».

Encouragé par ses retrouvailles inopinées avec la nageuse, il décide d'affronter son épouse et l'amant de celle-ci. Il veut avoir la garde de ses deux fils. Par une chaude soirée d'été, les trois adultes appareillent dans le canot à moteur de Wiese. C'est ce dernier qui pilote – il se sent maître de la situation. Bien qu'il soit l'un des hommes les plus riches de Virginie, il n'en est pas originaire, sa voix est « trop volontairement sudiste, un mixte de petit Blanc et de profiteur nordiste parachuté dans le Sud ». Très loin dans la baie, il se tourne vers Marston pour exiger sa soumission. « L'argent, c'est le pouvoir, affirme-t-il fièrement, l'argent a fait ce pays, en a construit les grandes cités glorieuses, créé les industries, l'a couvert d'un réseau ferré. C'est l'argent qui maîtrise les forces de la Nature, crée

[69] Ancien nom de la Colonie anglaise de Virginie. (NdT)

la machine, la fait fonctionner quand il le dit, l'arrête quand il l'ordonne. » Mais dans ces eaux éloignées, le pouvoir de l'argent ne compte pas. C'est la nature sauvage qui contrôle la situation. Pendant que Wiese pérore, le moteur tombe en panne et le bateau « se met à tournoyer en un petit cercle placide ». Le capitaine tente désespérément de relancer le moteur, en vain. « Sans force motrice ni direction » le bateau dérive vers la haute mer. À présent, à la merci du reflux, leur survie repose sur Marston. Lui seul est accordé à la Nature car lui seul sait nager. Après les avoir obligés à se soumettre à ses conditions, il gagne le rivage pour chercher de l'aide, en ayant toujours su, contrairement à eux, qu'un courant contraire les aurait rapidement ramenés en lieu sûr. Marston, le Sudiste, l'homme « naturel », a triomphé des forces de l'argent.

Une fois de plus, il regagne l'Europe. Son point de vue sur l'Amérique a changé. Il a résolu la « confusion morale » et ce qui lui avait jadis paru « toujours neuf toujours changeant » lui semble à présent fermement établi sur les vieux concepts et traditions sudistes, la puissance d'une culture américaine antérieure qui survivait en lui. Depuis le pont du *Majestic*, il regarde s'estomper au loin la ville et le rivage, le rivage qui « jadis flatta par ses chuchotements l'ultime et le plus grand des rêves humains ». « Il éprouvait un sentiment de gratitude et de joie débordantes que l'Amérique soit là, que, sous le laid débris de l'industrie, la terre riche afflue encore, incorrigible, prodigue et fertile, et qu'au cœur d'un peuple sans chef les vieilles générosités et dévotions combattent toujours, versant parfois dans le fanatisme et l'excès, mais indomptables et invaincues. Une génération perdue était en selle à présent, mais il lui semblait que les hommes suivants, les hommes de la guerre étaient meilleurs ; et toute son impression d'antan, que l'Amérique était un accident bizarre, une sorte de farce historique, était partie à jamais. Le meilleur de l'Amérique était le meilleur du monde… La France était une terre, l'Angleterre un peuple, mais l'Amérique, qui abritait encore la qualité d'une idée, était plus difficile à exprimer – c'était les tombes de Silo et les visages las, tendus, nerveux de ses grands hommes et des gars de la campagne mourant en Argonne pour une phrase vide avant que leurs corps fussent flétris. C'était une ardeur du cœur. »

En descendant les marches de la cabine du commissaire de bord, Marston tombe à nouveau sur son professeur de natation, la « fille américaine parfaite ». « Oh, bonjour ! s'écrie-t-elle, je suis heureux que vous veniez ! Je demandais juste l'heure d'ouverture de la piscine. Ce qu'il y a de fameux avec ce bateau, c'est qu'on peut toujours y nager. » « Pourquoi aimez-vous nager ? » « Vous me posez toujours cette question, fait-elle en riant. « Vous me le diriez peut-être si nous dînions ensemble ce soir ? »

Cette nageuse sudiste, la « fille américaine parfaite », est assurément modelée sur la femme de Fitzgerald, Zelda. Dans son enfance à Montgomery dans l'Alabama, Zelda était célèbre pour sa nage et ses plongeons intrépides – « j'aimais sauter depuis les lieux élevés, j'adorais plonger ». Plus âgée, elle reconnaissait ne se soucier que de deux choses dans la vie – les garçons et la nage. L'un de ces garçons observait « qu'elle n'avait peur de rien. Il y avait un plongeoir fixé au-dessus de la piscine et presque personne ne sautait jamais du haut. Mais Zelda si, et j'avais peine à l'égaler. Je n'en avais pas vraiment envie. Elle nageait et plongeait tout aussi bien que n'importe lequel d'entre nous et mieux que la plupart. » Elle portait un maillot de bain en jersey de soie couleur chair d'une pièce et ne cherchait pas à démentir les rumeurs l'accusant de nager nue. Un jour, avec un groupe de filles, elle gagna en voiture une piscine dotée d'un haut plongeoir. Un instant plus tard, elle escaladait l'échelle et se préparait à faire un saut de l'ange. Mais en étendant les bras sur le côté, elle se rendit compte qu'ils s'emmêlaient dans les bretelles du costume, les défit, ôta son maillot, « resta juchée un instant comme une nymphe des eaux, se dressa sur les orteils et sauta de la planche ». Tous, autour du bassin, restaient bouche bée devant tant d'impudeur et de beauté.

Durant sa lune de miel à New York, elle plongea nue dans la fontaine d'Union Square, et tout habillée dans celle de Pulitzer. Quand elle nagea enceinte dans la piscine publique de Montgomery, on la pria de sortir. Scott en vint bientôt à comprendre que nager était un besoin compulsif chez elle. Chaque fois qu'ils louaient une maison, il pensait que, pourvu qu'ils trouvent un endroit proche de l'eau, elle serait heureuse. Bien plus tard, il loua des maisons équipées de piscines à Hollywood pour plaire à Sheilah Graham et restait assis sur le bord à la regarder nager. Le désir frénétique de Zelda de plonger dans l'eau peut avoir résulté en partie de son eczéma nerveux, bien qu'elle imputât ses souffrances au fait que personne ne lui avait jamais appris à jouer au tennis. « Quand je suis très malheureuse, il y a toujours ton jeu auquel penser. » Sans aucun doute, elle expérimentait en plongeant la même « exaltation » qu'elle prétendait tirer de la danse, « la sensation des envols de l'âme humaine divorcée de la personne ». Dans le Midi de la France, où les Murphy avaient créé la plage de La Garoupe, modèle de celle de *Tendre est la nuit*, Sara Murphy mit un jour en garde les Fitzgerald : ils devaient éviter leurs plongeons intrépides depuis les rochers dominant la mer. « Il fallait être un superbe plongeur pour y arriver. Des entailles étaient creusées dans la roche de 5 à 30 pieds. Or il s'agissait d'un plongeon très haut, dangereux pour n'importe qui, mais surtout la nuit où l'on devait jouir d'une synchronisation parfaite sous peine de se fracasser sur les rochers en contrebas. Zelda se mettait en maillot et demandait très doucement à Scott s'il avait envie de nager. Je me rappelle un soir où j'étais avec eux : il tremblait comme une feuille quand elle le mit au défi, mais il la suivit. J'en avais le souffle coupé. Ils ont plongé depuis chaque hauteur en remontant tout blancs et frissonnants ; jusqu'au dernier depuis 30 pieds. Scott hésitait, attendit que Zelda refasse surface. Je ne pensais pas qu'il en serait capable, mais il s'exécuta. Quand je leur fis des reproches, Zelda me dit très doucement, de sa voix basse et voilée : 'Mais Saayra, tu ne le savais pas ? Nous ne croyons pas en l'instinct de conservation.' Et ce fut tout ! »

Depuis l'asile psychiatrique, Zelda écrivait un mot angoissé à Scott en 1935, pour exprimer le vœu « de passer juillet près de la mer, à bronzer avec lui, sentir notre chevelure alourdie par l'eau flotter derrière nous après un plongeon ». Peu avant sa mort, dans une ultime lettre à sa femme et sa fille, après les avoir vues toutes deux pour la dernière fois, Scott écrit qu'il ne voulait penser à rien qu'à elles deux ensemble, nageant, plongeant de très haut, très nettes et gracieuses dans l'eau ». Bien que dans *The Crackup* (« La Fêlure »), Fitzgerald décrive « tout bon style » comme « une nage sous-marine où l'on retient son souffle », il préférait éviter de nager car il avait honte de ses pieds. Il n'aimait pas davantage le soleil et se ruait vers la mer sur les plages du Sud de la France, plongeait entre deux eaux et ressortait aussitôt. Mais, telle Zelda et leur fille qui plongea pour Vassar[70], il aimait afficher son art du plongeon. Dans le déclin symbolique de Dick Diver, quand il se met à éviter les hauts plongeoirs, dans son effondrement ultime en tentant de remettre quelqu'un sur ses skis nautiques au large d'une plage bondée, il faut lire un incident de la propre vie du romancier, parti nager avec une infirmière engagée alors qu'il traversait une dépression – il était en train d'écrire *Tendre est la nuit*. Elle se trouvait être jeune et jolie et, lorsqu'il voulut l'impressionner en faisant le saut de l'ange, il se fractura l'épaule.

Beaucoup de ces auteurs sudistes étaient des nageurs passionnés, mais nul davantage que Tennessee Williams. Toujours fier de son « physique de bon nageur », il avait appris à nager dans les cours d'eau des montagnes des Appalaches, dans un bassin d'eau « fabuleusement fraîche et claire formé par le barrage, qui offrait une cascade pétillante sur des rochers blancs comme de l'os ». Sa tante essayait de l'assister dans l'eau. Quand il lui répondit qu'il préférait s'en remettre à lui-même, elle répondit : « Oh Tom, cher Tom, s'en

[70] Excellente université privée fondée en 1861 dans l'État de New York, réservée aux filles jusqu'en 1969. (NdT)

remettre à toi-même, c'est s'en remettre à un roseau cassé». Il garda toujours sur son bureau une photo de Glenway Westcott dans la fleur de la jeunesse se baignant nue dans un lac de montagne et lui nageait souvent au large de Nantuckett avec Carson McCullers. Les plages et les piscines des auberges de jeunesse étaient des lieux de conquête pour Williams, où son charme pouvait séduire des jeunes gens et où il n'avait pas à tabler, comme le Sebastian de *Soudain l'été dernier*, sur une sœur transformée en appât dans un maillot transparent. Il a un jour qualifié la fermeté des tomates au toucher «d'identique aux pectoraux d'un jeune nageur».

Quand l'Amérique l'ennuyait, il aspirait à s'envoler vers l'Italie et «louer une ferme, engager un chauffeur jardinier et nager, nager et nager dans cette eau calme, fraîche et froide». Sur le Lido de Venise, il avait coutume de descendre à l'hôtel où Aschenbach fut hypnotisé par le jeune Tadzio, l'Excelsior, doté d'un balcon sur l'Adriatique, bien qu'il fût déçu de devoir avancer si loin dans une eau «qui n'était pas translucide». Son choix d'hôtels tendait à dépendre de la qualité de leurs piscines. Il appréciait particulièrement le Hollywood Roosevelt, une oasis de palmiers à la lisière du bruyant boulevard, où Hockney a peint des cercles sur le fond du bassin, qui ondulent et scintillent à la surface au soleil. «Je veux passer le printemps à Londres, écrivait-il à un ami anglais, POURVU que tu puisses me trouver un appartement avec piscine, EST-CE POSSIBLE?» Le rituel des baignades du matin était si important que, faute d'y avoir sacrifié, Williams disparaissait au cours du déjeuner sans mot dire pour reparaître une demi-heure plus tard, en s'excusant, les cheveux trempés. Il avait choisi de vivre à Key West parce que nager «était pour ainsi dire (son) mode de vie et, puisque Key West était à la pointe la plus méridionale de l'Amérique, (il se) figurait qu'il pourrait y nager». À la Nouvelle-Orléans, il fréquentait l'Athletic Club de North Rampart Street où la piscine était alimentée par une source d'eau artésienne qui était «fraîche issue du sous-sol – elle (le) revigorait».

Les dernières volontés de Tennessee Williams furent qu'on jette ses restes dans l'océan, le plus près possible de l'endroit où Hart Crane disparut à la poupe de l'*Oribaza* dans le golfe du Mexique, car « j'ai toujours admiré ce gentleman sans avoir jamais l'occasion de le rencontrer ». Pour la même raison, une certaine sympathie pour Tennessee Williams m'a inspiré de nager partout où il s'était baigné, à l'Hollywood Roosevelt, au large de Santa Monica, dans les eaux peu profondes du Lido vénitien, devant la plage de Barcelone, tandis qu'Alan Ross s'étirait sur le rivage d'où la sœur de Sebastian, Elizabeth Taylor, attirait les jeunes gens, dans une eau qui obligeait l'exigeant Williams à s'éloigner en bateau d'un mille, pour trouver « une mer propre à se baigner ». Cette sympathie m'a fait escalader la clôture branlante de sa maison abandonnée de Duncan Street, à Key West, nager dans la vase verte de sa piscine au milieu d'une jungle de plantes tropicales, plonger seul et nu dans les eaux de source des bassins marmoréens de l'Athletic Club de la Nouvelle-Orléans. Après quoi je ne pouvais que soumettre mon corps aux mains du *Masseur noir* qui mutile le pauvre employé dans la nouvelle de Williams et qui continue de hanter ces parages[71]. Tandis que mes membres étaient tordus et tendus sur la dalle de pierre, je compatissais avec le petit fonctionnaire fou qui mourut, si heureux, dans ses bras.

James Dickey a filmé Penn Warren nageant seul à travers un lac. Tout au long de sa vie, ce fut un nageur assidu et impénitent, passionné de sauts de l'ange dans sa jeunesse, depuis de grandes hauteurs vers des trous d'eau, telle la fille de son roman qui descendait au soleil, « les bras bien écartés pour mettre en valeur le galbe des seins, la courbure de son dos étroit et ses longues jambes bien douces et serrées ». Plonger fut un divertissement de l'entre-deux-guerres. Les meilleurs plongeurs du monde étaient à présent tous

[71] Écho du titre original de ce livre, *Les parage du masseur noir*, d'après une œuvre de T. Williams. (NdT)

américains, depuis qu'un des plongeurs suédois, Ernst Bransten, avait fait défection au profit des États-Unis en 1920 et trahi les secrets de son art. Il n'y eut qu'une exception, un Égyptien émotif, Farid (Fred) Simaika, qui fut déclaré vainqueur de l'épreuve de plongeons de haut vol lors des Jeux olympiques de 1928, avant d'être rétrogradé à la deuxième place au beau milieu de l'hymne national égyptien à cause d'une erreur de calcul. On retrouva plus tard sa tête suspendue par des cordes passées dans les oreilles, après qu'il eut échoué parmi des coupeurs de têtes quand son avion fut abattu au-dessus du Pacifique, au cours de la dernière guerre. Les Américains sont les vedettes des scènes de plongeon dans le film olympique de Riefenstahl. Je leur ai téléphoné à tous et suis parvenu à en contacter deux. Marjorie Gestring, dont Riefenstahl a réussi à fixer le sourire enfantin et ravi d'avoir gagné un titre à treize ans à peine, était heureuse qu'on se souvienne encore d'elle alors que Dick Degener, quelque part à Philadelphie, marmonna que c'était une trop vieille histoire, qu'il n'avait jamais entendu parler de Riefenstahl et qu'au surplus, son dîner était servi.

Le saut de l'ange qui séduisait tant Leni Riefenstahl et les foules londoniennes qui admiraient les plongeurs suédois, Jack London et Robert Penn Warren, Scott et Zelda Fitzgerald, avait été porté à sa perfection par un tout petit Américain, Desjardins, à la fin des années vingt. C'est le saut prolongé vers l'arrière du blond Marshall Wayne qui transforme toute l'atmosphère et le rythme de la séquence de la cinéaste, la hissant du niveau du documentaire à celui de l'œuvre d'art. Son nom et son plongeon gracieux ont inspiré le personnage de Chance Wayne à Tennessee Williams, qui charme les spectateurs avec ses plongeons depuis le haut tremplin dans *Tendre oiseau de la jeunesse*. Lors des Jeux de 1924, Caroline Smith était distancée par ses rivales, jusqu'à son saut ultime, un saut de l'ange parfait qui s'abattit « comme un oiseau montant et fendit l'eau sans une éclaboussure ou presque » devant dix mille spectateurs. Il lui valut une médaille d'or et une ovation debout des exigeants Parisiens. Elle disparut ensuite dans le monde du music-hall.

Ce saut de l'ange était le plongeon de l'époque, qui semblait d'une façon l'exprimer. Les comédies musicales abondaient en filles plongeant ainsi depuis le haut des cascades. Jane fait un tel saut depuis les arbres pour atterrir dans les bras de Tarzan. Weissmuller lui-même en était un irréprochable praticien, comme l'illustrent les clichés, mais il préférait participer à des compétitions dont le résultat ne dépendait pas du caprice des juges. Dans un film de 1914[72], *La Fille des Dieux*, Annette Kellermann établit un nouveau record de hauteur de plongeon quand, grâce à un magnifique saut de l'ange de 33 mètres, elle saute d'une tour de prison dans la mer. Ce record fut effacé quatre ans plus tard par l'incroyable plongeon d'Alick Wickham, un autre saut de l'ange, depuis 63 mètres dans le fleuve Yarra en Australie, record dont on ne s'étonnera pas qu'il persiste. Un article de presse raconte comment ce simple habitant des îles Salomon fut manipulé pour plonger depuis une plateforme située à 30 mètres de hauteur sur les rives du Yarra à Melbourne, en échange de 100 livres. À son arrivée, il découvrit que la plateforme était installée sur une falaise de 205 pieds neuf pouces, soit quelque 63 mètres. Une foule de 60 000 badauds s'était déjà rassemblée. Des femmes hurlaient et se pâmaient tandis que Wickham regardait, à plusieurs reprises, depuis le plongeoir, hésitait puis reculait. Il avoua plus tard que ce n'était pas tant l'altitude qu'il redoutait que le risque de toucher la rive opposée, laquelle paraissait très proche depuis cette hauteur de 63 mètres. La foule resta bouche bée quand il se lança, plana immobile au-dessus du fleuve, les bras écartés comme les ailes ouvertes d'un oiseau, puis qu'il s'abattit sur le fleuve. Il survécut, mais les trois maillots qu'il avait enfilés comme protection furent déchirés par l'impact. Il passa une semaine dans une sorte de coma et criait de douleur si on lui parlait.

[72] Ou plutôt 1916 ? (NdT)

Pour les miséreux et les humiliés, le public des cinémas des années de la grande crise, le saut de l'ange représentait un aperçu éloigné de la perfection, de la grâce physique et de la liberté. Dans *After many a summer*[73] d'Aldous Huxley, paru en 1939, les familles de pauvres vagabonds du Kansas travaillent dans les orangeraies de Californie, sous le San Simeon de Hearst, en silence, quand la plus jeune des enfants pousse soudain un cri suraigu :

« Regardez là-bas ! Elle tendait le doigt. Devant eux se dressait le château. Au sommet de la plus haute tour s'élevait une structure métallique arachnéenne, portant une succession de plateformes jusqu'à 20 ou 30 pieds au-dessus du parapet. Sur la plus haute de ces plateformes, noire sur le ciel brillant, se tenait une minuscule silhouette humaine. Comme ils regardaient, la silhouette étendit les bras et plongea vers l'avant, disparaissant à leur vue derrière les créneaux. »

Dans sa longue élégie sur l'époque héroïque de la corrida, Hemingway compare le mouvement lent, hiératique du torero, au plongeur qui « pouvait contrôler sa vitesse en l'air et prolonger la vision du saut de l'ange ». Hart Crane, selon certains, a exécuté une version exquise de ce plongeon quand il plongea vers la mort dans le golfe du Mexique depuis le vapeur *Oribaza* en 1932. L'étude d'Alvarez sur le suicide mentionne un alpiniste talentueux et gracieux de l'époque, un Américain plongé dans la dépression par une rupture amoureuse, qui gagne en voiture certaines falaises de la côte est – elles sont à pic et hautes de 60 à 100 mètres – et saute. « Perfectionniste jusqu'au bout, il exécuta dans sa chute un saut de l'ange impeccable. »

Il s'agissait des dernières années du plongeon pur, symbole de symétrie prolongée, avant qu'il se mue en une suite d'entortillements et de retournements papillotants, en exercice gymnique trop complexe pour être suivi à l'œil nu. La mort de ce saut (on pense à

[73] *Jouvence*, traduit en français par Jules Castier, Paris 1940. (NdT)

celui du père de Christopher Hampton à Alexandrie en 1936, représenté sur la couverture de programme de sa pièce retraçant le déclin de la puissance britannique au Moyen-Orient) a marqué la fin d'une époque. Désormais dépassé, il a suivi la route des coups fameux d'autrefois, de la demi-volée de Gandar-Dower et Cochet, du *leg-glance* de Ranji, de ces coups abrupts hors-jeu qui furent la marque de fabrique des joueurs de cricket amateurs au tournant du siècle, par-dessus tout le *cover drive* au poignet lâche dont la perte fit comprendre à John Gale qu'il était à tout jamais coupé de « l'innocence et du rythme » naturels de la jeunesse. « J'avais douze ou treize ans, j'étais dans le filet de cricket au collège : le professeur de maths, pourvu d'un dentier et d'un bon cœur, m'envoya une demi-volée hors de l'*off-stump* : je frappai la balle dans les *covers*, un joli coup, qui pénétra comme dans du beurre. Ayant joué ce coup, j'eus le sentiment que c'était la dernière fois que j'avais été naturel, dégagé, parfaitement synchrone : je m'étais appuyé sur la balle et l'avais déviée sans y penser, dans un geste d'une simplicité quasi païenne. Mais dès lors, mes coups de batte se firent raides, violents, prémédités : je crochetais, coupais, tirais et tranchais en pleine conscience mais ne parvins plus à envoyer une balle dans les *covers* sans réfléchir. Je n'y arrivai plus jamais, même une fois adulte. De ce jour, j'avais perdu quelque chose ; je ne l'ai jamais retrouvé ; je n'ai jamais cessé de le chercher. »

En un temps où la plupart des champions de natation se concentrent en Europe de l'Est, pâles silhouettes ayant épuisé leur jeunesse dans d'innombrables longueurs de bassins sans soleil, il est tentant de se retourner vers l'âge d'or de la nage entre les deux guerres, lorsqu'elle semblait exprimer la *joie de vivre** de la vie littorale sur le Pacifique et celle de l'industrie du cinéma à Hollywood. Les grands nageurs s'orientaient souvent vers le cinéma à la fin de leurs carrières, tradition initiée par Duke Kahanamoku, que Jack London avait vu nager et surfer à Honolulu. Alberto Zorilla, qui était peut-être le nageur le plus gracieux du temps, a figuré dans quelques comédies musicales après avoir remporté une médaille d'or à Amsterdam et le championnat mondial de danse de salon à Biarritz. Weissmuller succéda au Hawaïen comme champion du monde, sans perdre une compétition d'amateur durant un lustre, puis il prit sa retraite et endossa le rôle de Tarzan, dont la méfiance à l'égard de la civilisation et le goût de la vie primitive semblent résumer les diverses notions romantiques qui se sont attachées au nageur. Après une succession de mariages malheureux, notamment avec Lupe Velez, célèbre pour son suicide dramatique, il mourut sans le sou à Mexico, mais en ayant l'amitié d'un millionnaire. Son successeur dans le rôle de Tarzan, Buster Crabbe, décrocha le rôle grâce à un finish extraordinaire aux Jeux de Los Angeles de 1932, lorsqu'il rattrapa plusieurs mètres dans la dernière longueur pour triompher, sur la ligne, du Français Jean Taris qui, comme Carpentier assommé par Dempsey onze ans plus tôt, était déjà une figure légendaire en Europe.

Taris lui-même est le sujet d'un des quatre seuls films de Jean Vigo. Il y suit le nageur qui parcourt les longueurs d'un bassin parisien. L'essentiel du film est filmé sous l'eau, grâce à des lentilles et des lampes spéciales illuminant le fond, tandis que le protagoniste ondule et se retourne sous les gerbes lumineuses, au milieu d'un lacis de bulles, tel un dauphin plongeant dans un aquarium. Vigo a créé un univers fantastique isolé où le temps semble suspendu, l'espace illimité, assez semblable à la séquence onirique de son *Atalante*, où le jeune homme plonge dans la rivière depuis la péniche, fait deux cabrioles et voit flotter vers lui sa mariée perdue, souriante, dans sa robe de mariée. Vigo fait allusion à Jean Taris dans *Zéro de Conduite* quand le dessin d'un nageur par le jeune et sympathique instituteur se transforme, sous les yeux des écoliers déçus, dans celui de Napoléon en grand uniforme. À la fin de son film, Jean Taris revêt son chapeau melon et son costume à rayures tennis, mais dans son échappée onirique vers les royaumes de l'imagination, l'affranchissement transitoire de la discipline et de l'étroitesse du siècle, le cinéaste a exprimé, en dix minutes, tout le suc de son travail et de sa sensibilité.

On est étonné de voir combien, dans les films de l'époque, les brèves scènes sous-marines sont mémorables, comme ces cours d'eau claire et pierreuse dans les premières peintures italiennes où l'eau est suggérée par une ride autour de la cheville, une légère décoloration de la peau; les pièces d'or qui tombent sur le lit de la rivière dans le *Nibelungenlied*; les plongeurs de Riefenstahl regagnant la surface; un officier du *Potemkin* rejeté sur le lit de l'océan; l'évadé du pénitencier immergé entre deux eaux et respirant par un roseau pour échapper aux poursuivants. De telles scènes révèlent non pas tant la fierté pour ces nouvelles techniques cinématographiques qu'un monde récemment découvert, un élément frais, mystérieux, magique dont les attraits étaient désormais expérimentés pour la première fois à grande échelle.

Les femmes venaient à peine d'être affranchies des pantalons, corsages, jupes et bas auxquels elles étaient soumises depuis tant d'années. En 1919 encore, la nageuse blonde olympique Etheldra Bleibtrey avait été emprisonnée pour avoir nagé « nue » sur Manhattan Beach, et ce parce qu'elle avait ôté ses bas. Ce sentiment inédit de libération devait beaucoup à l'exemple de l'Australienne Annette Kellermann, qui avait été arrêtée, elle-même, sur Revere Beach peu après son arrivée à Boston, puis qui devint une vedette dans *Vaudeville* et cinq autres films muets très appréciés, qui charmèrent Jack London entre autres. Désormais, les concurrentes n'avaient plus à traîner des mètres de lourds tissus détrempés derrière elles : elles exultaient dans cette liberté inédite de mouvement. Durant cette brève période d'entre les deux guerres, elles furent peut-être le seul groupe d'athlètes féminines ayant pu associer une certaine sophistication et la délicatesse à de véritables prouesses sportives.

Ces nageuses eurent l'autorisation de prendre part aux Jeux olympiques huit ans avant d'autres athlètes femmes. Comme Weissmuller, la plupart plongeaient aussi élégamment qu'elles nageaient. Beaucoup étaient belles. Aucune ne fut plus gracieuse, semble-t-il, que Sybil Bauer qui mourut à son apogée d'un cancer, à l'âge de 22 ans, et pourtant elle nageait le dos crawlé plus vite qu'aucun homme de l'époque. Jane Fauntz, élégante nageuse et plongeuse, brillait sur les couvertures des magazines, arborait des fourrures de chez Saks à Chicago, homologuait les cigarettes Camel. Le style de Martha Norelius, devenue le centre d'une coterie à l'hôtel Breakers a été qualifié par un Parisien de « poésie en mouvement » et son entraîneur L. de B. Handley, qui influença énormément la nage féminine de l'époque, ne se lassait pas de la regarder. Quand, en 1926, Gertrude Ederle accomplit la première traversée féminine de la Manche, en nageant le crawl tout au long pour pulvériser de deux heures le record masculin, des sirènes l'accueillirent à son retour à New York, des fleurs se déversèrent en averses des avions et l'enthousiasme des serpentins égala celui prodigué à Lindbergh l'année suivante. Malheureusement, elle perdit des millions d'aide publicitaire pour avoir retardé son retour de quelques mois pour visiter une aïeule en Allemagne et ce fut une mère de famille qui traversa entretemps la Manche à la nage. La houle avait durablement détruit son ouïe et, tout au long de sa vie, elle souffrit de dépressions nerveuses, bien qu'elle tourne avec d'autres nageuses dans des films comme *Swim, Girl, Swim* et les *Aquacades* de Rose.

Randolph Hearst invitait les plongeurs émérites à se produire dans ses bassins grecs et romains de San Simeon. Doris O'Mara se rappelle une démonstration qu'elle donna pour les Vanderbilt et leurs amis, dans la propriété Vanderbilt de Caroline du Nord. « Quand nous sommes entrées dans le bassin, des valets étaient alignés qui tendaient le bras. Nous avions mis nos costumes de bain, nos bonnets et étions drapées dans une serviette que nous leur remettions en passant. » La silhouette de plongeuse sur le côté du maillot Jantzen devint l'un des emblèmes de l'époque. Un autocollant fut aussi conçu pour les pare-brise d'automobiles. Il s'en vendit des millions bien que certains États, tel le Massachusetts, refusassent de donner un permis de conduire aux chauffeurs arborant un objet aussi scandaleux. Les magazines de mode consacraient des pages entières aux tenues de bain : on voyait les mannequins se fourrer les cheveux dans des bonnets, poser à côté de reproductions d'antiques au bord des piscines. Man Ray photographia l'artiste peintre surréaliste Meret Oppenheim et ses cicatrices séduisantes, en maillot de bain et bonnet ; Salvador Dali peignit, dans une série de fresques, la belle nageuse de dos crawlé Eleanor Holm comme une sirène dans sa grotte. Picasso fut si envoûté par le chic de Sara Murphy qui portait un collier de perles sur son costume de bain, sur la plage de La Garoupe, que, dans ses tableaux néoclassiques de l'époque, ses femmes monumentales ne portent que des colliers de perles.

Les journaux commençaient à s'en remettre, pour leur diffusion, aux photographies de jeunes filles en maillots suggestifs, juchées au bord de piscines ou de plongeoirs, ou arquant leurs corps en plein vol. À une époque de forte censure, l'athlétisme les rendait légitimes. Des hordes de vedettes féminines furent attirées vers le sud par les promoteurs immobiliers du grand boom de Floride. On les voit s'affronter dans les bassins de nouveaux lotissements : Coral Gables, Roney Plaza, Miami-Biltmore ou Palm Beach. Les filles de la revue *Ziegfield* étaient invitées par l'industriel solitaire et anémique James Deering à profiter de son exquis bassin marmoréen, dans sa propriété de Vizcaya près de Miami : au sortir d'une grotte sombre aux parois incrustées de coquillages et de poissons, ruisselantes d'un voile d'eau permanent, elles sortaient nager au soleil sur les carreaux bleu vif, par des fontaines et des arcades.

J'ai naguère passé une semaine à nager dans ces piscines de Floride, dont Vizcaya. Certaines, comme tant d'autres choses, furent détruites dans l'euphorie des années soixante, mais les deux plus romantiques survivent encore à Coral Gables. Cette banlieue a été conçue au début des années vingt comme un havre « méditerranéen » pour contrebattre l'étalement urbain de Miami. En 1924, Phineas Paist a transformé une carrière en piscine publique, surnommée la « vénitienne », de forme irrégulière comme un lagon, alimentée par un puits artésien, bordée de cascades, grottes, fontaines et portiques festonnés de bougainvillées. En place de plongeoirs, il y a de hauts rochers et des ponts vénitiens en dos d'âne. Le jour de ma visite, on nettoyait le bassin qui était vide. J'en arpentai donc le fond en tâchant de me le représenter à son apogée, quand toutes les vedettes de la natation et du cinéma y nageaient, que les couples dansaient le soir sur la musique de Paul Whiteman et son orchestre, lesquels ôtaient ensuite leurs smokings pour jouer en maillots de bain dans un bassin peu profond. Lors de la construction de l'hôtel Biltmore, le cratère créé par l'extraction de roches pour la construction du bâtiment fut rempli d'eau pour former une vaste piscine en L. On la pourvut d'un portique et d'un campanile rose en guise de plongeoir, où les stars olympiques faisaient des démonstrations avant-guerre. J'y ai nagé seul une nuit, ai fait la planche dans l'eau noire, ai levé les yeux vers les chambres illuminées où les couples se changeaient pour dîner. On approchait de Noël. Dans une salle éloignée, un chœur répétait des chants de Noël tandis que, plus près du bassin, dans la tour centrale, des silhouettes se trémoussaient sur le rythme saccadé de *Louie, Louie*.

De l'autre côté de Miami, au quinzième étage d'un immeuble dominant un bassin bleu, vit la spécialiste de dos crawlé jadis peinte par Dali et qualifiée par *Time* de « plus belle athlète du monde », même si ne subsiste plus de sa beauté de garçonne qu'une longue bouche ardente. Eleanor Holm ne nage plus du tout, aujourd'hui, fût-ce après d'éprouvantes parties de tennis, mais en 1932, lors des Jeux de Los Angeles, elle remporta le dos crawlé et fit sensation quatre ans plus tard quand elle fut interdite de course à Berlin (alors qu'elle était assurée d'une autre médaille d'or) par Avery Brundage lorsqu'il la découvrit buvant du champagne tard le soir, dans la cabine de première de certains journalistes. À la différence d'autres nageurs, elle avait l'habitude de se coucher tard, car elle avait épousé le chef d'orchestre Art Jarrett avec lequel elle chantait en duo. Avant les courses, elle fumait dans les vestiaires pour afficher son insouciance. Être suspendue en fit une célébrité du matin au soir. À Berlin, elle fut consolée par Hitler et Riefenstahl, quoique rarement fascinée par les femmes, la suivit partout et la filma nageant dans le bassin olympique. Revenue en Amérique, elle joua Jane au côté du Tarzan de Glenn Morris – il avait remporté le décathlon à Berlin – mais elle quitta le tournage quand la corde retenant un alligator céda et qu'elle dut nager comme jamais pour sauver sa peau.

Puis elle épousa un autre musicien, Billy Rose, l'entrepreneur et parolier de diverses chansons populaires comme *Barney Google* et *It's only a Paper Moon*. Les Renoir qu'il lui avait laissés après leur divorce acrimonieux décoraient encore son salon – « certains de ses élèves ont peint l'essentiel de ce qui s'y trouve, mais au moins c'est sa signature authentique » lui avait-il assuré. Il en fit la vedette des grandes *Aquacades* qu'il commença d'organiser en 1937. Annette Kellermann avait déjà popularisé les numéros de sirènes au théâtre et au cinéma, mais la première *Aquacade* de Rose fut mise en scène sur le lac de Cleveland. Eleanor Holm entrait en scène à la nuit en pantoufles à talons hauts et en cape, l'ôtait d'un geste théâtral avant de plonger dans l'eau noire en combinaison argentée et d'exécuter un long ballet aquatique avec Weissmuller, tandis que l'orchestre jouait *Le Beau Danube bleu* ou parfois que Bing Crosby chantait. « Eleanor est fichtrement près d'égaler Nijinsky en bonnet de bain » s'enthousiasmait Rose. Leur succédaient des plongeurs comédiens comme Stubby Kruger et quelques plongeons spectaculaires, illuminés, de Desjardins et Marshall Wayne, depuis 24 mètres.

Le numéro se déplaça à New York, mais lorsqu'il atteignit San Francisco, Esther Williams avait repris son rôle. Quand ces fantastiques *Aquacades* furent transformées en spectacles hollywoodiens quelques années plus tard, c'est Esther Williams qui en devint la vedette. Elle avait remporté la finale du cent mètres dans le championnat de natation national peu avant la guerre et aucune Américaine ne battrait son record avant sept ans. De fait, on la voit faire cette course au début du film *Neptune's Daughter*, suivie du regard par son futur agent qui décrit l'impression suscitée par sa nage : « J'aimerais vous raconter une histoire au sujet d'un type, d'une fille et d'un costume de bain. Je l'ai vue à chaque épreuve de natation que cette ville a pu compter, juste comme celle-ci. Elle était toujours alignée avec un groupe d'autres filles, où elle se détachait comme un cygne dans une basse-cour boueuse. J'ai vu le starter s'installer et appeler les nageuses à monter. Elle a touché l'eau et l'a fendue comme un yacht d'un million de dollars. Au demi-tour, elles étaient au coude à coude. Bien vite, elle s'est détachée, nettement en avant. Et c'était en effet son domaine, nettement en avant. Elle s'est dirigée vers le vestiaire sur un nuage et je l'ai suivie aussitôt… »

L'agent la persuade de devenir professionnelle et de présenter une gamme de costumes de bain, ces divers maillots une pièce aux noms de sirènes – « Double Entendre », « Side Issue », « Honey Child », « Diamond Lil » – dont les charmes allaient bientôt être détrônés par le bikini qu'Esther Williams refusa toujours de porter. À la fin du film, parée de son « Streamliner », elle fait le saut de l'ange depuis un rocher dans un bassin couvert. Ce fut la dernière et la plus fêtée des nombreuses belles nageuses stars tentées par le succès à Hollywood, capables de plonger aussi élégamment qu'elles nageaient, ces « cygnes dans la basse-cour boueuse » dont « le domaine était nettement en avant ».

Avant l'expansion de l'industrie cinématographique, les bassins de Californie se concentraient dans le Nord. Les grands Sutro Baths de San Francisco avaient été fondés en 1896 par un ingénieur qui s'était enrichi grâce au tunnel qu'il avait creusé pour assécher les galeries inondées des mines d'argent du Nevada. Sutro mobilisa ensuite son génie hydraulique pour concevoir le bassin le plus remarquable jamais bâti. La compagnie de chemin de fer installa deux lignes s'arrêtant directement à l'entrée, d'où l'escalier menait à ce qui était le plus grand bâtiment doté d'une verrière au monde, dominant de haut le Pacifique, bondé de palmiers grimpant jusqu'au plafond, d'anacondas empaillés, d'une plage tropicale, de restaurants et, dans la salle principale, de sept piscines séparées ouvertes sur l'océan. Leur température allait du glacé au chaud. Elles contenaient 9 millions de litres d'eau de mer et pouvaient accueillir dix mille baigneurs simultanément, qui pouvaient faire alterner la nage avec les anneaux et les trapèzes, ou plonger depuis les neuf plongeoirs et plusieurs plateformes en hauteur. C'est dans le plus grand bassin, le plus long bassin couvert au monde, que Duke Kahanamoku se produisit pour la première fois sur le continent et qu'il brisa aussitôt le record du monde de vitesse. Ces thermes furent détruits en 1966. De l'autre côté de la baie se trouvait la plus grande piscine de plein air au monde, la Fleishhacker, qui ressemblait à un lac pourvu d'un vestiaire de la Renaissance italienne s'étendant sur presque toute sa longueur. Mais l'eau n'y était jamais chaude et les plongeurs étaient déstabilisés par la brume qui en couvrait sans cesse la surface, bien que Roy Woods s'y soit entraîné des mois durant, avant son plongeon tragique de près de 64 mètres depuis le pont de la baie, qui lui brisa le dos et le laissa à jamais hémiplégique. Ces piscines étaient de vastes lieux publics, le cadre d'activités bruyantes et insouciantes où les familles venaient pique-niquer et passer la journée.

On ne traverse pas les piscines de Los Angeles. Des lignes strictes sont imposées aux dévots de la nage « sérieuse ». Dans le sillage d'Hollywood, la nage est devenue synonyme d'une quête de la perfection physique, d'un effort désespéré pour rester toujours jeune. Dans les années vingt, un réseau de bassins saphir a commencé de fleurir dans les collines d'Hollywood pour s'étendre dans les vallées. Leur profusion tropicale enchanta Hockney comme son avion survolait la ville à basse altitude avant d'atterrir à Los Angeles pour la première fois. Aussitôt arrivé, il visita la piscine « Hollywood-Grec » au siège du magazine *Physique Pictorial*, dont les photos de beaux garçons musclés l'y avaient attiré. Dans l'atmosphère froide et pluvieuse du Nord de l'Angleterre, les piscines étaient un luxe, mais ici elles semblaient être omniprésentes et disponibles pour tous. Il se mit à les peindre après avoir été hypnotisé par l'aspect des carreaux mouchetés bleus et jaunes qui décorent le bassin conçu par Frank Lloyd Wright à l'hôtel Biltmore de Phoenix, dans l'Arizona. Il est si enthousiasmé par leur éclat, leur couleur que j'ai accepté de rouler seize heures dans le désert pour une baignade vespérale entre ces carreaux aztèques, pendant que le soleil disparaissait derrière la plateforme de plongée en forme de ziggourat. Au surplus, je voulais connaître une piscine conçue par un architecte pour lequel l'eau compta à l'évidence beaucoup, l'un des premiers à intégrer les piscines aux bâtiments et qui dessina des maisons en forme de vagues, juchées au-dessus des cascades et des courants où les famillesaimaient se baigner.

À Hollywood, Hockney se fascina pour l'effet du soleil sur l'eau. En Angleterre, rivières et mer avaient paru opaques, mais dans ces eaux transparentes le soleil californien transformait une surface étale en un réseau de lignes dansantes vivifiées par les diverses couleurs du spectre. Ainsi une série de tableaux a-t-elle pris son essor, de bassins bleus sur un fond d'arbres tropicaux et de fenêtres rectangulaires pourvues de rideaux. Ils sont devenus des icônes du mode de vie californien et le scénario de tant des films bleus qui y ont été réalisés. Dans les tableaux, des silhouettes imprécises, dématérialisées, s'éclaboussent ou s'immergent dans l'eau, entre les reflets et les ombres projetées à la surface par les plongeoirs et les palmiers, les motifs sinueux de lumière en irradiant les profondeurs. Dans *Portrait d'un artiste*, un personnage fixe son moi submergé, projection de l'isolement et de la concentration de l'artiste en général. Cette même piscine a fourni à Hockney ses décors d'un ballet inspiré par l'épitaphe d'une stèle funéraire romaine du musée d'Antibes. Elle commémore un garçon du nom de Septentrio qui jadis *saltavit et placuit* – « dansa et donna du plaisir » – dans le théâtre du cru. Hockney en a fait un nageur émergeant de sa piscine californienne pour charmer un groupe de visiteurs chics et blasés par une démonstration narcissique de danse, avant de les séduire l'un après l'autre. Mais son effet est fugace. Au lieu de réagir à sa proposition d'un monde enchanté, ils le rejettent et reviennent à leur état d'apathie. Le nageur-danseur se tue : par cette mort Hockney estimait avoir dépeint le destin du véritable artiste qui refuse le compromis.

Abritées derrière de hauts murs, ces piscines hollywoodiennes offrent une retraite, un monde écarté qui induit fantasmes et illusion sur soi chez leurs utilisateurs. Dans le film de Sirk, *There's always tomorrow*, (Demain est un autre jour), Fred MacMurray est allongé au bord de la piscine avec une femme jadis aimée ; il rêve de mettre un terme à son mariage malheureux. Le bruit des nageurs, de leurs rires et des éclaboussures lui rappelle tout ce dont il a été privé dans son mariage. « Tu ne fais plus ce que tu avais coutume de faire, tu es effrayé par la vie » murmure-t-il tristement, avant de revenir finalement à sa femme. Dans la piscine du Beverly Hills Hotel, les jeunes starlettes multipliaient les tours, jour après jour, dans une tentative désespérée d'attirer l'attention pendant que, sur la plage artificielle de sable blanc importé, étaient vautrés les agents de second ordre, lesquels graissaient la patte des garçons pour qu'ils relaient des messages fictifs par haut-parleurs : « M. Darryl Zanuck ou M. David Selznick les priaient de les contacter d'urgence ». C'est l'artifice de ces bassins qui attirait Hockney, le fait que leurs forme, couleur, taille et abords dépendissent totalement des caprices et du goût du propriétaire. Entre les bungalows de boue séchée du Jardin d'Allah occupés par divers auteurs, tel Scott Fitzgerald, se trouvait une oasis centrale entourée de palmiers, une piscine de forme excentrique évoquant la mer Noire, conçue par l'actrice Alla Nazimova pour lui rappeler son enfance à Yalta. Le neveu de cette dernière, Val Lewton, à l'imagination débordante, a campé une scène macabre autour de la piscine dans son film *La Féline*: une jeune femme blonde descend dans les sombres cavités d'un bassin de club désert dont les eaux lui servent de havre quand, terrifiée, elle voit l'atmosphère se transformer en jungle primitive, pleine de feulements et de rugissements, sous des lignes dansantes et tordues qui se reflètent sur le plafond de la piscine. Du milieu de ces visions hallucinées émerge la silhouette dangereuse de la Féline.

L'état de ces bassins peut servir de jauge pour évaluer les fortunes variées des stars et personnages d'Hollywood. À mesure que John Gilbert perd sa notoriété, son déclin est matérialisé par « sa triste piscine, jonchée de feuilles ». Au début de *Citizen Kane*, avant que la lumière de la tour s'éteigne, on voit notamment la grande piscine de Kane, désormais vide, une feuille de journal en balayer le fond fissuré. Le *Sunset Boulevard* de Wilde repose sur un récit circulaire qui tourne autour d'une piscine. Le premier plan nous montre le corps de William Holden flottant à la surface, filmé en contrechamp. « Pauvre type, commente un policier, il a toujours voulu une piscine, mais elle lui a coûté un peu trop cher, à la fin. » Le film raconte comment il en est arrivé là. Poursuivi par des créanciers, Holden se retrouve emprisonné dans la somptueuse demeure d'une vedette recluse et oubliée, jouée par Gloria Swanson. Il regarde par la fenêtre de sa chambre la nuit et voit le « fantôme » d'un court de tennis, et une piscine vide grouillant de rats et d'ordures. Quand Swanson finit par le séduire, Holden émerge le lendemain d'une baignade dans la piscine, à présent miraculeusement remplie, comme pour confirmer qu'il est devenu son amant. Soudain maître de sa vie et assuré de posséder Swanson et sa piscine, il déclare nonchalamment à celle qu'il aime: « Quand vous revenez, si jamais vous avez envie de vous baigner, eh bien il y a la piscine ». Swanson, enragée, finit par l'abattre dans un accès de jalousie et Holden tombe dans la piscine illuminée. La scène revient au présent et le commentaire clôt le récit: « Eh bien, nous revoici au commencement, à la piscine à nouveau, celle qu'il a toujours voulue… »

Ces petites bandes d'eau bleue deviennent des images de pureté dans un monde cynique, des sanctuaires quasi inviolés comme les bassins étals qui scintillent le long des mosquées en Inde et à Ispahan. En les contemplant en contrebas des collines de Los Angeles, je n'en ai jamais vues qui soient utilisées. On sait que les adorateurs de certaines vedettes ont pu se suicider dans leurs piscines, comme ces officiers anglais qui se brûlaient la cervelle près du Taj Mahal parce qu'ils voulaient mourir dans « le plus bel endroit du monde ». Pour illustrer combien les Japonais étaient vivement blessés, avant guerre, par la discrimination sociale et diplomatique infligée par l'Ouest, un métis de Japonais et d'Américain a raconté que la piscine publique californienne où il avait permission de se baigner, lui et les siens, le vendredi, était vidée et nettoyée avant d'être réservée aux « Blancs » le samedi. Ce qui est tacitement entendu ailleurs est écrit en gros caractères sur des pancartes dominant les bassins californiens : LES PERSONNES AYANT DES INFLAMMATIONS OCULAIRES, DES ÉCOULEMENTS NASALS OU AURICULAIRES, DES FURONCLES OU AUTRES INFECTIONS CORPORELLES APPARENTES SERONT EXCLUES DE CE BASSIN. IL EST INTERDIT D'URINER, DE SE SOULAGER DE MATIÈRES FÉCALES, D'EXPECTORER OU DE SE MOUCHER DANS LA PISCINE. Orson Welles était choqué d'apercevoir des signes d'urine dans sa piscine. Afin d'embarrasser les coupables, il découvrit un pharmacien qui avait conçu un liquide incolore qui, une fois versé dans l'eau, pouvait révéler sur-le-champ qui abusait de son privilège. « Nous avons versé ce produit, puis avons invité nos amis pour le week-end, naturellement, lesquelles nageaient environnés de nuages couleur groseille. Ils étaient tous coupables, en fait. Notre enquête scientifique nous a appris que les hommes étaient fautifs dans l'immense majorité des cas, ainsi que les femmes d'un certain âge. » « L'atroce révélation » qu'un si grand nombre de ses amis sophistiqués avaient coutume de mésuser de la piscine de la sorte l'affligea énormément.

« J'ai toujours désiré une piscine, écrit Joan Didion dans *Holy Water*, sans jamais en avoir… Une fois remplie et que le filtre a commencé le processus de nettoyage et de recirculation d'eau, la piscine n'a presque plus besoin d'eau, mais sa charge symbolique a toujours été intéressante : on y voit à tort un signe extérieur de richesse, réelle ou affichée, et une sorte d'attention excessive au corps. En fait, pour beaucoup d'entre nous en Occident, une piscine est le symbole de l'ordre, du contrôle de l'incontrôlable, non de la richesse. Un bassin, c'est de l'eau rendue disponible et utile et en ce sens, infiniment apaisante à l'œil occidental. » Par « occidental », elle voulait parler des habitants des paysages arides de l'Ouest des États-Unis, au-delà du point où la pluviométrie moyenne annuelle est inférieure à 50 centimètres. Dès son arrivée, Hockney fut lui aussi fasciné par « la charge symbolique » de cette eau. Ses premiers tableaux montrent des jeunes gens prenant une douche près de la plage, caressant l'eau contre leurs corps nus tandis qu'elle rebondit et déferle en cascades, ou alors les jets en spirales des arrosages de pelouse, *Différentes sortes d'eau se déversant dans une piscine de Santa Monica*.

De nos jours, le Sud de la Californie se présente comme un paradis d'eau. Les myriades de bassins et de fontaines, de pompes déversantes, de canaux d'irrigation et de pelouses vertes arrosées créent une atmosphère trompeuse. « Dieu n'a jamais voulu que le Sud de la Californie soit autre chose qu'un désert. L'homme en a fait ce qu'elle est » a un jour noté un visiteur. Il n'y a pas de rivières ni de lacs naturels. L'eau est transportée sur des centaines de kilomètres par les montagnes et les déserts, depuis des régions éloignées du Nord, la vallée d'Owens et le fleuve Colorado, après un processus d'acquisition foncière sinistre et méthodique raconté dans *Chinatown*, le film de Polanski. Les merveilleux bruits liquides de ce film – l'eau issue des douches, l'arrosage des pelouses, le remplissage des mares – insistent sur la révérence marquée à l'eau dans une région hantée par la crainte que ses ressources se tarissent un jour et que la terre retrouve sa condition semi-aride. Lors d'un tour de la Californie, J. B. Priestley fut frappé par son aspect étrangement éphémère, le fait que tout y était « aussi impermanent et fragile qu'une bobine de film ». Ce sentiment de désespoir a fait la richesse des courtiers en eau et l'essor des firmes de développement hydrologique qui s'efforcent par tous les moyens de détourner l'eau des fermes vers les villes. Là, l'eau « ne descend pas la pente, mais va vers l'argent ». Jack London se battit comme un beau diable pour défendre son eau dans la vallée de Sonoma et il tançait les fermiers des alentours qui étaient prêts à vendre leurs « droits de riverain ». Ce bien est aujourd'hui si précieux qu'on trouve désormais des bars à eaux, proposant quinze variétés « d'eau de designer » et rien d'autre, où un verre d'Évian ou de Perrier est servi dans une lumière bleue et tamisée, sur une bande-son de vagues et des vidéos de nuages et de cascades.

On entend souvent cette réclame sur les radios des voitures de Los Angeles : « Quand César Auguste a siroté sa première goutte de Perrier, on dit qu'il s'exclama *Templa deis aquae construite* (Construisez des temples aux dieux de l'eau). » Les dignes accents du classicisme sanctifient tant de choses ici ! Quand les premiers colons – beaucoup d'entre eux étaient Sudistes après la guerre de Sécession – sont arrivés en Californie, leur Virgile empaqueté dans leurs balles, ils rêvaient de créer un nouveau monde classique sur les rivages du Pacifique. Là, ils pourraient établir une civilisation neuve animée par le jeu des sens et de l'esprit, ignorant toute la voracité et la cupidité laissées derrière eux à l'Est, où un nouveau type d'êtres, forts et héroïques, pourrait vivre en harmonie avec le paysage, jouir de cette synthèse de la vie rurale et de la mer qui font le charme des idylles de Théocrite et des tableaux de Claude Le Lorrain. Une fois encore, l'eau coulerait à flots dans les villes, comme à Rome. Chaque piazza aurait sa fontaine, chaque jardin sa piscine. Bien que de grands bassins ornassent les propriétés de la côte est dans le goût antique, telles des résurrections des *impluvia* de la villa romaine – la propriété Whitney à Greentree contenait des éléments des thermes de Titus, de Caracalla et de Pompéï – rien n'y pouvait se comparer au style et à la magnificence des *natatoria* du San Simeon de Hearst.

La construction de ces piscines se conforme au prologue de *Citizen Kane* qui décrit les fragments de diverses cultures, les fantasmes d'un rêve américain recevant d'une imagination énervée une cohérence étrange et opulente. La première intention de l'architecte était de construire une modeste piscine en forme de trèfle entourée de palmiers ponctuant les bungalows des invités, pas plus grande que diverses piscines privées existant déjà dans certains jardins californiens luxuriants. Mais lorsque Hearst eut acquis à New York des socles et des colonnes assorties pour former la façade d'un temple classique, la piscine fut agrandie jusqu'à plus de 30 mètres pour devenir, et de loin, la piscine couverte et chauffée la plus longue du monde. La température y était constamment maintenue à 26,6°. On construisit de nouvelles colonnades en demi-cercle et un escalier menant sur une terrasse italianisante. Sous ses fondations se trouvaient dix-sept vestiaires, chacun pourvu d'une baignoire et de miroirs en pied. L'escalier était bordé de cyprès, illuminé de globes juchés sur des copies de vieilles bornes romaines qui se poursuivaient autour de la piscine. Pour la niche où l'escalier se divise à sa base, Hearst commanda une fontaine à Cassou, à Paris : Neptune menant son attelage à travers les vagues – sur le modèle de la Fontaine de Trevi à Rome. Les étoiles de l'époque – Weissmuller, Crabbe, Ederle, Esther Williams – étaient invitées à s'immerger dans 155 000 litres d'eau de source qui étincelait sous le soleil de Californie au-dessus des dalles de marbre ornées de mosaïques antiques vertes. Hearst émergeait pour répondre à des téléphones cachés dans des pots de fleurs, derrière des arbres et sous des rochers. Ici, l'on pouvait, comme dans la piscine de Pline près de Rome, nager et voir la mer en même temps. « Flottant sur l'eau translucide, écrit Huxley dans *After Many a Summer*, on n'avait qu'à tourner la tête pour voir, entre les créneaux, des aperçus successifs de plaine et de montagne, de vert, de fauve, de violet et de bleu pâle. On flottait, on regardait et l'on pensait, du moins si l'on était Jeremy Pordage, à cette tour de l'*Epipsychidion*[74], cette tour avec ses chambres 'Ouvertes vers l'air d'or oriental/À hauteur des vents vifs'. Mais pas si l'on était Virginia Mauncîple. Virginia ne flottait ni ne regardait, elle ne pensait pas à l'*Epipsychidion*, mais elle but une autre gorgée de whisky à l'eau, grimpa sur la plus haute plateforme du plongeoir, étendit les bras, plongea et glissa sous l'eau... »

Lors de la construction de la piscine de plein air Neptune, Hearst commença à réfléchir à une autre piscine couverte, d'eau salée, de l'autre côté du château. Il écrivit à son architecte avec quelques propositions d'une « serre avec palmiers, orchidées et fougères, pour entourer une piscine couverte, un dôme vitré et des fenêtres à treillis – une loggia où servir du thé, du poi[75] et une tortue – une 'île des mers du Sud' sur la colline avec des requins. » (24 avril 1927) L'architecte lui répond qu'elle aime son « association orchidée-serre et piscine couverte – avec une séparation en verre renforcée contre les requins ! » Les requins ne se matérialisèrent jamais, mais, une semaine plus tard, la colline avait été arasée et les excavations commençaient pour le projet. Cinq ans plus tard, il était achevé, pour un coût de plusieurs millions de dollars. Des carreaux de lapis-lazuli et dorés à la feuille de Murano en garnissaient tout l'intérieur. Des équipes d'artisans furent dépêchées d'Italie pour les poser en motifs complexes sur les parois, planchers et sur l'arche de la plateforme centrale de plongée qui séparait le bassin principal d'une alcôve voûtée moins profonde, dont la forme et le dessin avaient été inspirés par le mausolée de Galla Placidia à Ravenne. Les carreaux bleu sombre étincelants d'étoiles d'or donnent l'illusion de vastes et

[74] Poème de Shelley (1821). (NdT)
[75] Plat hawaïen. (NdT)

mystérieuses profondeurs et transforment l'intérieur, à la nuit, en une grotte sous-marine. C'est là que Hearst préférait nager, une longueur après l'autre, seul dans sa majestueuse piscine « romaine », parmi les ombres des statues jetées à la surface par la lueur tamisée de lampes d'albâtre qui tremblait sur l'eau indigo pompée dans la mer à sept milles de là.

Sa passion des bassins, il la partageait avec son architecte Julia Morgan. Vieille fille scrupuleuse, toute petite, elle s'était spécialisée dans l'architecture classique à Paris et semblait compenser l'austérité de sa vie en concevant pour autrui ces temples de l'hédonisme. Bien qu'elle nageât à peine elle-même, elle a exprimé la sensualité inhérente à sa nature dans une série de belles piscines jalonnant le rivage californien, dont beaucoup n'existent plus. Elle affranchit les clubs féminins de leur timidité traditionnelle en leur réalisant dans les années vingt des piscines à carreaux turquoise, serties dans des cours à balcons, et d'autres couvertes qui couraient sur toute la longueur du bâtiment, où les femmes pouvaient nager, non pas se baigner seulement. Elle s'était liée avec les Hearst en construisant une piscine couverte et chauffée pour Mme Hearst mère. À la mort de celle-ci, William Randolph Hearst commanda à Morgan un « gymnase » féminin à Berkeley, qui lui serait dédié, dont la caractéristique principale était d'avoir trois bassins, dont le plus long était tapissé de marbre, serti de frises et de sarcophages romains. Outre les piscines de San Simeon, elle en réalisa une à Wyntoon, le domaine Hearst au nord de la Californie, en marbre bleu vert sur une plage de sable artificiel. C'est aujourd'hui une ruine, mais *Fortune* le décrivait jadis comme « un joyau sylvestre qui éblouit qui le découvre par surprise en arpentant les bois. Un maître-nageur y est sans cesse présent, qui propose des costumes de bain aux invités. Les hommes reçoivent des maillots et des serviettes de couleur de 9 m^2. La cabine de bain n° 1 porte les initiales W. R. H. »

Ayant acquis le château de Saint-Donats au Pays de Galles, Hearst câbla à Morgan, la priant d'envoyer tous les détails de la piscine de Wyntoon à son architecte anglais, « y compris des échantillons de carreau ». Le bassin y fut creusé au bout d'une série de terrasses qui descendaient graduellement vers la mer. À la différence de San Simeon, il n'y avait là aucun téléphone dissimulé sous les rochers, de sorte qu'à réception d'un appel d'Amérique, le maître d'hôtel descendait toutes les terrasses jusqu'à la piscine, pour annoncer : « New York au téléphone, M. Hearst. » Le site est aujourd'hui un collège international et la piscine a été comblée, comme celle de la maîtresse de Hearst, Marion Davies, jouxtant l'océan à Santa Monica. Jadis de la taille d'un petit lac, enjambée par un pont vénitien de marbre, elle fut démolie en 1960 pour accueillir un parking.

Si vous acceptez de pénétrer dans « l'atrium » du Ceasar's Palace à Las Vegas, entre des gardes prétoriens et des Vestales, que vous parcourez la « via Appia », ses boutiques et sa phalange scintillante de machines à sou, les couloirs jalonnés, comme les rues de Pompéï, de statues de « Vénus Anadyomène » d'après « Diodaisus *circa* 250 av. J.-C. » et de reliefs des Sabines ; si vous pouvez résister aux tentations du restaurant Bacchanale au « somptueux festin digne des dieux de la Rome antique, ses sept plats et trois vins, à prix fixe », vous finirez par ressortir près d'une piscine bleue, rectangulaire, interrompue par un promontoire. Sa conception doit beaucoup à la piscine Neptune de San Simeon dominant le Pacifique, mais ici plongeoirs et échelles sont plaqués or et les rotondes environnantes faites de béton et non de fragments antiques comme ceux assemblés par Hearst. Un tableau en or annonce les dernières cotes de paris. Des jets d'eau giclent dans un jacuzzi, vomis par les tétons de la Vénus de Médicis. Rares sont les nageurs. Pour la plupart, les baigneurs sont étendus sur des matelas gonflables, à boire ou soigner leurs gueules de bois, à se chamailler sur les meilleurs pourcentages de transaction, dans un vacarme de rock, régulièrement coupé par une annonce de la réception destinée à « M. Sultan Shah… M. Prestige Johnson… M. Mike Ruggiero… M. Aldo Bladder… M. Joe Swag… »

Sur les plaines, en contrebas de San Simeon, se trouve Madonna Inn, fondée en 1958 par Alex Madonna et qualifiée quelque part de surgeon exotique d'une grotte romaine. Quoique voyageant seul, je me vis offrir la « Suite du troglodyte » appréciée des jeunes mariés, cavité de roche noire chichement meublée qui semblait avoir été taillée dans le flanc d'une montagne. Les branches d'un arbre penchaient bas sur un grand lit couvert de peaux de zèbre. À son pied, issue du plafond, une cascade plongeait dans un bassin festonné. S'agissait-il, me demandai-je, de l'aval de la cascade tumultueuse qui servait de pissotière au bout du couloir, où les hommes urinaient avec entrain tandis qu'elle tombait sur leurs souliers ?

8

La décennie japonaise

La méthode du guerrier

Seul le Japon, parmi les nations d'Asie et d'Afrique, a jamais remporté des médailles olympiques de natation. En fait, dans la décennie précédant la dernière guerre, le Japon a produit la plus grande équipe de nageurs qu'on ait jamais vue. Lors des Jeux de Los Angeles de 1932, conçus comme une démonstration de nage américaine, les Japonais émergèrent du néant pour remporter cinq des six compétitions possibles. Leur supériorité générale éclata dans le 1 500 mètres où l'on prévoyait que Taris et Crabbe, qui avaient disputé la plus mémorable des finales sur courte distance, allaient rééditer ce match. Au tiers de l'épreuve, Taris était en tête d'une demi-longueur, mais à mi-chemin deux Japonais menaient la course, finalement remportée par Kitamura. Il avait déjà regagné le vestiaire, nonchalamment, quand arriva le premier non-Japonais. Kitamura, qui n'avait que quatorze ans, mesurait un peu plus d'1,52 m et pesait quelque 50 kg, était typique des nageurs japonais de l'époque. Ce n'était que des garçonnets, des nains à côté des Américains au rapide plongeon, mais rien ne leur résistait. Des dix-huit médailles décernées dans les épreuves masculines, onze allèrent aux Japonais, les Américains n'en remportant que quatre. À Berlin, quatre ans plus tard, les Japonais remportèrent presque autant de succès, en décrochant dix médailles contre cinq aux Américains.

Comment les Japonais en sont-ils venus à prendre cet ascendant remarquable, exercé tout au long des années trente ? Ils ont toujours été maîtres dans l'imitation des talents occidentaux avant de les surpasser. Lors des Jeux d'Amsterdam, en 1928, où Tsurata avait remporté leur unique médaille d'or en pulvérisant le record allemand de brasse, des officiels japonais avaient attentivement étudié chaque aspect du crawl de Weissmuller. Ils étaient rentrés au pays bardés de diagrammes et de photographies pour adapter son style à leurs caractéristiques physiques. Comparé au physique long et délié des Américains, celui de leurs rivaux tendait à être trapu et carré. Leurs bras et jambes étaient plus courts, leurs mains plus petites que celles aux longs doigts des Américains – elles semblent caresser l'eau avant d'en fendre la surface dans les photographies contemporaines. D'un autre côté, leurs silhouettes étaient plus arrondies et aérodynamiques et, pour compenser leur handicap physique, ils recouraient à un mouvement plus long et ample sous l'eau, un taux de récupération plus rapide et des mouvements plus souples des jambes et des chevilles. Ils semblaient planer à la surface dans une suite de glissements, marquer une pause un bras en équilibre sur l'eau jusqu'à ce que la récupération de l'autre soit quasi achevée.

Leurs jeunes nageurs vivaient tous ensemble au bord du lac Hamana, sous un entraînement régi par une stricte discipline militaire. Depuis des siècles, ce lac a été un centre de natation, où des familles entières ont nagé nues ensemble, souvent très loin jusqu'aux îles situées à dix kilomètres, en portant leur pique-nique attaché sur la tête. On se consacrait à la nage avec une dévotion quasi religieuse. Les championnats nationaux se tenaient chaque année dans la piscine du temple Meiji, après quoi les concurrents se rendaient en procession solennelle derrière l'entraîneur pour rendre hommage au sanctuaire. Cette tradition de compétition à la nage a commencé au Japon, bien des siècles avant tout autre endroit de la planète. De grandes épreuves s'y sont déroulées en 36 avant J.-C., sous l'empereur Sugiu, époque où est également apparue la lutte sumo. Les premières courses d'Europe, elles, n'ont pris place qu'en 1837, en Angleterre. Bien avant cela, les Japonais organisaient la natation au niveau national. Un édit impérial de 1603 fait de ce sport une partie intégrante du programme scolaire, à peu près au moment où le sumo est devenu professionnel. On encourageait les matches entre écoles. En 1810, alors que les Européens réapprenaient à nager, une grande compétition avait lieu en présence du Shogun, où l'on vit les vingt-cinq meilleurs nageurs de chaque clan se mesurer les uns aux autres durant trois jours.

La nage n'était nullement une occupation réservée aux hommes. Durant 2000 ans, les Ama, les femmes très révérées de la mer, ont plongé à la recherche de coquillages et d'algues comestibles. Surtout présentes sur les rivages est et ouest de l'île de Honshu, la plus importante de l'archipel japonais, elles commencent à plonger à l'âge de huit ans et l'on en sait qui continuent à le faire à quatre-vingts ans, en s'immergeant jusqu'à trois minutes et jusqu'à dix-huit mètres de profondeur. Les plus jeunes plongeuses, les *kachido* ou « personnes qui marchent », pêchent juste à côté du rivage, mais les plus âgées et expérimentées, les *funado* ou « personnes-bateaux », plongent profondément dans la mer à partir de bateaux amarrés. Les hommes sont exclus car ils ne pourraient résister au froid. Ils se cantonnent à l'entretien des bateaux. Les *funado* peuvent passer jusqu'à quatre heures par jour sous la surface, nanties d'une ceinture remplie de pierres pour contrarier la poussée naturelle. Une corde est attachée à leur ceinture dont l'autre extrémité est reliée à un seau flottant à la surface, qu'elles regagnent en suivant la corde. Les conditions sont dangereuses. Nombreuses sont celles qui ont été dévorées par les requins. C'est pour les éloigner qu'elles portent ce costume blanc autour de la taille d'où vient leur nom d'*ama*. On décourage la visite touristique des îles qui ont conservé leur culture originale propre et leurs coutumes. On se marie rarement en dehors de la tribu, qui a fini par former un peuple distinct. La population a peu à peu décliné. Aujourd'hui[76], les actifs sont au nombre d'un millier. Les gens préfèrent les perles de culture meilleur marché dont la fabrication a commencé dans les années vingt et qui peuvent acquérir n'importe quelle taille et couleur.

Le mystère primitif de ces plongeuses, leur nudité et leur audace, ont exercé une fascination constante sur les artistes japonais. Comme saint Sébastien à la Renaissance, elles leur ont fourni un prétexte pour représenter la forme humaine dénudée, dont les exemples sont rares dans l'art japonais, malgré ses nombreuses gravures érotiques. Utamaro a illustré le fantasme d'une plongeuse accroupie sur une île, fixant la mer, laquelle, ici comme ailleurs, symbolise l'inconscient. Sous l'eau, elle se voit saisie et outragée par deux démons masculins, des diables amphibies *kappa* ou des lutins de rivière tapis à l'embouchure des fleuves. Shunsho en a dépeint de nombreuses autres, enlacées et violées sous l'eau par des humains ou des animaux, concept qui allait trouver sa représentation la plus osée dans le brillant *shunga* exécuté par son disciple Hokusai, *La Plongeuse et les pieuvres*. À la fin du XIXe siècle, quand les Européens ont découvert ce fantasme érotique de plongeuse, ils ont réagi avec un mixte de scandale et d'excitation. Edmond de Goncourt a parlé de « planches terribles, (…) un corps nu de femme évanoui dans le plaisir » tandis que J.-K. Huysmans, reconnaissant dans ce dessin l'incarnation de *la fornication avec l'onde** de Valéry, l'a qualifiée de « la plus belle » et aussi « d'effroyable : c'est une Japonaise couverte par une pieuvre ; de ses tentacules l'horrible bête pompe la pointe des seins et fouille la bouche, tandis que la tête même boit les parties basses. L'expression presque surhumaine d'angoisse et de douleur qui convulse cette longue figure de pierrot au nez busqué et la joie hystérique qui filtre en même temps de ce front, de ces yeux fermés de morte, sont admirables ! »

[76] Rappelons que l'auteur écrit en 1992. (NdT)

Entourés par la mer, vivant sur des îles inondées de rivières, de lacs et de marais, les Japonais ont inventé avec le temps différents styles de nage adaptés aux diverses conditions, aux fluctuations des profondeurs, aux courants de leurs eaux. La nage a été incorporée dans le code samouraï pour devenir d'abord une technique militaire. On a défini douze styles distincts de nage, propres à différents usages et régions. Chaque forme de nage avait son nom, comme les différentes prises de la lutte sumo. On se servait d'une brasse pour parcourir de longues distances en pleine mer, d'un mouvement circulaire des jambes pour décocher des flèches à partir des rivières rapides. D'autres mouvements servaient à remonter une rivière, à porter des armes, à évoluer sous l'eau, à nager en silence. On apprenait aux jeunes samouraïs à muscler leurs jambes, pour qu'ils puissent sauter de l'eau « comme des mulets » dans les bateaux ennemis, ou se libérer quand leurs corps étaient pris dans des algues ou attirés par des remous. Ils plongeaient de falaises hautes de dix-huit mètres dans un mètre d'eau. Mais pour les samouraïs, la nage était avant tout un exercice solennel, une forme d'art comme le tir à l'arc ou la calligraphie, et dans les cérémonies données devant les seigneurs de guerre, ils affichaient leur sang-froid par leurs lents et dignes mouvements à la surface des lacs. La nage était devenue un rituel, beaucoup plus raffiné que les baignades matinales des Spartiates dans l'Eurotas. En hiver, les samouraïs brisaient la glace des courants pour se baigner. Les Spartiates faisaient des sacrifices aux rivières frontalières et une armée samouraï, lors des bivouacs, envoyait une députation à la source la plus proche dont on savait l'eau pure, accompagnée de prêtres qui la béniraient.

C'est cet antique style samouraï qui dut être modernisé pour se mesurer aux progrès occidentaux. Quand le Japon s'inscrivit aux Jeux pour la première fois en 1920 sans rien gagner, un sportif observa à son retour que la natation, au Japon, n'était qu'un moyen de traverser la mer ou les rivières, et qu'on ne pourrait jamais l'adapter aux eaux calmes d'un bassin. Les responsables tentèrent de révolutionner leurs méthodes et se heurtèrent d'abord à une résistance féroce. On créa une Fédération de la natation classique pour protéger le style samouraï et ses traditions de toute contamination moderne. Peu à peu, cependant, la résistance s'émoussa et l'esprit samouraï s'imprégna de l'adaptation des dernières techniques occidentales pour donner aux Japonais l'énergie qui leur valut cette décennie de suprématie.

Ces jeunes gens qui nageaient dans les eaux historiques du lac Hamana étaient, comme les lutteurs de sumo, les héritiers d'une antique tradition aux connotations militaires et religieuses. Dès l'enfance, ils suivaient une vigoureuse série d'exercices, soumis à une discipline physique et spirituelle sévère et traités comme une caste d'élite privilégiée, divinement favorisée. Avant la finale de la brasse à Berlin, lors de ce qui parut à beaucoup un « souvenir poétique » de ces Jeux, un essaim de papillons, poussé par quelque vent kamikaze ou divin, se rassembla tout près de la piscine, puis se divisa en trois groupes pour suivre les trois concurrents japonais sur toute la distance, tandis qu'ils arrivaient premier, troisième et cinquième. L'attitude japonaise était ouvertement nationaliste : du succès des sportifs semblait dépendre en quelque sorte le moral de la population. « Nos nageurs sont pénétrés d'esprit national, commenta leur entraîneur après ces triomphes de Los Angeles, et c'est à lui que nous pouvons attribuer notre supériorité. » Dans l'un des derniers romans de Yukio Mishima, les jeunes conspirateurs samouraïs révoltés contre les influences capitalistes occidentales recrutent aisément des nageurs dans leurs rangs car, « à ce moment précis, lors des Jeux olympiques de Los Angeles, l'équipe de nageurs japonais, récoltait la gloire pour la patrie ». Quand, après la guerre, le remarquable Furuhashi pulvérisa presque tous les records mondiaux de nage libre, Kitamura, le héros de Los Angeles, tint ce langage : « Après la capitulation, à la fin de la Seconde Guerre mondiale, le Japon était dans un état de choc, mais les réussites du nageur Furuhashi redressèrent le moral et l'énergie de notre peuple et peu de nageurs du passé peuvent avoir égalé ses exploits dans les circonstances les plus défavorables. »

Après la guerre, à mesure que s'évanouissaient les vieilles traditions militaires, qu'on brisait symboliquement les épées samouraïs, cette vague puissante, ce souffle collectif refluèrent de la nage japonaise. Leur substrat n'existait plus. Mais deux nageurs extraordinaires devaient imprimer leur marque. En 1948, le Japon se vit interdire les Jeux de Londres, mais Furuhashi, nageant ce même mois à Tokyo un crawl abrupt et singulier, étroitement dépendant de bras surdéveloppés, fit des temps bien meilleurs que les vainqueurs des épreuves à Londres – il pulvérisa tous les records sur longues distances. Lors des Jeux organisés huit ans plus tard, Furukawa réalisa un exploit tout aussi particulier à la brasse. Il nagea, presque tout au long, sous l'eau. On l'aperçut au début, puis au retournement au bout du bassin et finalement quand il émergea pour gagner. On lui remit la médaille d'or, mais il impulsa un changement de règles. Les autorités estimaient que c'était injuste pour les autres concurrents et ennuyeux pour les spectateurs. Furukawa ne fut plus jamais aussi fort.

Ce sentiment de dislocation spirituelle éprouvé par les Japonais, un roman intitulé *Kokoro* (« Le cœur des choses ») dû à Natsume Soseki en 1914, deux ans avant sa mort, l'examine peu après la fin de l'ère Meiji qui vit l'émergence de la modernité au Japon. Il scrute la solitude d'un homme dont les idéaux se heurtent à la réalité, qui avait tourné le dos à un monde désormais consacré à « l'Argent ». Son attitude est celle d'une « bête sauvage capturée dans les montagnes qui fixe furieuse, depuis sa cage, le monde extérieur ». Qualifié de samouraï, par son souci inflexible des principes et de l'honneur, il mène une existence désespérée et frustrée. Enfin, quand la nouvelle lui parvient du suicide du général Nogi, il décide de se couper les veines du poignet. La mort de Nogi avait fait sensation à l'époque. En tant que jeune officier lors de la rébellion

Satsuma, il avait abandonné sa bannière à l'ennemi. Trente-cinq ans plus tard, aussitôt après la mort de l'empereur Meiji, ce héros de la guerre russo-japonaise se tua. Il avait attendu, pour laver son honneur, de ne plus pouvoir servir l'empereur. Le protagoniste du roman se sent appartenir à ce monde. « Le sentiment me submergeait que moi comme d'autres, qui avions été élevés à cette époque, nous retrouvions des laissés pour compte et des anachronismes. » Durant la nuit des obsèques impériales, il reste assis seul dans son bureau : « j'écoutai les détonations graves du canon. À mes oreilles, elles sonnaient comme l'ultime lamentation d'un âge révolu. »

Le sentiment qu'a le protagoniste d'être séparé et coupé du monde apparaît dès les premières pages par sa nage quotidienne et rituelle dans la mer, très loin des plages bondées. Le narrateur compréhensif, qui s'avoue « nageur », l'observe depuis le rivage : « Sensei venait d'ôter ses habits et allait nager quand je l'aperçus pour la première fois dans la maison de thé. Sous mon regard, son compagnon et lui entrèrent dans l'eau d'un pas décidé, et se frayant un chemin dans la foule bruyante, finirent par atteindre une zone plus tranquille et profonde de la mer. Puis ils se mirent à gagner la pleine mer et ne s'arrêtèrent pas avant que leurs têtes fussent pratiquement invisibles. Ils firent demi-tour et revinrent droit à la plage. » Le narrateur est fasciné par ce spectacle. Le lendemain, exactement à la même heure, il regagne le rivage dans l'espoir de voir Sensei. « Ayant noué sa petite serviette sur sa tête, il descendit rapidement la plage une fois de plus. Et quand je le vis traverser la même foule bruyante, puis s'éloigner tout seul, je fus soudain pris d'un grand désir de le suivre. Je courus dans l'eau basse avec force éclaboussures jusqu'à être assez loin, puis me mis à nager vers Sensei. Mais, contrairement à mes attentes, il revint vers la plage en décrivant une sorte d'arc, non pas en ligne droite. » Jour après jour, à l'heure habituelle, le narrateur va sur la plage pour observer, envoûté, comment « il arrivait à l'heure dite et se retirait aussi ponctuellement après sa baignade. Il était toujours distant et, quelle que fût la gaieté des foules environnantes, il paraissait totalement indifférent à son entourage. Sensei était toujours seul. »

On s'étonne de voir le rôle significatif qu'a joué la natation dans les vies de deux artistes qui semblent avoir ressenti très intensément la perte des valeurs samouraï dans la société japonaise moderne, l'auteur Yukio Mishima et le cinéaste Akira Kurosawa. Les survivants des *Sept Samouraïs* de Kurosawa descendent à la fin une route solitaire vers un destin inconnu, oubliés et rejetés, sans place dans une société qu'ils ont aidé à sauver. Kurosawa lui-même était le fils d'un soldat qui s'enorgueillissait de son lignage samouraï. En tant qu'instructeur dans une école de gymnastique, il avait tenté de ressusciter les arts martiaux traditionnels. Il y construisit, selon son fils, la première piscine du Japon où Kurosawa apprit à marier les anciens mouvements samouraï à la maîtrise du crawl australien « nouvellement importé ». Sous le tutorat paternel, il apprit à aimer la nage.

Deux expériences héroïques faites enfant dans l'eau semblent avoir hanté la mémoire de Kurosawa tant il les décrit intensément dans son autobiographie. Avec quelques amis, il avait coutume de jouir durant les mois d'été d'une « sorte d'existence de samouraï montagnard ». Un jour, ils découvrirent une cascade qui « émergeait de ce qui ressemblait à un tunnel rocheux percé dans la paroi de la montagne pour plonger de quelque neuf mètres dans une mare ». Pour les Japonais, les cascades recèlent une grande signification sacrée, voire sexuelle. Aux heures critiques de leurs vies, ils restent des heures durant sous leur chute. Kurosawa se sent obligé d'en pénétrer le mystère pour révéler aux autres ce qui se trouve à l'autre bout du tunnel. Malgré leurs protestations, il escalade la falaise et pénètre dans la cavité d'où sourd la cascade. S'agrippant des mains aux parois glissantes, il avance dans l'obscurité jusqu'à la vague lueur tout au loin tandis que l'eau gronde et tourbillonne autour de ses pieds. En atteignant l'extrémité, il relâche momentanément sa prise et se retrouve balayé par le courant. « Je ne sais comment j'ai dévalé le tunnel mais avant d'avoir repris mes esprits je chevauchais la cascade et plongeais tête la première vers la mare en dessous. Apparemment, j'en sortis indemne car je refis surface et nageai vers le bord de la mare où les enfants terrifiés me fixaient tous, sidérés. »

Leur village se trouvait près d'un fleuve, dont les courants formaient un tourbillon là où il faisait un coude. C'était un endroit que tous les nageurs évitaient. Une fois de plus, Kurosawa propose de répondre à la curiosité générale et se prépare à descendre au fond du tourbillon pour en révéler les secrets. Ses amis pâlissent et tentent de l'en dissuader. Ils finissent par s'incliner pourvu qu'il fasse une corde de toutes leurs ceintures, afin qu'ils puissent le repêcher s'il est en difficulté. Pour descendre dans le vortex, il se sert d'un des mouvements traditionnels de la nage samouraï. « J'avais pris des leçons de nage *kankairyu* depuis mes années de collège. Dans le cadre de ces leçons, on m'avait fait passer sous une énorme jonque de transport. À l'époque, ce que le maître m'avait annoncé s'était produit au moment exact qu'il avait prévu. Quand j'atteignis le milieu de la coque, je me trouvai brusquement aspiré contre les planches du fond. Mais, exactement comme le maître me l'avait dit, je ne paniquai pas. Au contraire, je me retournai. Mon dos était plaqué contre la jonque, que je repoussai des quatre membres, puis je continuai à nager. Après une telle expérience avec une jonque, un simple tourbillon n'était rien pour moi. Mais je n'y eus pas plus tôt plongé que je fus plaqué contre le lit du fleuve. Me rappelant la jonque, je me répétai 'pas de panique' et tentai de ramper sur le lit du fleuve. Mais les garçons sur la berge tiraient de toutes leurs forces sur la corde de ceintures serrée autour de ma taille : je ne pouvais pas du tout bouger. Je commençai à paniquer. Mais je ne pouvais toujours pas bouger. Je n'avais pas d'autre choix que tenter de ramper dans la direction vers laquelle on me tirait, contre le courant. Après ce qui me parut des heures de douleur extrême et de terreur complète, je commençai à flotter vers la surface. Je donnai un coup de pied et me propulsai hors de l'eau. » Là encore, ses amis le fixèrent stupéfaits en le voyant émerger. Dans ces souvenirs extraordinaires de « renaissance » grâce aux effets miraculeux de l'eau, du tourbillon et de la cascade, des régions mythiques du rêve et de l'inconscient qui ont toujours revêtu pour les Japonais une telle signification symbolique, Kurosawa exprimait sa proximité des vertus traditionnelles de l'esprit samouraï, un souci des mystères de la nature, une bravoure intrépide au service d'autrui.

À la différence de Kurosawa, Yukio Mishima n'avait pas appris à nager dans son enfance. Sa famille passait les vacances d'été sur le rivage, mais il ne perdit jamais sa peur de la mer. Ce serait toujours une force maléfique, « comme d'un être le tirant ». Il lui fallut visiter seul la Grèce, en 1952, à l'âge de vingt-sept ans, pour décider d'apprendre à nager. Il n'y avait passé qu'une semaine, mais elle lui permit d'expérimenter tout ce à quoi il aspirait. Debout devant une librairie de Tokyo, deux ans plus tôt, à regarder la clientèle, il avait éprouvé un soudain dégoût pour la laideur des intellectuels. Il changerait d'opinion plus tard. « Je faisais probablement erreur. Mon antipathie pour les intellectuels était une réaction contre mon hypersensibilité personnelle. C'est pourquoi je voulais apprendre les langues anciennes. » Chez les Grecs, dans le sens classique de la proportion, l'harmonie du corps et de l'esprit, dans l'évidence surabondante de leur fierté et de leur splendeur physiques, encore vierges de « spiritualité », Mishima trouva l'antidote à la sensibilité et à l'introspection morbides dont il avait si longtemps souffert. En déambulant dans la « lumière copieuse et violente » du musée de Delphes, il sentait ses sens se ranimer devant les statues des jeunes Grecs, l'Antinoüs d'Hadrien, « l'ultime fleur non-baptisée de la Grèce », le jeune aurige « intimidé par la victoire ». L'effet de la Grèce était « enivrant ». Il le guérit de sa « haine de soi et de sa solitude », réveilla en lui « une volonté de santé au sens nietzschéen ». Désormais, il « apprendrait la langue de la chair, tout comme on apprend une langue étrangère ». Les mots avaient eu tendance à « ronger son être – comme si des fourmis mangeaient sa personne ».

À présent, après une vie d'adoration des crépuscules, il fixerait « fou d'amour » le soleil.

Exception parmi les auteurs japonais, Mishima était depuis longtemps fasciné par la littérature grecque. L'une de ses nouvelles était basée sur la *Médée* d'Euripide et il avait lu en traduction Homère et les grands tragiques. Très tôt, il avait été charmé par l'image du martyr romain saint Sébastien et enchanté par les scènes de boucherie sanguinaire des combats de gladiateurs du film *Quo Vadis*. Depuis l'enfance, il ressentait une affinité instinctive et romantique pour la noblesse et la cruauté du monde classique, l'*Antiquité héliogabalesque**. Dans son dernier roman avant le voyage en Grèce, *Les amours interdites*, un romancier âgé se sert d'un bel homosexuel, inspiré par la vision qu'avait Mishima de la statuaire grecque, pour se venger du genre féminin qui a ruiné sa vie. Le romancier l'aperçoit pour la première fois alors qu'il nage en pleine mer. « Une crête blanche et délicate grandissait, comme d'une vague en formation. La ride avançait rapidement en direction de cette partie du rivage. Alors qu'elle atteignait l'eau peu profonde et allait se briser, on vit tout à coup se détacher un nageur au milieu de la vague. Bien vite, son corps sembla effacer la vague. Puis il se mit debout. Ses solides jambes martelaient l'eau peu profonde tandis qu'il approchait. C'était un jeune homme d'une beauté stupéfiante. Son corps surpassait les sculptures de la Grèce antique. On aurait dit l'Apollon de bronze qu'on doit à un artiste du Péloponnèse. »

Les statues des divinités grecques avaient toujours constitué ses idéaux de beauté, et des reproductions d'antiques comme le Gladiateur Borghèse décoraient son salon et son jardin au Japon. La Grèce semblait être un pays où soleil et mer s'associaient pour enfanter de beaux dieux. Dans cette atmosphère, Mishima se mit à mépriser « la simple intelligence froide ». Ce qu'il voulait, à présent, c'était associer l'intelligence à une pure existence physique, « comme une statue. Et pour cela, j'ai besoin du soleil. J'ai besoin d'abandonner mon bureau sombre comme une grotte ». Il revint de

Grèce métamorphosé en helléniste ardent et s'inscrivit aussitôt à un cours de grec. Il estimait qu'un chapitre de sa vie était clos. Il entamait une nouvelle phase de sa carrière, consacrée au soleil et à la culture de son corps.

Dès qu'il rentra au Japon, le premier type d'exercice adopté par Mishima fut la nage. Il restait incapable de nager et ne s'y était plus essayé depuis le choc émotionnel de ses premières expériences en mer. Apprendre à nager ne lui fut jamais facile. Faute de coordination, il sautait et coulait à pic comme une pierre, à la manière de Shelley. Mais il ne renonça jamais et finit par réussir à force de détermination. Une fois maître de cet art, il en conçut une sauvage fierté. Alors qu'il se baignait avec le romancier Morio Kita dans la piscine d'un hôtel de Tokyo, à la fin des années cinquante, Mishima commença une longueur en nageant sa brasse préférée. Kita plongea et le dépassa rapidement en se servant du crawl : il attendit que Mishima le rejoigne à l'autre bout. « Je m'attendais à ce qu'il dise au moins 'tu vas plus vite qu'on l'imagine'. Mais pas un mot, pas même un sourire. Il est sorti de la piscine sans me regarder et s'est rendu au bar. » Dans son dernier été, avant son dramatique suicide par hara-kiri, comme pour préparer son corps à cet ultime « beau » rituel samouraï, il nagea chaque jour du mois à Shimoda, à la piscine le matin et dans la mer l'après-midi, vêtu d'un court maillot de coton noir décoré de grosses boucles cuivrées sur les cuisses. Il croyait qu'une mort romantique réclame un corps « rigoureusement classique comme véhicule ».

Dans son premier livre publié à son retour du Japon, *Le tumulte des flots*, Mishima décrit sa récente passion pour la nage et la Grèce en transposant l'idylle hellénistique de *Daphnis et Chloé* sur l'île de Kamijima, au large du rivage d'Ise. Il l'écrivit au moment où il « voyait la Grèce partout ». Il reflète sa découverte, sous le soleil grec, que le versant plus sombre de la nature humaine, qui avait jusqu'ici occupé ses écrits, n'était pas toute la vérité. Le protagoniste, un jeune pêcheur « modelé comme quelque sculpture héroïque », assez vigoureux pour faire le tour de l'île cinq fois sans s'arrêter, s'éprend d'une jeune pêcheuse de perles. Elle gagne le concours de pêche du plus grand nombre d'abalones en une heure et lui remporte sa main par sa bravoure à la nage en allant sauver son bateau à travers une mer de tempête.

Dans l'ultime quatuor de romans de Mishima, une suite de personnages condamnés, raffinés, héroïques, remarquables par leur beauté physique, symboles de tout ce que le Japon a perdu, se révèlent dans une succession d'eaux sacrées, de fleuves, de cascades et la mer, sous le regard d'un personnage récurrent, Honda. Déprimé par le vide spirituel du Japon, la corruption graduelle de ses antiques traditions, Honda saisit plus clairement que jamais la « simplicité et la pureté des choses japonaises, comme une eau mobile et transparente à travers laquelle on pouvait deviner les galets en contrebas ». Après la guerre, il nota « qu'à présent que la rivière stagnait, que péniches et ordure flottaient lentement vers l'aval, cette eau boueuse et polluée était le signe même de la prospérité ». En guise de refuge, il crée dans son jardin une piscine d'eau pure qui devient une sorte de sanctuaire. La vieille noblesse assiste à son inauguration, servie par des domestiques en uniformes blancs. Nul n'avait construit de piscine privée, jusqu'ici. « Les Japonais d'autrefois, en arrivant à l'âge de Honda, auraient envisagé de construire une chambre forte célébrant la longévité. Honda, lui, construisait une piscine ! C'était une tentative cruelle de faire flotter sa chair décrépite et ridée dans abondance d'eau bleue. »

À l'instant de mourir, la veille de son rendez-vous à l'Institut de cancérologie, Honda jette un coup d'œil sur la télévision. L'écran montre un plan de piscine, de jeunes nageurs dont les éclaboussures et les plongeons sonores le font réfléchir. Il finira sa vie « sans avoir connu les sentiments d'un possesseur de belle chair. Si seulement il avait pu y vivre, ne fût-ce qu'un mois ! Il aurait dû pouvoir essayer. À quoi cela peut-il ressembler, d'avoir une si belle enveloppe ? De voir des gens s'incliner devant. Quand l'admiration dépassait le doux et le docile pour devenir vénération hystérique, cela devait se muer en tourment pour son possesseur. Dans le délire et le tourment résidait la vraie sainteté. Ce que Honda avait manqué, c'était la voie sombre et étroite par la chair vers la sainteté. La parcourir était bien sûr l'apanage d'un petit nombre.» Mishima lui-même avait pu en faire l'essai. À son estime, il possédait peut-être une belle chair, était du petit nombre. Jusque dans la dernière page qu'il écrivit, ou presque, Mishima avait cherché à justifier sa philosophie du nageur.

Avec Byron, son héros, et André Gide, l'un de ses auteurs préférés, Mishima éprouva diverses affinités, partagea certaines caractéristiques – un milieu distingué, l'amour étouffant de sa mère dans l'enfance, une puissante veine de narcissisme et une sensibilité aux charmes de son propre sexe, une aspiration romantique au passé antique s'exprimant par l'amour de l'eau et la passion de la natation. Dans les eaux classiques de la Sicile et de l'Italie du Sud, l'*Immoraliste* de Gide subit une conversion, une transfiguration semblable à celle vécue par Mishima en Grèce. Il y arrive, retour d'Afrique, convalescent après une maladie nerveuse, et considère avec dégoût ses bras minces et ses épaules voûtées, la pâleur de sa peau. En Sicile, il plonge la main dans la fontaine d'Aréthuse à Syracuse et visite les rives de la Cyané[77] «qui, dans les papyrus, coule encore aussi bleue que le jour où ce fut pour pleurer Proserpine». À Ravello, près de Paestum, «près du beau temple où respire encore la Grèce», il est tenté de se déshabiller lentement et d'exposer son corps au soleil. «Bientôt m'enveloppa une cuisson délicieuse; tout mon être affluait vers ma peau.»

L'un des derniers matins passés là-bas, il se fit encore plus hardi. «Dans une anfractuosité des rochers dont je parle, une source claire coulait. Elle retombait ici même en cascade, assez peu abondante, il est vrai, mais elle avait creusé sous la cascade un bassin plus

[77] Étang qui fut naguère une nymphe. Voir les *Métamorphoses* d'Ovide, livre V. (NdT)

profond où l'eau très pure s'attardait. Par trois fois j'y étais venu, m'étais penché, m'étais étendu sur la berge, plein de soif et plein de désirs ; j'avais contemplé longuement le fond de roc poli, où l'on ne découvrait pas une salissure, pas une herbe, où le soleil, en vibrant et en se diaprant, pénétrait. Ce quatrième jour, j'avançai, résolu d'avance, jusqu'à l'eau plus claire que jamais, et, sans plus réfléchir, m'y plongeai d'un coup tout entier. Vite transi, je quittai l'eau, m'étendis sur l'herbe, au soleil. Là, des menthes croissaient, odorantes ; j'en cueillis, j'en froissai les feuilles, j'en frottai tout mon corps humide, mais brûlant. Je me regardai longuement, sans plus de honte aucune, avec joie. Je me trouvais, non pas robuste encore, mais pouvant l'être, harmonieux, sensuel, presque beau. » Il se met à détester sa précédente existence d'archéologue, de rat de bibliothèque et se sent renaître, comme s'il avait ôté un masque, libre de cultiver un « nouveau moi » affranchi de l'oppression des livres et de l'érudition.

Gide était particulièrement sensible aux variations subtiles de l'eau, les thermes de Lamalou-les-Bains dont les bains lui faisaient « la peau cuite et les os gelés », les sources vertes, sulfureuses de Vaucluse où la peau devient « si suavement douce qu'après elle est encore plus délicieuse à toucher ». Il aimait se perdre et se dissoudre dans l'eau, s'abandonner à ses forces obscures. Tout au long de sa vie, il fut hanté par une rêverie homosexuelle, celle de voir des enfants se baigner dans la rivière, leurs torses frêles et membres hâlés immergés dans la fraîcheur enveloppante. Il était submergé d'une frénésie folle de n'être pas l'un d'eux. Il aurait aimé nager près d'eux et sentir de la main la douceur de leur peau brune. Mais il était tout seul, il se mettait à frissonner et pleurait après le bref passage de son rêve.

Enfant, Gide avait vénéré son cousin Albert, qui excellait à tous les sports, notamment la nage, puis qui se voua plus tard à la peinture, la musique et la poésie. Il en vint à incarner pour Gide « l'art, le courage, la liberté ». Le docteur Andreae lui avait donné ce conseil. « Chaque fois que vous voyez une eau où pouvoir vous plonger, n'hésitez pas. » Et c'est ce qu'il fit. Il écrirait lyriquement à Paul Valéry en 1894 son bonheur d'un soir car il s'était baigné tout à fait nu l'après-midi dans un torrent vert de montagne. Après quoi, pour se sécher, il s'était roulé dans l'herbe chaude. Lors d'un de ses retours d'Afrique du Nord, il évoque enchanté les bains qu'il y a faits. « Ô torrents écumeux ! Cascades, lacs glacés, ruisseaux ombragés, sources limpides, transparents palais de la mer, votre fraîcheur m'attire ; puis, sur le sable blond, le doux repos près du repliement de la vague. Car ce n'était pas seulement le bain que j'aimais, mais la mythologique attente, ensuite, de l'enveloppement nu du dieu ; (...) je rapportais, à mon retour en France, un secret de ressuscité (...). Plus rien de ce qui m'occupait d'abord ne me paraissait encore important (...) je ne me sentais plus le même. »

Très tôt, Gide avait découvert les Grecs qui allaient exercer une influence décisive sur son esprit. Le seul nom d'Agamemnon suffisait à ouvrir une vanne secrète dans son cœur. Avec ses amis, il poursuivrait « un idéal d'équilibre, de plénitude et de santé – ce fut, je crois bien, ma première aspiration vers ce qu'on appelle aujourd'hui le classicisme ». Quand Gide embarque pour Alger en 1893, ce n'est pas tant vers une terre nouvelle qu'il est poussé que vers cet idéal, vers la Toison d'Or, enflammé par le « solennel enthousiasme » qui électrisait la brave jeunesse de la Grèce, appareillant sur l'Argo. À vingt et un ans, il noua une intimité avec Virgile qui se prolongea jusqu'à sa mort. C'est en Afrique du Nord qu'il ressentait le plus pleinement l'influence de ses vers « langoureux et liquides », parmi les bergers et les troupeaux, les lauriers-roses, les piscines et les canaux d'eau courante. Là, allongé sous les palmiers, dans les oasis, à se murmurer Virgile, à s'immerger dans Homère, il refaisait l'expérience de l'âge d'or.

Jadis, sous l'empire romain, on pouvait parcourir toute l'Afrique du Nord, d'une extrémité à l'autre, sans quitter l'ombre. Les oliveraies romaines étaient alimentées par une ressource en eau judicieusement gérée. Des fragments de maçonnerie restaient sertis dans les parois de falaises, derniers vestiges des barrages romains qui interrompaient alors les vallées. Les cours d'eau, s'ils existent, ont perdu leur grâce nerveuse et s'effilochent, pitoyables, dans les sables pour expirer dans les déserts. Les Arabes, avec leur mode de vie nomade et pastoral, ont peu à peu converti des terres fertiles et arables en pâtures, finalement arides. Les cascades et oasis de Gabès, les plus belles qu'ait connues Gide, sont aujourd'hui presque à sec, bien qu'une source romaine survive, une mare somnolente d'eau verte étouffée d'herbes folles et de grenouilles. Près de Tunis, Gide admira la plaine, ponctuée de loin en loin par les énormes arches ruinées de l'aqueduc romain – « et je l'imaginais celui-là même qui portait à Carthage les eaux limpides du nymphée (...) Nous quittâmes Zaghouan sans avoir vu son nymphée, ce qui me permet de l'imaginer un des plus beaux endroits du monde. » À Carthage, ces eaux limpides des sources de Zaghouan se déversaient dans certains des plus amples et somptueux thermes de l'empire, créés comme tant d'autres par Hadrien, épris des eaux. Les énormes masses de maçonnerie qui en soutenaient les fondations reposent encore sur le rivage ou submergées dans l'eau peu profonde. À travers tout le désert s'éparpillent les ruines des villas romaines, dont chacune eut sa piscine et ses fontaines privées, dont les décors intérieurs sont conservés dans les musées de Sousse et Sfax, remarquables pour leurs mosaïques marines, leurs Vénus et Neptune surgissant de la mer parmi des bancs de raies, de dauphins, de seiches. Loin au sud, à Douz, les Arabes se lavent encore dans les bassins romains.

Erat inter ingentes solitudines oppidum magnum... « Il y avait au milieu d'immenses déserts une grande ville » nous dit Salluste pour décrire Gafsa, à la lisière du Sahara, dans son récit de la campagne de Marius contre le fastueux roi de Numidie, Jugurtha.[78] « Elle

[78] Chapitre 89. (NdT)

n'avait qu'une source en activité au sein des murailles, et dépendait par ailleurs de l'eau de pluie.» Ayant pris la ville, les Romains construisirent deux bassins autour de la source et, trois siècles plus tard, ces bassins étaient presque tout ce qui subsistait de la ville. Ils s'y trouvent encore aujourd'hui, à l'extrémité du souk, indiqués par des panneaux «Piscine romaine», bien que les autochtones les désignent encore par le vieux terme grec de «termid». Aleister Crowley s'y était jadis baigné, avec son compagnon le comte de Tankerville, avant qu'ils disparaissent pour arpenter le désert durant une semaine. Debout près du bassin profond de la Cyané sicilienne, Gide se rappela les piscines de Gafsa, «ses piscines d'eau tiède ou de grands poissons aveugles, souvenir de la grande Tanit, croit-on, frôlent les nageurs et où l'on voit au fond de l'eau des serpents bleus ramper sur les dalles.»

Les serpents bleus, les poissons aveugles et les dalles ont disparu. Tout comme les tortues qu'y trouva Norman Douglas, dans les tristes mois d'hiver qu'il passa à Gafsa au début du XXe siècle. Mais les garçons continuent à traîner dans les parages, ceux qui, contre un *sou** de Douglas, sautaient du parapet et «se vautraient dans les limons suintants en contrebas». L'eau lui parut, «quoique transparente, pas dénuée de couleur, mais plutôt de la teinte bleu vert de l'aigue-marine; elle coule rapidement et toutes les impuretés sont emportées». Les deux bassins, l'un rectangulaire et l'autre carré, sont juxtaposés sous les arches d'une colonnade arabe, sertie dans les blocs cyclopéens de la maçonnerie romaine. Au bout de la piscine rectangulaire se trouve une niche vide, jadis ornée d'une statue dédiée à la divinité des bains. Des canaux de terre cuite secs sont les seules traces de l'eau qui coulait autour du socle. Au-dessus de l'alcôve, sur la roche dessertie, court une inscription latine, dont on ne déchiffre que le mot *aquae*. Des degrés descendent sous la surface, située à mi-hauteur à l'époque de Douglas. Aujourd'hui, elle varie de 60 centimètres à 2 mètres, et bouteilles et boîtes de conserve jonchent le sol inégal où jadis les serpents bleus rampaient sur les dalles. Un couloir bas et sombre relie les deux piscines. Des chauves-souris nichent sous la voûte, dont l'une tomba sur l'eau alors que je l'empruntais : elle se mit à battre énergiquement des ailes à la surface.

Peu après, un Arabe apparut en se faufilant par un trou sous-marin. Il me guida là où affleuraient les sources dans les bassins et je plongeai sous l'eau avec lui pour toucher les endroits où frémissaient de minuscules nuées de sable, flottant au-dessus des bouches. Il agissait en gardien de la piscine, comme un prêtre de Nemi décidé à protéger son hallier sacré contre toute menace, toute intrusion. Élancé, ophidien, il me proposa une course puis entama une série de plongeons depuis diverses hauteurs du parapet que j'étais censé imiter. Je m'exécutai jusqu'à ce qu'il indique la cime des palmiers qui ondulaient très haut au-dessus de l'eau. Il fit un saut de l'ange avec la grâce du pauvre Égyptien qui perdit la tête dans les îles Salomon et je dus me satisfaire de le regarder d'en bas. J'avais souvent plongé, abandonné au Moyen-Orient, depuis le sommet d'une falaise dans une piscine circulaire, transparente, sans fond, en guise de réaction romantique à l'aridité de la vie dans le désert, désormais privé des Bethsabée et Suzanne qui s'exposaient jadis dans les eaux vertes de leurs bains marmoréens. Mais ici à Gafsa, il plongeait dans un mètre d'eau et je n'avais pas le cran de le suivre.

Il m'emmena pourtant sous la surface, vers l'étroit passage voûté d'où il avait émergé dans le bassin. Nous nous y insinuâmes pour ramper par un tunnel sur une longueur de briques antiques magnifiquement agencées, avec tenons et mortaises, qui ouvrait sur un labyrinthe de salles souterraines remplies par les courants de la source, des bains médicinaux bâtis par les Romains, où des silhouettes indistinctes gisaient et gémissaient dans l'ombre. Mais les vertus thérapeutiques de l'endroit étaient contrariées par l'odeur de toilettes installées à l'extrémité. Les Français avaient tenté de les supprimer, mais ils s'étaient inclinés devant les objections des

Arabes. Ainsi, en l'espace de quelques mètres, les sources sacrées de Gafsa, ces eaux riantes, bavardes, amoureuses des Romains, qui sourdent ici en une rivière pure et chaude, avaient été réduites à l'état de *Cloaca maxima*.

Index

Remerciements

Je dois beaucoup à diverses références au sujet dans les livres de J.P.V.D. Balsdon ; Miriam Benkowitz ; Dea Birkitt ; Sara Boutelle ; Susan Chitty ; Katharine Chorley ; Rupert Christiansen ; Timothy d'Arch Smith ; Catharine Dinn ; Philippe Diolé ; Lloyd Goodrich ; R. P. Graves ; H. A. Harris ; Alethea Hayter ; Anthony Hern ; Richard Holmes ; Juliette Huxley ; Peter Levi (son édition de Pausanias) ; Leslie Marchand ; Robert Bernard Martin ; Jeffrey Meyers ; Nancy Milford ; John Nathan ; Jeffrey Richards ; Henry Scott Stokes ; Andrew Sinclair ; Robert Sklar ; Kevin Starr ; Donald Thomas ; David Wainright ; Peter Webb ; Tim Webb. L'excellent *Early British Swimming 55 BC-AD 1719* de Nicholas Orme (Exeter, 1983) m'a été particulièrement utile.

J'aimerais aussi remercier Hans Christian Adam ; Don Bachardy ; Paul Cartledge ; Adrian Dannatt ; Mike Dibb ; Dennis Enright ; Jeffrey Farrell ; Christopher Hawtree ; James Henry ; David Hockney ; les journaux *The Independent* et *The Times* ; Doris Littlefield ; Christopher McKane ; Michael Meredith ; Iris Murdoch ; Frances Partridge ; Robert Pavlik ; Michael Phelps ; Paul Quarrie ; Donald Ritchie ; Audrey Salkeld ; Al Schoenfield ; Irv et Margie Seiler ; l'Amateur Swimming Association ; l'International Swimming Hall of Fame de Fort Lauderdale ; Sonya Zorilla ; Ian Whitcomb, pour maintes idées et de nombreuses baignades californiennes ; Jeremy Lewis, le nageur de brasse du Sussex et le nageur de Nemi ; Alan Ross pour avoir publié l'article originel dans le *London Magazine* ; et enfin David Godwin et Nicholas Pearson chez Jonathan Cape pour leurs encouragements compréhensifs.

Crédits photographiques

Page 1 : Mark and Carolyn Blackburn Collection of Polynesian Art/ Bridgeman Images
Page 2 haut : Collection privée, Kings Road Galleries/Bridgeman Images
Pages 2 bas, 3 haut : SZ Photo/Scherl/Bridgeman Images
Page 3 bas : Musée Antoine Lecuyer, Saint-Quentin/Bridgeman Images
Page 4 : Universal History Archive/UIG/Bridgeman Images
Page 5 : Collection Selva/Bridgeman Images
Page 6 haut : Musée de l'Île de France, Sceaux/Bridgeman Images
Page 6 bas : Amon Carter Museum, Fort Worth/Bridgeman Images
Page 7 haut : Collection privée, Prismatic Pictures/Bridgeman Images
Page 7 bas : Mondadori Portfolio/Bridgeman Images
Page 8 : Collection privée/Bridgeman Images

Table des chapitres

Conception graphique : Juliette de Patoul
Mise en page : Véronique Lux

Achevé d'imprimer en mai 2019
sur les presses de l'imprimerie Jan Verhoeven
à Sint-Pieters-Leeuw, Belgique